秘书工作手记
办公室老江湖的职场心法

像玉的石头 / 著

SECRETARY WORK NOTES

清华大学出版社
北京

内 容 简 介

本书凝聚了一个从业多年、仍战斗在办公室工作一线的小秘书的实践经验总结和理论思考成果。它不是以往或粗制滥造、或板着面孔、或不说真话的职场书，而是敢于揭露职场真相的真实手记。

它说真话，告诉你职场到底有什么规矩：你不经常找领导汇报，领导就是不高兴；你写文章不懂得研究借鉴，就是写不好；你老在微信上问"在吗"，别人就是讨厌你。职场规矩就是这样，你看清楚了，就能绕开雷区。

它说人话，用口语化的、轻快活泼的字句来组织文章。坚决杜绝四六句、对仗句，坚决抛弃"一要二要三要"的俗套，怎么想的就怎么写，怎么做的就怎么写，怎么直观好懂生动就怎么写。

它想真切而直白地告诉你，身在职场，如何得到领导和同事的认可？如何培养办公室工作人员素养？如何在办公室搞好沟通？如何写好公文？如何安排好宴请？如何组织好会议？如何高效办公？

它是新潮、好用、深度的办公室实操宝典，讲的是做人、办事的办公室故事；它想带你领略在办公室风生水起的最大秘密——办公室工作看上去全是烦琐和重复，但想要做好它，想要实现作为大机器中一颗小零件的自身价值，只能靠我们用一种"匠人"的心态和精神去琢磨、去学习、去思考、去精进，最终把手头平淡无奇的活计做成一门手艺。

本书封面贴有清华大学出版社防伪标签，无标签者不得销售
版权所有，侵权必究。举报：010-62782989，beiqinquan@tup.tsinghua.edu.cn。

图书在版编目（CIP）数据

秘书工作手记：办公室老江湖的职场心法／像玉的石头著 . — 北京：清华大学出版社，2017（2025.5重印）
ISBN 978-7-302-46477-8

Ⅰ.①秘… Ⅱ.①像… Ⅲ.①秘书-工作 Ⅳ.① C931.46

中国版本图书馆 CIP 数据核字（2017）第 024640 号

责任编辑：刘　洋
封面设计：李召霞
责任校对：王凤芝
责任印制：沈　露

出版发行：清华大学出版社
　　　　网　　　址：https://www.tup.com.cn，https://www.wqxuetang.com
　　　　地　　　址：北京清华大学学研大厦A座　　邮　　编：100084
　　　　社 总 机：010-83470000　　邮　　购：010-62786544
　　　　投稿与读者服务：010-62776969，c-service@tup.tsinghua.edu.cn
　　　　质量反馈：010-62772015，zhiliang@tup.tsinghua.edu.cn
印 装 者：大厂回族自治县彩虹印刷有限公司
经　　销：全国新华书店
开　　本：170mm×240mm　　印　张：19　　字　数：234 千字
版　　次：2017年4月第1版　　印　次：2025年5月第42次印刷
定　　价：59.00元

产品编号：072756-01

前言

把你的工作做成一门手艺

写完本书的最后一篇，告诉大家一个喜讯，石头考上了博士研究生，之后的工作之余，石头大概少有机会再去和大家分享这些关于为人、做事、精进工作的小文章，而是要潜心学术了。

准备博士考试的三四个月，石头很受益，冲击初试复试，石头也很受教育。

那天在医院抽血，参加复试体检，碰到一位面试时排在我后面的老哥，笔试分数和石头一样，看年龄大我不少，衣着普通，微笑寒暄了几句，但并未深聊。

一起下楼，这位老哥显出了不同，司机为他打开车门，他上了一辆锃亮的黑色奥迪走了。

这引起了石头的兴趣，啥样的人，看上去功成名就，都已经坐上奥迪了，还要和石头这样的小年轻坐在一个考场里竞争，排着队被扎针体检呢？

内事不决问百度。于是石头鬼鬼祟祟地在百度搜索了一下这位考友的名字，蹦出来一位曾任某地级市副市长，现任某全国数得上号的大型企业副总的人的简介。

石头本能地想略过这个词条，怎么可能，应该是重名吧。但一看照片，还真是他。

石头怀着错愕的心情仔细阅读了这位考友的简历，发现这位考友生于20世纪60年代，已年届50，不仅当了领导，而且早就有金融学博士学位傍身，还是好几个学校的兼职教授。现在，他又要来读另一个博士学位。

这很让石头感慨，自己到50岁的时候，还会不会有这么饱满的学习热情和强大的学习能力？

硕士毕业的时候，石头曾觉得自己这辈子书读够了，读伤了，绝不需要再去拿什么更高的学位。但在办公室久了，有机会近距离看到领导们是如何孜孜不倦地学习、不知疲惫地工作、充满热情地研究的，自己就总会受到感染。

有的领导干一行专一行，管办公室，办公室工作的经验文章几年就能结集成书，管业务部门，也是几年厚厚一本集册；有的领导周末两天都不休息，无论何时周末加班都能碰到他，总是办公室办公、看书、写作；还有的领导晚上九点之后下班是常态，每到深夜，整栋办公楼就他一间办公室亮着灯光，时常就搭行军床住在单位。

所以，当面试老师问石头，为什么要来考博士？

石头如实回答：之前并不想考，觉得自己早就失去了搞学术、搞研究的方位和土壤，况且再高一层的学位，对石头来说也不再有太多实际的、功利的效用，我们单位从没有拿到博士就能提拔的惯例。

但工作这几年，尤其是在办公室工作的这段时间，见识了这么多这么拼的领导，石头愈发地发现，成功的前辈无数次为我们证明演示，要更好地实现自身的价值，有两个因素至关重要：一是始终保持学习和研究事物的热情；二是至少找准一个领域持之以恒、久久为功。读博士，或许能为自己在这两个方面的努力提供一些契机或条件。

所以，考博并不是为了"学位"的这一形式，而是为了"学习"的这一机会、"研究"的这一习惯。

同样，最初发表在"办公室的秘密"这个小小的微信平台上的文章，也是石头学习研究的一个尝试。每每回忆思索，每每动笔记录，写下自己的工作手记，职场"心法"，和大家分享自己对办公室日常工作的体会和想法、经验和挫折，石头自己也在接受新的教育，不断有新的体会。

日本寿司匠人小野二郎捏寿司60年最终封神。办公室工作看上去全是烦琐和重复，但窃以为还是比捏寿司要精深、博大得多，值得办公室人用一种"匠人"的心态去琢磨，说不定哪天，我们中间就涌现出几个"办公室之神"。

最后，各位亲爱的读者，希望你们能从石头走过的路、写下的话里获得一点启发，那石头就心满意足了。如果你想收获更多，指望石头就不够了，唯一的办法是，你们都来写写自己的工作手记，记下自己在办公室里的行和思，石头保证，一段时间后，你的收获会超出你动笔时的想象，大家终将收获自己的职场"心法"。

是为序。

目录

第一章 长袖善舞的艺术——如何被领导和同事认可

一、领导正焦急地等待着你的汇报 \ 002

二、正确理解领导指示的关键几招 \ 011

三、领导老挂在嘴边的"眼力见"到底是什么 \ 020

四、办公室挨骂怎么办 \ 024

五、领导突然叫你起来即兴发言,如何才能讲得头头是道 \ 032

六、如何拥有温暖人心的力量 \ 038

七、说到别人心花怒放的艺术 \ 047

八、秘书与领导的日常 \ 056

第二章 习惯为王——如何培养办公室工作素养

一、优秀办公室人需具备的三个习惯 \ 066

二、工作拼到最后，其实就是拼身体 \ 069

三、办公室着装没有 Casual Friday（星期五便装日）\ 076

四、珍惜在办公室的每一分钟 \ 081

五、初入办公室，可以看看哪些书 \ 088

六、职场好习惯，从记日记开始养成 \ 099

七、做秘书工作，这样才能万无一失 \ 105

八、工作不懂外包，你就只能自己干到死 \ 114

九、碎片化学习并不可耻 \ 123

第三章 沟通沟通再沟通——如何打电话发信息

一、机德反映人品 \ 132

二、微信社交启示录 \ 144

三、打电话的最高境界：让别人听到你的笑意与和气 \ 153

第四章 笔杆子万岁！——如何写好公文

一、帮领导写好公文，我们自己能得到什么 \ 160

二、如何用 5 分钟大幅提升一篇公文的质量和水准 \ 164

三、写好公文的第一要务是做亮标题 \ 169

四、写实讲话稿正文的几种办法 \ 177

五、我们不生产文字，我们只是文字的搬运工 \ 182

六、不再因错别字挨骂，还得靠这几条 \ 197

第五章　礼多人不怪——如何安排好宴请

一、排排坐吃果果：坐好位置再吃饭 \ 202

二、敬酒时说话的七个法宝 \ 206

三、成为点菜高手，看这一篇就够了 \ 213

四、宴请如何选餐厅？不光看"好吃" \ 222

第六章　胜利的大会——如何组织好会议

一、通知会议：一个都不能少 \ 228

二、如何才能提高效率，避免在会海里淹死 \ 235

三、开一个团结胜利的大会，千万别忽视这几个细节 \ 240

四、开会只信烂笔头，不靠好记性 \ 247

第七章　欲善其事先利其器——如何高效办公

一、你根本不懂文件命名 \ 254

二、你的办公桌为什么永远收拾不干净 \ 258

三、一个懒人的计算机文件夹整理懒办法 \ 267

四、跟上云时代的步伐吧 \ 275

五、细节决定命运：办公室邮件六原则 \ 282

结　语　我为什么要写一本不装的职场指南

第一章

长袖善舞的艺术
——如何被领导和同事认可

chapter 1
<<<

一、领导正焦急地等待着你的汇报

1. 件件有着落、事事有回音

正题之前，先扯点闲篇。石头觉得，办公室里的工作有个突出特点，就是被动性，这个和企业做业务很不一样。

假如在企业干销售，工作模式是这样的：老总给你定下每个月5 000万元1个亿的销售额，好了，这1个月老板可能都不想再见你了，你上班也好在外边奔波也好，都随你，只要到了月底，你能把工作成绩——也就是销售额拿出来，就万事大吉，立功受奖加官晋爵啥的那是自然，也就是说，业务部门的工作其实是一种目标指引下的主动工作方式。

办公室不一样，办公室的工作模式是这样的：石头啊，来下我办公室，有几个事交代你；石头啊，这会儿没事吧，有个事来办公室我跟你说下；石头啊，马上来办公室，有个事着急你赶紧弄。

也就是说，与业务部门不同，办公室里干的都是领导随时随地交办下来的一桩桩一件件的事情，目标、方法甚至步骤都相对明确和具体，领导手把手给你指出了明道，你一步步把事情落实好就行了，石头管这叫任务规定下的被动工作方式。

在企业，你可能不用经常去打扰老板、说东道西，到了时间，你只要拿出销售额就行。但在办公室，很多人受被动的工作模式影响太大,入戏太深,惯性太强,以至于出现一个严重的问题:活儿明明干得很好,按照领导指示一步步、规规矩矩落实到位了,于是就认为事情已经办完了,一声也不吱,悠然自得地读读书、看看报去了。

几天过去了,领导一个怒气冲冲的电话打过来:你小子怎么搞的,上次交代的事你还没办完?有那么难吗?你一脸不服气:领导,我早就办完了呀,那谁谁满意得很,你凭啥批评我?再说,你当时也没让我完事后给你说啊,我不是怕你忙打扰你吗?!把领导噎得够呛。

石头刚到办公室,刚当上秘书时,也常出这种问题,大事、拿不准的事、难落实的事、领导特别关心的事还能时不时想着跟领导及时汇报,到了发通知、传话、寄东西、送材料这种小事,觉得无关紧要、不足挂齿,反倒懒得再多一句嘴给领导报告进展情况了。

有一次,领导让石头去某单位送一份文件,石头分秒不敢怠慢,火速把材料送到对方手中,又返回办公室,怡然自得地赶起了材料。快到傍晚了,领导打来电话,语气里满是焦虑:石头,材料送到了吗?

我自以为立了大功,满心欢喜地邀功:当然,您一吩咐我马上就去了,送完都回来好长时间了。不曾想领导不但没表扬我,反而怒气冲冲:送到了你怎么不说一声!对方看材料后我还有事要跟对方补充!我一直在等你回话,你太不靠谱了!

说实话,当时石头很委屈,也不理解,明明及时送到了,怎么还挨批评。这种送材料的小事,办了也就办了,还有必要专门跑去跟领导强调吗?好像办了多大的事一样。我不去打扰领导,难道不是替他着想,替他分忧吗?

后来办公室里有了实习生,石头有时会请实习生帮自己做一些杂事。比如,让实习生去寄快递,心里就会老惦记要看到快递回执单;让实习生通知一个会,就老想问问是不是都回复了;让实习生出去接嘉宾，就老担心有没有按时到，有没有顺利接上。

这时，才逐渐能够体会到领导把工作布置给你之后的心态：领导把事情交给你了，即使是小事，但事实上这件事还是脱离了他的视野和掌控，和他亲自去办是完全不同的，他无从知道办了没有、办到什么程度。此时的领导大概就像在黑夜里转悠摸索的人，焦虑的等待是一种很自然的心态，产生这种焦虑并不是因为他不信任你，而是人性的本能使然。

而你的及时汇报和反馈就像黑夜里灯塔射出的一束光，会让他备感安心甚至欣喜。打个不恰当的比方，就如同你跟心爱的姑娘表白之后，攥着手机到哪也不愿撒开，时刻期盼姑娘"我愿意"或"你是个好人"的回复一样。

将心比心，换位思考，无论领导交办的是多么微不足道的小事，是不是都应该有个回应、有个声响呢？只有你及时地回复、汇报，才能让如热锅上蚂蚁般焦虑的领导放松下来。想通了这一点，石头在办公室工作中，就非常注意确保领导交代的工作件件有着落、事事有回音了，为的就是让领导放心，随时掌握工作进展情况。

材料送到了，石头会发个短信：领导，材料送到对方手中！会议通知到位了，石头会发个短信：领导，明天的会参会部门都已通知完毕，参会人员为×××。用车排好了，石头会发个短信：领导，明天刘师傅去机场接您，他的电话是××××××××××。机票订好了，石头会发个短信：领导，已按您要求订好机票，时间为某年、某月、某时，从首都T3到成都T2等。

事无巨细，对领导交代的事项一律回复反馈，其实不难，工作量也增加不多。很多办公室人不是不愿意做，而是疏忽了，甚至是为领导考虑，不愿打扰，觉得自己把活儿干好，问心无愧，就没有什么可以指摘的。然而，事实上，正是这一件件一桩桩办得妥帖、完美的小事，才累积起领导对你完全的信任，最后才换来他放手让你去做大事的信心。

2. 你汇报的次数永远少于领导对你的期望

石头的一位领导曾经斩钉截铁地告诉石头一个定律：你汇报的次数，永远少于领导对你的期望。曾经，石头半信半疑，好，你说件件有着落，事事有回音，这我能做到，办完事我集中汇报一次没问题，可你让我刚有点进展，就立马跑去跟领导汇报，这是不是太频繁呢？会不会把领导给弄恶心了呢？

另外，很多办公室人都对有事没事老往领导屋里跑的人比较反感，总觉得跟领导汇报太频繁缺乏自由，感到不被信任、不被尊重，还有溜须拍马的嫌疑。

可是，你有没有站在领导的角度想想，假如你不经常跑去说说，领导如何了解你的工作进度，如何及时给你指派新的任务，或者及时修正呢？

从人性的角度来看，任何一个领导都比较看重两样东西：一是他的上司对他的信任；二是他的下属对他的尊重。作为一名领导，判断下属是否尊重他的一个重要标准便是下属是否经常向他汇报工作，他最怕的事就是部下撇开自己单独飞，这样一来他作为领导的作用和威严往哪里放呢？

前段时间热播的剧集《琅琊榜》里有这么一个细节石头觉得值得琢磨，靖王从外地办事回来，既不是先回家休息准备一番，也不先去给自己的母亲请安，而是进了都城连马都不换，就直奔皇宫给皇上汇报工作，需要汇报事情有那么十万火急吗？其实没有，这是一种姿态，一种尊重的态度。

心胸宽广、内心强大的领导敢于用人不疑，让你去放手做事，对于下属懒于或因疏忽而很少向其汇报工作也许不太计较，但遗憾的是，这样的领导并不多。

领导也是普通人，他们中个别人的思维线路是这样的：不经常来汇报就是没把我放眼里，就是把我的话当耳旁风！接下来他就会做出各种猜测：这些下属是不是不买我的账？这些下属是不是联合起来架空我？一旦这种猜测成了他的某种认定，他就会利用手中的权力来"捍卫"自己的"尊严"。

所以，你何必招惹这种麻烦。尽量给领导更多的尊重，有事没事，去找他聊聊；处理公务，第一时间报告情况；遇有一些特殊情况，先请示他有什么样的意见和想法，再作决定；出差在外及时报告工作进展，回单位的第一时间先向领导作汇报。这样，你才是一个让人"很放心"的办公室同志呀！

如何培养自己汇报的主动性？石头的一位领导曾告诉石头一个诀窍。他说，首先，要永远把自己的工作当成最重要的，才能把握沟通的主动性和有效性；其次，对于汇报，永远要保持一种等不起、坐不住、慢不得的紧迫感，抢着说，追着说，理直气壮地说。

石头觉得，有事没事找领导聊聊的本质在于，领导虽然拥有比你大的权力，但他仍然是个凡人：领导时常众星捧月、门前车水马龙，但他总有单独面对困难和挫折的时候；领导掌握资源、在物质上极大丰富，但他也有无法掌控的人和事，有最珍视的东西。面对领导，有些地方你应该学会柔软，避开坚硬的伤害；而有些地方你又应该强硬，用风骨赢得他的尊重。

3. 事要干好，更要会汇报

前面石头说了要及时、多次汇报的事，这是个大的方向，但实际工作中也有一种人，汇报得挺多挺及时，态度没的说，却反而招领导烦：这家伙怎么天天往我这跑，啰里啰唆半天也说不清楚，水平真不行，负分！

这时，可能就是汇报的方式和内容上出了问题。汇报的方式和内容到底有多重要？石头觉得怎么强调都不为过。

按照百度百科的说法，"汇报是向上级机关报告工作、反映情况、提出意见或者建议"，说通俗点、直白点，汇报的本质就是，你只凭借一张嘴，把工作清楚、完整地呈现在领导面前。

工作干完了，很多时候领导没有时间、没有精力去实地察看工作成果，或者，即使能看到成果，也很难全面了解工作的来龙去脉、方法步骤的方方面面，他对工作的印象，大部分只能依靠你来解释、描述，这就是汇报。

当然，你可以说，我干工作不是干给领导看的，我是要做实事，事做了，我的任务就完成了，我对得起自己的良心。这说得没错，但你必须清楚，管理体系就是一个自上而下的严整系统，讲的就是令行禁止、上行下效，你的工作成果由上级和领导来评判，这是自然而然的、是顺理成章的。

正是由于汇报在工作中的分量之重，很多办公室人甚至喊出了"干得好不如吹得好"这样的口号。放卫星、吹泡泡当然不对，泡泡总有吹破的一天，但是好好汇报，不让我们的扎实工作和突出成绩因汇报不济而埋没，也是应当应分的一件大事。正如一位领导告诫石头的，光说不干肯定不对，光干不说也不好。何为好的汇报？石头觉得出色的汇报应该做到以下几条：

先说结果

汇报工作一般分为阶段性汇报和总结性汇报，无论是哪种形式的汇报，领导最想听的都是事情的最终结果，其实就是事情办得到底怎么样了，这才是他真正关心的。

很多人汇报的时候都习惯性地先说出原因、过程，或者把困难说一大堆，再给领导看结果，这样的汇报方式往往让我们忽略了对结果的重视。要想真正提高工作汇报的效果，首先我们要有果因思维，先汇报结果。如果领导想了解事情的经过，再述说缘由，否则不必过多赘述。

最好有书面材料

有些人习惯两手空空就找到领导汇报，对自己的口才那是相当自信。但石头建议，即使你曾当过最佳辩手，口才奇佳，找领导汇报时，最好也提前准备一下书面材料，好处有四：

一是显得工作扎实细致，拿着书面材料去汇报，容易给人留下"不错，下了一番狠功夫""对这次汇报很重视"诸如此类的印象，一下子就奠定了汇报的好基调。

二是汇报过程中可以作为指引，有了书面材料作为大纲，就不用担心说着说着逻辑乱了、跑偏了，照着材料一条条一件件讲下来就行。

三是有凭有据，清楚直观。书面材料并不只限于文字材料，照片、设计图，甚至容易携带的实物，都可以带上，这些都可以帮助你更直观地向领导展示工作成果。

四是可以留下给领导作为参考材料，印象更深刻。你想，如果光凭一张嘴去说，说完也就完了，说不定过几天领导就把你的工作抛到九霄云外了，如能留下一份材料，领导想起时随手翻一翻，印象肯定更深。

亮点要浓墨重彩地说，分清详略

汇报工作要掂量轻重、把握分寸，选择领导关注度高、牵涉面广的要务及时详细地汇报，还有些具体的事，可以在领导不忙时集中在一起作个简要反馈。

对于不同工作的办理情况和结果，汇报反馈的内容应该有所侧重：有的只需汇报办理的结果，有的需要汇报处理的方法进程，有的还需要分析存在的困难问题和下一步的对策措施，不同情况应区别对待，不能一个模式千篇一律。

有些办公室人希望什么事情都全面汇报、深入汇报、详细汇报，殊不知面面俱到、穷其所有、"眉毛胡子一把抓"，效果并不好。领导时间精力有限，汇报应该找准工作重点，抓住领导关注点，搞清楚领导最关心的到底是什么，领导关心的地方我们就具体说、重点说，领导兴趣不大的地方我们就一笔带过。

逻辑要清楚，最好有个一二三四

汇报如果东拉西扯、来回跳跃，领导听不明白不说，还很容易对你的工作能力产生怀疑，这家伙，脑子咋这么乱？

任何一项工作，都有动因、有开头、有过程、有结果，有谋划、有协调、有落实，有理念、有思路、有方法。如果不注意厘清思路，想到哪里说到哪里，很容易让领导陷入纷繁琐碎中而不得要领，汇报效果可想而知。

因此，向领导汇报工作，首先要思考领导对这项工作的要求是什么，这项工作目前进展情况如何，还有哪些问题需要解决这几个要素。此基础上认真梳理好汇报要点，合理安排内容的顺序，做到提纲挈领、纲举目张、条分缕析、要言不烦。

拿出方案和办法来

汇报工作时要尽量说出自己的想法，不要直愣愣地问领导：这个怎么办？那个怎么做？我该如何是好？一方面，你是最了解工作的全貌和进展的，你不说怎么办，却让领导说怎么办不是很可笑吗？另一方面，完全没有自己的想法，着实显得很低能，不堪大用。

站在一个为自己负责、工作负责的角度，我们在请示汇报工作的时候，应当有自己的想法，有解决问题的思路，有推荐方案和理由。在走进领导的房门，请示汇报之前，我们应该问问自己，这件事情该如何去解决？这就是思考，可能你的想法方案并不成熟，甚至漏洞迭出，这都没有关系。有想法有建议，足以说明你思考了，只是你的这个方案不是最佳的而已。

所以，在汇报工作时，最好事先考虑几种解决方案，当场请领导定夺，即使你的方案很粗糙、不成熟，也要大胆提出来供领导参考，毕竟这是你思考的结果，有思考才会有进步，不断地思考才能慢慢积累起解决问题的能力。

比如单位举办一次重要的外宾演讲，要确定一个场地。即使这是件小事，你也不能一上来就问：领导，您看在哪个会场举办比较好？而是要实地考证，拿出备选方案，并说明每个场地的特点，给出倾向性的意见。A场地装修精致，但是容纳的人不多；B场地更宽敞，但没有贵宾室，音响设备也一般；C场地装修好，地方也大，就是比较偏僻，交通也不方便。

石头的想法是，考虑到这位外宾影响力并不太大，A场地基本能够容纳听众，还是建议在设施完善的A场地，领导您看妥否？这样请示汇报，领导一目了然，便于决策，才能体现汇报者的能力和水平！

二、正确理解领导指示的关键几招

1. 指示不一定等于意图

有些人说，领会和落实领导意图关键是忠实于领导指示，丁是丁卯是卯，不要擅作主张，更不要添油加醋，领导指哪我打哪就完了。

有些人则说，要创造性地把握和落实领导指示，善于深化领导意图，不但要把领导嘴里说出来的事情办了，还要发散思维，把领导没好意思说的、旁敲侧击的、笼统说说的事情办了。

领导下周要去外边参加一个自己专业领域的论坛，并做主题发言，石头问领导需不需要准备发言稿，领导说，算了吧，你最近事多，你帮我找点材料整理一下就行。其实，仔细想想，他可能是不好意思让你帮他起草私人的材料。虽然是本职之外的工作，但你要做的整理，可能并非只是整理，而是最好能拿出一份完整的规范的发言稿。

领导下周要在本单位布置安全稳定工作，要讲话，石头问领导需不需要准备发言稿，领导说，算了吧，你帮我问相关部门要点材料，整理一下就行。虽然这是你分内的工作，但其实，他可能是真的已经有了自己的想法，就是想看点材料参考一下，你把材料找来，稍加整理后给他就行。

忠实还是发散？两种说法、方法其实并不矛盾，石头觉得可以拿最低纲领和最高纲领打个比方。

忠实地、收敛地落实领导指示和决定是最低纲领，能做到这一点已然不简单，至少可以说已经合格了，甚至也能算是优秀的办公室人。

发散地理解和执行领导指示是最高纲领，比忠实高一个层次和位阶，当然前提是发散得正确而非曲解，这需要极高的智慧和深厚的经验支撑。

为什么石头说发散理解领导意图是更高的要求？领导意图，顾名思义，从字面上理解就是领导的意见和企图。它是领导对某一问题的认识和解决这一问题的打算，它和领导指示、决定并不等同。领导意图一般包含在领导指示和决定之中，并通过它们表现出来。

但是，领导指示和决定并不是领导意图本身，只是领导意图的一种表现形式。通俗点说，指示是皮，意图才是肉。正因为这样，所谓的意图天生就带有隐蔽性和模糊性，甚至还带有不确定性和可塑性，说不定今天领导这样想，但明天受了什么触动，看法又起了变化，甚至自我怀疑和否定，这都是很正常的。

正因为"意图"这个东西有这样模糊和变动的特性，它一定需要理解和发散深化，才能露出本来面目。

前段时间因刘慈欣获奖而大火的科幻小说《三体》中虚构了一种和地球人类完全不同的文明。三体人不靠发声传递信息，而直接通过思维交流，他们将自己的思维直接投射到别人的大脑里，完成交流的过程。所以对他们来说，想就是说，相互之间思维是完全透明的，没有损耗和误差。

而人类，交流方式是靠语言，这是极其有损耗的。我想表达的意思是 A，我表达出来是 A^-，你根据你的世界观和知识结构来理解，可能理解成了 A^{--}，说不定还成了 B，或 A^{++}。

像《圣经》里说的，当语言的巴别塔产生之后，人和人的协作性差了，本来能修通天的塔也修不成了，人们之间有了隔膜，有了人类整个种族之间的内耗，因为隔绝带来了争斗猜疑。

理解了人类社会这种"想"与"说"的固有落差，我们就能坦然处理，发散性把握领导意图，那不单纯是琢磨领导、猜心思、当蛔虫，曲意逢迎，而是把事情办正确的一种必然。

2. 正确理解领导指示的方法和规律

有一次领导让石头联系以前他的几位部下一起聚聚，他随口说了5个名字，我都一一记下。通知完这5位前辈之后，我忽然想起还有一位我认识的前辈也曾被领导直接领导过，时间还挺长，领导是不是把他忘了呢。

认真考虑了一番，我认定领导是不小心把那位前辈说漏了，必须帮领导补上这个缺漏，否则领导肯定会批评我办事死板，不知道帮他把关。

于是我就自作主张，通知了这位前辈参加聚会。聚会结束后，领导把我拉到一边，问我，××怎么来了？我让你通知他了？石头理直气壮地说，您可能忘了说，他也被您分管过一段时间，我记得清楚着呢，所以我就通知他了！

本以为能得到领导"石头，你还是善于思考，爱动脑筋的嘛"这类的褒奖，结果领导给我泼了一盆冷水：这事我是有考虑的，××现在工作比较忙，正在弄一个大项目，就是不想牵扯他的精力，所以没让你通知他！以后不要擅自主张！顿时把我臊了个大红脸。

由此可见，理解领导意图，忠实与发散、最低纲领和最高纲领的辩证法实在很微妙，不好把握，到底有没有什么规律可循呢？石头觉得，理解领导意图，可以遵循以下步骤：

如果没有头绪，把握不大，就认真按原话落实

石头前面也说过，发散理解领导意图是一项很高的要求。能正确地发散当然最好，但如果能力和水平还是达不到创新或扩展的层次，那就老老实实按领导原话去做，不要去想那些长袖善舞的事情，总归能办得规规矩矩，基本满意。看上去似乎有点"傻人用傻办法"的嫌疑，但其实在绝大多数情况下，领导意图并不需要在多大程度上去发散。

对于我们来说，领导者的意图具有权威性，是无可争议的，领导已经决定的和部署的工作任务需要全面贯彻落实，尤其是已经交代的非常明确的意图，要不折不扣地执行，这是不可动摇的管理原则。

从领导的观点中发散

领导的工作方式、思维习惯和处事观点不是一朝一夕形成的，其来有处，其去也有方向，要发散，过去的看法、观点是一个很好的起点和依据。

在领导亲自撰写的文稿、批示中，或者领导对秘书及其有关人员草拟材料的修改意见中，领导在各种场合、大小会议上发言、讲话中，往往都凝结着领导对某一问题的思想和观点，从中可以寻摸领导意图的"蛛丝马迹"。

我们要悉心研究领导"笔写纸载"的材料，从中掌握、熟悉其"内心世界"，这样有助于我们领会领导的意图。还有，领导者的设想、主张，时常也会通过闲谈、即席谈等表现出来，办公室工作人员平时要多注意、多留心领导的"言谈"或"言论"，做到"善闻其言"。

比如，让你起草一篇在学校体育文化节上的致辞，如何才能写出领导想说的话？你肯定要查一查领导以前有没有关于体育活动方面的讲话，有没有对学校体育教育发表过什么看法，有没有写过相关主题的文章，如果有，这些素材肯定能成为你的稿子里正确且贴切的观点和话语。

从参与酝酿的过程中发散

领导意图的形成通常要经历一个深思熟虑、反复酝酿的过程。作为抓大事、掌握大政方针的领导者，是不可以随心所欲乱发指令的。办公室的同志如果能够谙熟这一规律，便可有意识地介入领导意图的形成过程，从一开始就牢牢掌握领会和实现领导意图的主动权。

实际上，在领导意图形成的过程中，办公室同志"参与"越早越深入，对领导意图的领会就越深刻，执行起来也就越得心应手。

这一点很好理解。前几天，领导主持召开了一个协调会，听取了各个单位对提高教师餐厅收费的意见，会上形成了一些决议，领导指示你加以落实。如果你没有参加之前的协调会，肯定对决议一头雾水，或许还有些不太理解，这都难免影响领导意图的落实。

但如果你全程参加了协调会，完整聆听了与会人员的发言，了解事情的来龙去脉，搞清了决议的起源、讨论过程和各方立场，再落实起来是不是就心中有数了很多，踏实了很多？这就是参与到决策过程中对理解领导意图的帮助。

从领导的个性中发散

这种发散方式其实是最重要也最难言述的，靠的是长时间的朝夕相处、摸爬滚打、细心揣摩。由于领导的气质、性格、能力和领导方法不同，交代自己意图的方式也是不同的。

有的领导是简洁式的,即只用几句话就干脆利索地把他的想法说了出来,其内在含义,由你去详细体味;有的领导是详细式的,让你写个稿子,把应该写些什么,应该怎样写,甚至每一层应该表达哪些内容,都交代得一清二楚;有的领导是一次性交代,即只用一次交谈,就将自己的意图表述完毕,铁板钉钉,只此一次,再不更改;有的则是多次性的交代,有时反复强调,甚至推倒重来,不断深化,不断集中,今天觉得庆祝大会在单位内办好,明天觉得在某某大酒店办更气派,后天干脆觉得大会不要办了。

领导有自己的思维特点和思维方法,这是长期形成的,甚至是与生俱来的个性,没法去苛责。办公室人只能去适应,善于了解、把握领导惯常的某种思维萌动和思维导向,然后举一反三,才能作出适当的发散。

3. 没听清也不敢问领导,早晚要出大娄子

刚接触办公室工作的同志,在面对领导时有种畏难情绪,石头觉得这完全可以理解。所以经常出现一种纠结万分的状况就是,领导布置了一项新的任务,秘书或是出于紧张,或是能力有限,总之当时很不幸没能记下、理解领导的指示,同时,自己以前也没接触过类似的工作,有很多拿不准的地方,于是一堆问号在脑子里盘旋。

本想直接问领导,领导,您刚才说的我没太明白,您再说一遍?却难于启齿,既担心领导太忙,又担心领导觉得自己太笨,孺子不可教,影响发展;不问吧,憋得难受,既担心拖慢进度,又担心自己瞎干误事。其实这种纠结大可不必,不耻下问一直被认为是种美德,不懂上问也绝对是好习惯。不懂不问,想着拖拖再说,或者凭着自己的想象和推测去办事,早晚会跑偏、出大娄子。如果一味点头,领导误

以为你已完全领悟，交代时就会略掉一些具体细节，日后再去请示时，则可能时过境迁而不得要领。

不久前，有个文艺院团到石头单位演出抗日话剧，领导交代石头帮忙代拟一个抗日话剧演出致辞。他说，想讲三点，先讲抗战这段历史；再讲抗战精神传承；最后讲演出的现实意义。石头当时有些愣神，没有听到第一个要讲历史来源，只听到"三点啊讲三点吧"，又实在不好意思问，当着领导的面走神，这罪过大了！

写完后两点后，我便擅作主张把第一点写成了演出的艺术价值。结果，领导一看稿子马上皱起了眉头，质问石头，历史渊源呢？第一点不是要写历史渊源吗？抗战剧不回顾那段历史怎么行？我竟无言以对，只能灰溜溜认错。还好这次只是写个稿子，如果是开会记错了时间、调研搞错了地方，又没问清楚，那后果真是不堪设想。

领导做指示时，秘书们在认真记录的同时，一定要对没有领会的问题大胆询问，不必拘谨小心。有经验的办公室人，往往一边接受任务，一边积极思考：对没有听清楚或领导表述模糊的地方，第一时间确认；对贯彻意图时可能出现的多种情况，及时提出来，让领导能给予明确答复；对领导意图中可能出现的偏差，该纠正的纠正，该否定的否定。只有这样，才能为接下来落实指示打好基础。

提问的时候还要注意：认真思考必须紧紧围绕领导意图的主旨，大胆提问必须使用谦虚探讨的口气。提问，尤其是向领导提问，是一种艺术，会不会提问，一定程度上影响着你在领导心目中的形象。会提问的人不但能如愿以偿地得到上级的指教，还给对方留下"你是一个善于思考、力求进步的人"的好感；不会提问的人不但干扰了上级的工作步调，还给对方留下"怎么这个年轻人不动脑子呢"的担忧。

很多经验文章，每每讲到"如何向上司提问"，都会不约而同地说，向上级提问之前要"事先准备好三个答案""让领导做选择题而不是论述题"云云，这种论调虽然死板，但先思考，尽自己所能提供方案，然后再问的思路无疑是正确的。

说到底，不懂就上问是必须的，不动脑筋张口就问又是禁止的。我们在问领导之前得先在心里想想法子、打打草稿，在有准备的情况下提出问题，给领导一个"善于发现问题解决问题"的好印象。

对于面对领导时如何克服为难情绪，石头再啰唆几句。有个领导曾经对石头说，你的心有多大，决定了你能坐的位置有多高。这个心大，不是说野心，也不是说进取心，说的是包容心。如果你内心排斥领导、疏远领导、惧怕领导，甚至话不敢说、气不敢喘，你就很难从领导身上学到东西，结果就是不能成为领导。

面对领导大家都有畏难情绪，有时是因为惧怕权威，有时是因为不想承担工作，有时是因为太在乎领导的看法。总之，不少人都习惯躲着领导走，多一事不如少一事。但其实，领导也是人，也有交流的欲望，自然是和谁沟通得越多，对谁感觉上就越亲近。

当然，现在信息时代，沟通不光是当面沟通，发个短信、回复个微博、微信、点个赞，也都是点点滴滴的沟通。多上问、多请教，才是有活力、有闯劲的年轻人最正面丰满的形象。

4. 随时拿出笔记本记录

朝鲜阅兵日的几张照片引起了石头的兴趣：在金正恩访问军方部队或工厂、企业时的所谓的现场指导照片中，贴身随行的劳动党和军队核心干部们无一例外地打开手册并拿在手中。就算是在滂沱大雨中，他们也顾不上手册会被淋湿，而是专注于详细记录，一边紧跟在快速前行的金正恩身后，一边还要忙着手中的笔记。

不论朝鲜最高领袖金正恩走到哪里，去工厂、去部队、去浴池、去食堂、去医院、去游乐场视察，都会出现相同的一幕——随行官员为第一书记的"最高指示"做笔记。这些人就如同中国古代封建帝王的史官，为"最高指示"记录第一手文字资料。

人脑有两个局限性，一是反应需要时间；二是容易遗忘。所以，当领导给你传达一项指示、布置一项工作，没有马上理解意图或者根本就忘掉了都是可能发生的，但对办公室人来说，这种差错一丝一毫都不能出现。

对于领导的指示和决定，你不管三七二十一先一一记下了，这样一来，假如理解不了的还可以慢慢思考，一时想不起来的还可以反复翻阅，领会领导的意图不跑偏才有了最起码的基础和依据。

在办公室部门工作，应养成随手拿本子的习惯，领导说话时集中精力倾听，随手奋笔疾书，即使是领导的即兴发言，也应详细地记录下来，以备后用。在办公室用大本子记，出门在外拿小本子写。

石头觉得，办公室人的笔记本最好就像绑在了腋窝下，办公室夹着，开会夹着，出去调研夹着，甚至参加宴请也要夹着。布置的任务记下，待办的事项记下，需要注意的问题记下，别人的联系方式记下，自己的所思所想所感也要记下。虽然烦琐，但是有本子夹着，石头心里感觉倍儿踏实。

三、领导老挂在嘴边的"眼力见"到底是什么

1. "眼力见"是办公室人的"核心竞争力"

石头不知道大家有没有这种感觉,工作中不少领导、前辈经常把"眼力见"这个词挂在嘴边:"这小子不错,很有眼力见,挺机灵的""这个员工真不行,一点眼力见也没有,下次出差不带他了!"那啥叫"眼力见"?领导咋就这么看重眼力见这个东西呢?

眼力见主要描述一个人善于察言观色、为人殷勤,还很有礼貌的素养。生活中,在公交车上给老年人让座,看到别人手里东西拿不住了帮一把,电梯里替拿包的人按下楼层按钮,在别人家做客会主动帮厨,都是有眼力见的表现。有眼力见是一种善于帮助别人,让人感到舒适和受到尊重的行为,说白了就是善待他人、乐于助人。

石头觉得,在办公室里,眼力见的含义又有所扩展,更多的是强调善于观察,随机应变,即使领导不说,你也知道他需要什么,并在他未开口之前就为他准备好一切的那种敏锐的职业嗅觉。要想高效率地协助领导工作,就得具备"眼力见"。

领导正在案前批阅材料,洋洋洒洒在纸上奋笔疾书写了一大段话,可是签完自己的名字却停下了笔头,一副若有所思的样子,领导这是要干吗?有眼力见的办公室人员会马上意识到领导想不起来今天

的日期了，于是在旁边轻轻地提醒：领导，今天是 9 月 28 日。领导会心一笑，流畅地在文件上写下日期。领导还没有来得及开口问你，你就已经猜到了领导的困惑所在，然后及时提醒，这叫眼力见。

再有，会谈开始前，贵宾室里一片热闹，领导正在热情地跟来宾握手寒暄，来宾向领导递过名片，领导也把手伸进西装内兜摸索了一番，结果啥也没掏出来，原来他忘带名片了。还好，这时办公室人已经手持名片矗立在领导身边，以迅雷不及掩耳之势把名片递给了领导，领导微微一愣，随即会心一笑，向客人呈上自己的名片。领导自己都疏忽的事，你却提前想到并准备妥当，在关键时候派上用场，这也叫眼力见。

办公室干的就是参谋辅助的活儿，说到底，就是靠自己的工作让领导省心、省事。有眼力见的办公室人总能从同样的事物中看到别人看不到的东西，并做好万全准备，领导不用说，他就知道做，领导一个眼神、一个动作，他就知道怎么去做，这样领导才是省了心力，真正离不开你了。

没有眼力见的对身边的事物总是漠不关心，领导恨不能已经把眼睛瞪出来了，他还一脸茫然，啥，领导，你要啥？这样的人，就算一件事干上 10 年，也不会有进步，反应依然还是那么迟钝，那领导雇你干吗使呢，不成了吃空饷？

有没有眼力见，既是能否做好工作的关键，也是鉴定办公室人工作水平"卓越"与"普通"的最大标准，是办公室人的"核心竞争力"。

2. 把自己的姿态放低，眼力见自然就见长

其实，除了天生的"人精"，没有人一生下来就有火眼金睛，眼

力见超群。曾经，石头也是一个"做事没有眼力见，不会来事"的书呆子，吃了不少教训，挨了不少批评，慢慢从懵懂中苏醒之后，才知道如何明白如何照顾别人的需要，明白别人的暗示。

通过自己的经历，石头发现，要说练就眼力见，与其说关键在于什么技巧、方法，不如说最根本的还是在于心态，一种随时随地"搞服务"的心态，也就是说，要把自己的姿态放低，时时刻刻想着，怎么去照顾别人，怎么顾及到别人的感受和需要。

例如，当你陪领导出去应酬客户，包厢里满满当当坐了一屋子人，却只有一个服务员手忙脚乱地倒茶。你本想站起身帮帮忙，帮大家斟茶倒水，转念又公主病发作，我一个堂堂的重点高校研究生，是干大事克难事的，怎么能干端茶倒水这种低三下四的事，还是等着服务员来吧！

于是怡然自得地坐在席上东张西望、无所事事。不曾想，这一切都被领导看在眼里，领导的心里大概在暗暗摇头，怎么带了这么一个大爷出来！？这下可好，也就端茶倒水的一会儿工夫，没有眼力见的小马甲你可就穿上了。

问题出在哪呢？根本就在心态上。你看啊，这显然不是能力问题，毕竟你四肢健全，端茶倒水也不需要博士学位；这也不是技巧问题，没人要求你要功夫茶，在十米开外把水精确地倒到茶杯里；这甚至都不是观察力不够的问题，因为你已经意识到人手不够了。

可见，眼力见从来都不像字面上标示的那样是个"眼力"问题，比眼力更重要的，其实是心态和想法，看到了想不到，想到了不愿做，都是眼力见的绊脚石。

树立服务的意识和心态绝对是有眼力见的前提，对办公室人来说至关重要。如何过自己心里这道关，说服自己把姿态放低些，石头有一个"小诀窍"：

当你面对领导的时候，不要把领导只理解成工作上的上级，好像讲服务就是献殷勤似的，而要把领导看成是你的长辈和前辈。一般来说，很多领导都和你父母年纪相仿，即使年轻点的，也比你的哥哥姐姐还要大些，而且，他们大多是在某一领域取得了突出成绩的人、优秀的人。他们是生活中、工作中的长者和尊者，是值得你学习和亲近的，抱着这种心态去和他们相处，带着感情工作，自然姿态就会摆放得低一些，服务的意识自己就冒出来了。

当你发自内心地尊重、钦佩你的领导和前辈时，端茶倒水又算是多大个事情呢？况且这本就是秘书的工作之一。当然，这不是让你姿态低到去当保姆，而是说，你的一举一动，别人看在眼里，懂得你的细心关怀，自然你也就能赢得别人的尊重。

四、办公室挨骂怎么办

1. 领导常批评你绝不会是因为嫉贤妒能

一次,石头和研究生同学吃饭,同学在某区机关工作,最近特别郁闷,跟石头抱怨:最近老被领导批评,我的那个领导小肚鸡肠、嫉贤妒能,觉得自己能力不如我,就老给我穿小鞋。石头好奇,问:咋回事,说来听听。同学说:比如我陪领导到基层单位考察,领导回来朋友圈上发了条状态,然后我也发了条状态,都是同一问题,领导只是简单评论下,我写了首诗;比如部门开会谈工作体会,每个人都要求说,领导谈了想法,结果我也谈了,比领导说得还全面深刻,我觉得很多领导都不喜欢下属抢了领导的风头吧;再如领导没出过国,我说自己在欧洲游玩的经历如何如何。之后领导就特别不待见我,老找茬批评我,你说是不是因为我太优秀,让领导感到压力山大,所以老打击排挤我?

石头笑了,劝同学,你真的想多了,石头必须斩钉截铁地告诉你,从来都没有领导喜欢能力不强水平不高的人,如果被领导歧视、被同事排挤,也绝不是因为能力太强、水平太高,那只是一种离奇想象和自我麻醉罢了。

无论哪种类型的领导,肯定都喜欢能干的人。

一身正气、一心扑在事业上的领导不用说,他当然需要能帮他开疆拓土、实现抱负的好同志。按部就班、四平八稳的领导也好理解，自己不愿出力，但下边的事情还得有人干好、维持好啊，哪里会排斥能力强的同志呢？

即使是自己能力不强、甚至心思不在工作上的领导，在明面里也是以勤勤恳恳、任劳任怨的"能人"形象示人，或许，他们需要一批长袖善舞、投其所好的混子陪玩，但正儿八经的工作同样得有人干，还得干好才能交差啊，能力强水平高的人怎么会没有空间呢？

况且，石头一直以为，长袖善舞、善于与人交往本身也是一种超强超有用的能力啊！比接电话、写稿子难多了！

为什么有人会时常产生这样的错觉——能力强的人容易被领导嫉妒排挤？很简单，他们混淆了能力与脾气的关系。准确地说，其实是脾气大的人肯定容易被领导讨厌排挤，但有些时候，能力强的人确实会普遍比较有个性、有脾气，个性太强、脾气太大，领导当然不喜欢，碰上识货开明的领导尚能蛟龙入海，碰不上只能搁浅沙滩。于是，一批颇有脾气的人就误以为领导是嫉妒你的才华，怕你有一天取而代之，这简直是天大的误会。

石头一直认为，能够处理好人际关系是很重要的能力，能干事并不比会做人高一头。如果你感觉自己因为水平太高遭人忌恨，要反思的绝不是文笔太好、协调能力太强、工作太缜密、效率太高、知识面太广，而应是：有无恃才傲物、揽功推过、目中无人、不尊重领导、疏远同事、觉得这个人也不行那个人也不行就你最行这类言与行。

满脸我牛我厉害，满脸我比你们水平高，满脸我就是当领导的料。时常嘴里就要骂骂咧咧出气，办公室电话经常被他噼里啪啦地摔，这种人你是领导你敢重用吗？

退一万步讲，你真的不幸遇到了一位小肚鸡肠、嫉贤妒能（真的很少）的百年一遇的极品领导，那你还是要充分展示自己的能力，否则你不憋死在他手下了？假若能闪光，是不是还有跳出囹圄的一线生机？

办好事、提升能力永无止境；做好人、洞明世事同样永无止境。体现工作能力和尊重领导并不矛盾，可以兼顾好。

比如石头的这位同学，假如抑制不住地要发一首工作状态的诗歌到朋友圈，虽然石头觉得有些奇怪，但说实话，工作状态就是发给领导看的，表现自己热爱工作热爱单位的，其他朋友并没有人爱看工作状态。

那么，能否在照片或文字里对带自己下去考察的领导有所体现和褒奖，然后再写诗碾压他？毕竟发工作状态，并非是为了碾压领导，而是为了讨好领导。

比如开会发言，你说的再怎么深刻全面、高瞻远瞩、铿锵有力我觉得都没问题。但，能否注意在发言的开头或结尾多体现领导和同事对你的帮助？能否给别人美言几句？能否多说说自己在集体中的成长？这样的话小领导一般不会有意见，大领导更会惊叹于你的滴水不漏。

再比如去欧洲玩见多识广的问题，这个压根跟工作能力没有任何关系，除非是在旅行社工作。这是纯生活问题，在职场上，生活上的事情要低调一些，鄙视领导没出过国肯定不明智。

最完美的状态是，工作上高调、为人上谦虚、生活上低调。

2. 当场声辩就是作死

在办公室，谁也逃不过挨批评的时候。有的时候，确实是你做错了事，会议通知把人漏了，写稿子错别字连篇，交代的事情一拖再拖，领导当然绷不住要骂你几句。

有的时候，错不在你，是沟通或别的环节出了问题，下级单位把事情耽误了，同事拖了进度了，结果领导竟然不管这些，劈头盖脸对你就是一顿唾沫横飞，搞得你满腹委屈却又无从诉说。

有的时候更离谱，你什么也没做错，领导就是心情不好，见到你就有一股无名怒火从胸中升起，抓住点细枝末节的毛病也要叨叨半天。

面对批评，有些办公室同志意气风发、年轻气盛，领导一旦批评，好像拿针扎了他似的，不管旁边是什么场合，有没有人，第一时间跳起来解释，绝不含糊，不管责任到底在不在自己身上，都要过过嘴瘾。单是辩解也就罢了，有时说着说着一言不合还会跟领导顶两句嘴，经常把领导搞得灰头土脸、下不了台。这就是那种一批就跳型、一批辩解型。

类似的情况发生几次后，顶嘴的伙计们慢慢发现，这样做嘴上是痛快了，但工作上却麻烦了。领导和同事都觉得他是个刺头，很多时候不爱搭理自己，不仅工作上处处被动，而且人际关系也搞得很紧张。

曾听过一位职场经验丰富的领导讲过，一次，他召开会议，内容比较重要。结果有一位参会人迟到了十几分钟，老领导当即批评他："重要的会议怎么能迟到！"迟到的干部可能觉得委屈，当即声辩："公交车出了故障，路上又堵，本来应该不会迟到的。"看到他自感委屈的神情，领导火气更大，批评得更严厉了："不管什么原因都不能迟到！你不要声辩。"会议气氛骤然变得紧张起来。

先不说公交车出故障根本不应当是迟到的理由，即使真碰上大事，地铁坏了、家里有紧急情况、临时被其他领导叫住了，这时候该咋解释？

石头觉得，无论什么理由，面对领导的批评，尤其是在公开场合的批评，都先要应承下来。

你可能要叫屈，这不是屈打成招吗？如果是我真的背了黑锅呢？如果完全是别人的责任呢？如果领导是无理取闹呢？还让人说话吗？咋能搞"一言堂"呢？

道理其实很简单，不当场声辩不是要你混淆是非曲直，更不是让你永远闭嘴。而是，领导一方面当然代表他个人；另一方面更重要的是领导代表着单位和组织，代表着自上而下的管理方式和运转机制。

权力来源于权威。当场声辩，无疑没有考虑到维护领导权威这档子事，在某种程度甚至意味着对领导力的侵害和腐蚀，而不仅仅是伤害领导个人的面子这么简单，哪个领导对这一点能泰然视之？

那位老领导后来跟石头说，有些同志在"声辩"这个问题上就非常注意。又有一次开会，一位青年干部迟到了十几分钟，他照例批评了两句，她谦逊点头表示接受，过后老领导问她，才知道早上她送父亲急诊，到了医院做了安顿，马上就赶来开会，开完会还要赶去医院。家事为重，她完全可以不来开会，发个短信就行，但她还是顾全大局，虚心接受领导的批评。由此，领导对她更加信任，也会注意对她批评的方式。老领导觉得，这位年轻干部的表现才是一个成熟青年和优秀员工的良好典范。

当然，不主张"声辩"，不是意味着不能"声辩"，到了私底下，单独汇报一次，写个邮件，发个短信，把情况向领导如实陈述，争取他的谅解，这是理所应当的。

有件事石头印象很深刻。一次，石头单位的领导携七八位部门负责人外出开会，一群人熙熙攘攘挤满了一辆中巴车。行车途中，领导忽然问其中一位部门负责人：老马，上次说的那个××预算的事，文件你们是不是还没报上来？马部长明显有委屈，张嘴就说：领导，我们已经……却突然顿住，好像又想起了什么，一副欲言又止的样子，悄悄凑到领导身边，耳语着什么，领导这才一副恍然大悟的样子。

后来石头才知道，人家马部长早就按相关规定要求报文了，是领导自己忘了。明明自己没有错，却懂得不当场声辩，充分尊重和维护领导的权威，悄悄私下汇报说明，老马的功力相当了得。

3. 被骂也是机会，坏事能变好事

石头觉得，挨了批评不当场声辩不过是基本素养，除了不顶撞不声辩，接下来如何在心态上调整、在行动上应对调整，才更考验办公室人的智慧和功力。

石头很清楚，被领导批评了，只要不是缺心眼，这个时候，绝大多数人的第一反应肯定会是尴尬、恐惧、郁闷、愤怒、担心，而肯定不是乐呵、开心。

这是人之常情，谁都不愿意受别人的批评，谁都想听好话而不是歹话。但正所谓"人在职场飘，哪能不挨刀"，批评是工作中的常态。只要干活，就会出错；只要出错，就会挨批。甚至，遇到脾气暴躁的领导，不出错也要挨批。

批评并不可怕，关键是要有面对批评的方法。只有应对得当，才能最大限度地消解批评的负面效应，有些时候，还能把坏事办成好事。石头结合亲身经历，和大家分享下化批评为契机、变坏事为好事的关键到底在哪。

第一位的，尽快克服恐惧心理

石头知道有些人面子薄、心思敏感，只要被领导批评过一次，负面情绪一下子都涌上来。觉得领导对自己有意见、不满意，觉得不服气、愤懑，觉得心虚、吓破了胆。如同惊弓之鸟一样，很长一段时间看见领导都恨不得绕着走,碰到了连招呼都不敢打,食堂碰见就想装不认识,一起待一会儿就浑身上下不舒服。这样的态度万万使不得,也没必要。石头从几个方面帮你分析一下:

从领导角度看,领导批评你只是就事论事,不代表他对你深恶痛绝。或许那天批评你的事,他根本早就忘了,领导公务繁忙日理万机,你又不是他亲儿子,天天惦记你不是给自己添堵吗?

从自己角度看,做了错事,被批评是我们应得的,我们可以愧疚、自责,但用不着恐惧。你如果一直被恐惧虏获,总是避领导之不及,哪里有机会修正自己的错误,改变领导对自己的印象呢。难道你只因一次批评就要彻底将自己放逐?这个买卖不划算。

从人与人之间的交往规律看,俗话说不打不相识。大家可以回忆一下自己的学生时代,是不是其实经常被老师批评的同学反而是老师看中的,反正石头的初中班主任就曾说过,"和我关系最好的学生都是我骂得最多的"。

综上所述,虽然你挨批评了,但未必是件坏事,因为这样也许还提高了你在领导面前的知名度。吸取教训是必须的,但不能让这件事成为心理阴影,"一朝被蛇咬,十年怕井绳",导致不敢面对领导、不敢做事,你必须从内心消除这份恐惧感。

第二位的,虚心求教,比以前更频繁地去接触领导

这次既然被领导批评了,留下污点了,放任和逃避肯定不是解决问题的选项,表现得越被动,结果只能是越疏离、越遥远。

对领导的态度依然应当是落落得体、有礼有节。单位走廊上看到领导,还是应该响亮地主动招呼领导;共处的时候,可以微笑着汇报一下最近的工作情况。

石头觉得,正好啊,大可以借助被领导批评的、多多少少存在的问题为契机，比以前更多地去接触领导。"领导，上次做错了事，这次您帮我把把关？""领导，您看这个事妥否？""领导，您看这样办行吗？""领导，您看您对这个方案有什么意见？""领导，这个事您再拨冗给我们指点一下？"

也就是说，被批评之后，做事更需多几个心眼，经常请教一下领导。他既然是领导，做事总会有可取之处，况且大家都喜欢虚心的人，你多让领导提提意见百利无害，一方面给自己创造更多的可能性，在领导面前表现，扭转印象；另一方面确实能更准确地把握他的意图，把事情办得更好。

第三位的，积极帮领导分忧，争取立功机会

石头说要放下心理负担很关键，但你也不能走向另一个极端，大大咧咧，不以为然，将批评不当回事，对领导的话左耳朵进右耳朵出，依然我行我素。

正确的做法是把失误作为深刻的教训，认真反省，自我检讨，以后做事之前要反复考虑。一旦遇到急难险重的任务，主动请缨，坚定不移地完成它，交一份完满的答卷。如此一来，以往萦绕在你身上的偏见、差评，都会烟消云散了。

领导愿意批评你，这绝不是坏事，挨了批评，更不是灭顶之灾和世界末日。你一定要振作起来，消除不服气和满腹牢骚的心态，克服紧张和心虚的心理，只要处理得好，责骂不会阻碍到你，反而会令你塞翁失马，收获更多。这样，小小的批评才不会击垮你，反而能成为进步的源泉和动力。

五、领导突然叫你起来即兴发言，如何才能讲得头头是道

石头一直很钦佩东北人，能唠。即兴发言对他们来说似乎根本不是问题，随便扯张白纸，他们就能上至天文地理，下至村口刘寡妇家最近进出男性的一些绯闻跟你聊很久。

包括石头在内的大多数人没有这种天赋，即使从开会伊始就开始构思，被领导叫起来"讲两句"的时候，还是会表现得不知所措、支支吾吾、脸红脖子粗。

这种表现不太好，即兴发言是办公室同志脱颖而出的绝好机会。勤勤勉勉干的工作领导可能看不见，辛辛苦苦写的稿子领导可能不知道，但在会场上，你站起来发言，领导无论如何也得耐着性子听下去。言之无物、结结巴巴只能是负分，声音洪亮、舌灿莲花必须是加分。

对于不太有语言天赋的人，俗称"嘴笨"的人来说，如何在短时间内组织好自己的即兴发言，达到"至少不减分、争取要加分"效果，石头最近有些思考，概括为"四个有"。

第一个有，是有准备

所谓即兴发言，当然就是事先不告诉你需要发言，会开到一半又突然把你叫起来，非说让你也谈谈看法。但是，即兴的背后也可以是

不即兴,对会议主持者来说,他是即兴叫你,但你不应是猝不及防、毫无准备。

对于一些会议,你应当在会议开始时起就考虑到发言的可能性,尤其是一些学习会、座谈会、征求意见会、内部员工会,在这些场合,会议开得团结热烈,主持的领导很可能兴之所至,依次把躲在后排的小同志们叫起来,听听他们的想法、体会。

所以开这些会,你不能一直把自己摆到纯听众的位置上,会议开始了,脑筋就要转起来。一方面,对于发言人讲了什么,竖起耳朵听,拿起笔记录,为之后的发言积累素材;另一方面,初步进行构思,考虑可能要针对什么问题发表看法,自己讲哪些内容。如此,别人的即兴发言,到你这却成了深思熟虑的讲演,效果肯定截然不同。

接下来切入正题,具体说说如何组织一个好的即兴发言的内容。

第二个有,是有态度

有态度为什么放在第一?首先,这一部分往往放在开头讲,它会奠定你发言的基调,一开口,你表现出的是什么样一种姿态,是咄咄逼人、浮夸自大的,还是谦虚谨慎、恭敬有礼的,就取决于发言的表态部分。其次,表态部分容易掌握,有现成的模板可以套用,不用动脑筋,站起来就能说,可以为你的思考赢得时间,同时缓解紧张的情绪。

那么,我们该表什么态,怎么表态?石头觉得,表态,可以套用"感谢+自谦+认同"模式来进行。

感谢,这是一开口首先要表达的意思,感谢领导给我发言的机会,感谢组织创造这么好的平台,感谢之前同志们的发言,我受益良多,等等。把场内的关键人物点名问候一遍,讲起来没什么难度,还能赢得大家的好感,这小子不错,很有礼貌。

自谦,为的是把调子定得低一点,塑造一个谦虚好学的形象。在前面发言,就可以说"下面我抛砖引玉,请大家批评"这类的话;在后面发言,就可以说"对这个问题我的思考没有大家那么深入,简单谈下自己的看法,说的不对还请大家包涵"之类,总之都是些放低身段、毫无内容的套话。

认同,就是表扬别人,肯定他们的发言或做法。比如,可以表扬个人,"前面几位同志的发言主题突出,生动形象,我听了很受启发,尤其是××讲到的×××,××提到的×××,都说得十分到位",或者,也可以表扬组织,"对这个问题,我们处高度重视,第一时间组织了研讨,在大家的帮助下,我的认识进一步深化了",等等。总之,认同的表态,表明的是你很合群,整个单位藏龙卧虎、朝气蓬勃,在这种氛围的影响带动下自己才有了一些长进。

这三个层次的态度表下来,套话说下来,时间怕是没有五分钟也有三分钟,场子已经撑起来了,大家听得乐滋滋不说,你也早已把狂跳的心按捺下来,有理智和心情思考一些实实在在的东西了。

第三个有,是有说法

毋庸置疑,前面说的"有态度",本质上还是铺垫性质的,发言的主干和重心还是应该在这个"有说法"上面。什么叫作"有说法"?经常写稿子的同志们可能比较有心得。

把一件事平铺直叙地说下来不难,把几个层次的逻辑内容依次表述下来也不难,难的是用一句话或几句话把你整篇文章表达的中心思想凝练出来,这个凝练出来的一句话,比每个部分的标题更简短,是高度概括的、朗朗上口的、文辞优美的"专有名词",旗帜性的、标题式的东西就是所谓的"说法"。

举个大家都比较熟悉的例子。"四个全面"就是个说法，由它展开来去，可以概括习近平总书记治国理政的主要思想，内容浩繁；"五位一体"，也是说法，把中国共产党对经济社会文化等各个领域的观点都囊括其中；"五大发展理念"也是说法，概括了共产党人关于发展问题的全部观点；包括石头写的这篇文章，"四个有"，也是说法，整篇文章的观点都包含其中。

有说法的好处在哪？石头觉得主要在于两点，一个是逻辑性强。你的发言如果先把"说法"确定下来，脑子就能始终保持清醒，不会说着说着乱套了、跑偏了，听众听起来也很清晰，一是一、二是二，跟得上你的节奏；二个是醒目、好记。你吧啦吧啦讲半天，内容太多，别人不一定能得要领，提炼一个朗朗上口的说法，效果就完全不同了，别人只要记住这个说法，大概就能记下、忆起发言的大致内容，印象肯定更深刻，否则我们的领导人为什么这么看重理论上提出一个说法呢，这样才能入耳入脑入心啊！

一旦有了说法，即兴发言的逼格马上就提高了。至于怎么总结自己的说法，大家可以到各种口号、标题里去找找灵感，也可以参考石头另一篇"如何做亮标题"的文章。

前几天石头参加博士新生班会，被要求做自我介绍，石头想来想去，该用一个什么说法呢？想到既然是上学，主题还是学习，于是用"三个学习"为说法做了个自我介绍，石头说，来读博，一个是要向书本学习，多看些书；二是要向老师学习，多从大师身上汲取力量；三是向同学们学习，大家基础都比我好，请平时多指点。效果不敢说多好，总体还是过得去，说法有了，就容易展开了，环环相扣，逻辑性也很强。

第四个有，是有"爆点"。

何为爆点？即兴发言中的爆点，大概就类似相声中的包袱、电影中的高潮。态度有了，逻辑有了，如果能在适当的位置甩出几个预备好的包袱，就能给听众更强烈的刺激，听众就会更兴奋，印象也由此愈发深刻。有爆点的发言，才能说得上是比较精彩的发言。爆点也不止一种类型，有的因幽默而爆，有的因深刻而爆，有的因尖锐而爆，有的因煽情而爆。

至于如何设计自己的发言爆点，在什么位置埋伏爆点，石头觉得因人而异，还是得挑自己擅长的来，有的时候还需要一些灵感。石头素来还有些幽默感，所以在设计"爆点"的时候，一般是在"笑果"上下工夫，处心积虑的设计，希望在发言中有那么几个点能引发大家的会心一笑。

继续拿前天石头做自我介绍举例，开口之前石头就想好了两个包袱。一个在最前面抖：石头学号很顺，000868，可以做做文章。所以石头自我介绍说："我就是那个名单上学号最吉利的同学，今天有个同事看见我的学号，还问我是不是花钱跟教务那买的，我说真不是，绝对没搞不正之风，这学号就是组织分配给我的！"话落，全场哄笑。学号当然不像手机号一样可以买"靓号"，这大家心里都清楚，石头一本正经地说出荒谬的话，就是一种常见的幽默手法。

另一个包袱埋在中间：石头简短介绍了自己本科、硕士、博士都读不同专业的经历，接着补上一句，"虽然有不少旧爱，我觉得博士这个专业才是真爱，我们之间的感情应该不会再破裂了"，大家又是大笑。这又是一种常见的幽默模式，类比法，把两种不相干的事物硬凑在一起类比，从而产生笑料。

但需再次重申，爆点并非单纯的笑点，而是因人而异，像朱军老师那样，每期都能把嘉宾聊哭进而达到节目的"爆点"，那显然更是一种高境界。

综上，做一个小结，口才平平的同志要想做好即兴发言，要遵循的应是这样的步骤：会开始了，别闲着，认真记，抓紧想，先简单组织一下表态的套话，然后从脑海里搜罗确定一个"说法"，再运用灵感构思一两个爆点，最后站起身，声音洪亮地按思路讲下来，一个让人印象深刻的即兴发言就完成了！

六、如何拥有温暖人心的力量

1. 想得到有温度的对待，从充满元气的问候开始

石头小的时候最讨厌的事情之一就是"叫人"，走在路上，迎面走来一个熟人，对方热情地走过来对着你的头一阵狂摸，父母则赶紧拉扯你："快叫人，叫叔叔，叫阿姨！"让人不胜其烦，感觉自己成了吉祥物，得到处笑脸相迎。

长大些了才意识到，哦，父母是在教你打招呼。很明显，一个孩子学会打招呼至关重要。让孩子从小学会问候周围人甚至陌生人，是引领孩子踏入社会的重要的第一步。一个会和人打招呼的孩子，大人往往对他会带着更多的亲近和善意，愿意和他多聊几句，这是人之常情。长此以往，打招呼多的孩子和外界交流频繁，也就接收了更多的信息，容易具备较高的情商和人际交往能力。

长大了，工作了，你自以为不会在"打招呼"上存在任何困扰和疑虑了，其实事情并不像你想的那样。比如，你可以回想一下，在打招呼的问题上，有没有过以下几种情形？

萎靡不振的招呼

头天晚上孩子哭到凌晨三点多，刚躺下没两个小时，得，到点了，起来上班吧。早上蓬头垢面地到了单位大厅，好多人在等电梯，

石头一看都认识，于是哈欠连天地一一和大家打招呼示意，进了电梯，有气无力地按下楼层，开始当众闭目养神。

唯唯诺诺的招呼

石头去领导办公室那层送资料，迎面走来一位身着黑风衣的高大长者。定眼一瞧，是单位一把手！怎么办？心理斗争极其激烈：大领导应该不认识我，还是装作我也不认识他，来一场擦肩而过吧！不对！万一大领导有点印象呢？这岂不是加深印象的好机会？也不对！万一真的对我没印象，不理我，岂不是自讨没趣？两人越来越近，纠结的石头只好在喉咙里窃窃地咕哝了一声，领导好……听上去似乎是喉咙里有痰。

冷漠的招呼

中午，石头在食堂吃饭，买好点心找到一个空位坐下。对面的一位其他部门的女同事正在吃包子，虽然不太熟，但好像一次什么活动打过交道。于是石头笑眯眯地主动朝女同事示好。不曾想，女同事原本抬着的头迅速低下，勉强嗯了一声，根本不看石头一眼，眼看着她吃完后即起身离开，连一个问候的眼神都没有留下。轮到石头郁闷了："我也没有长得惨不忍睹啊，她为何连看一眼都不肯呢？"这一天过得相当寡淡。

叫错名字的招呼

某次开会，石头在会场负责签到，忽然被一个热情的拥抱环住了，抬头一看，原来是之前碰过几次面的老王，虽然有段日子没见，老王一点也不见外，兄弟兄弟地叫着，与石头亲切地攀谈个不停。眼看到了开会时间，老王这才依依不舍地拉着石头的手告别，临了，还在一个劲地交代石头："锤子兄弟啊！有时间一定去我那坐坐啊！"我去，原来他一直当我是锤子！直接拉黑！

萎靡不振的、唯唯诺诺的、冷漠的、错谬的，这些招呼，是不是并不罕见？或许有人问，不就是个招呼，打个照面就行了，何必搞得这么一本正经、吹毛求疵的！打好招呼还能飞起来不成？

石头觉得，一个热情诚挚的、充满精气神的、完整准确的招呼，还真是能让你受益颇多。

首先，你的招呼是别人对你的第一印象。

对于不熟悉的人，你的招呼是否有元气，会在第一时间影响别人对你的判断。萎靡的招呼，背后无疑就是一个精力不济的人，别人会想，这人下了班到哪夜夜笙歌去了，或者是身体不太好？假如你坐长途客车，看到司机打着哈欠跟旅客打招呼，是不是要吓得魂飞魄散，赶紧下车为妙。

办公室工作也是一样，人总是不放心把事情交给一个懒洋洋、病怏怏的同志。你的招呼其实就相当一个自我介绍或自我表白，表白自己到底是个阴郁无力的人，还是一个乐观丰沛的人。

其次，你的招呼决定别人对你的态度。

无论是谁，被微笑着大声问候，心情必然会是极佳的。否则为什么每个饭馆门前都要搞上几个笑靥如花的姑娘，大声问候顾客？否则为什么一些足浴店甚至会更加浮夸地搞上几排男女迎宾，在你一只脚刚迈进大门的时候，就声嘶力竭地高喊："欢迎贵宾两位！欢迎贵宾光临！欢迎欢迎！"

道理在于，你被笑着问候了，心里就熨帖了，不掏个大几百元就感觉对不住人家的热情。在工作中，不也是这个道理嘛，你热情地招呼别人，别人必然不好意思对你冷面相向；你沉重地招呼别人，别人心也要跟着沉重，于是你就被沉重地对待了。

最后，把自己刻到别人眼里去。

即使其他人，比如领导，并不认识你，你仍然坚持大声、字正腔圆地招呼别人，一次，别人可能莫名其妙，两次，说不定就会生出些许好感，三次，难保不对你产生兴趣，四次，大概会认定你是一个乐观主动的人。

接下来，或许就要私下打听打听，那个小伙子不错，一副干劲十足的样子，每次看到他都让人心情愉悦，是哪的？再发展下去，哪天条件成熟，就要停下脚步来寒暄一番，一来二去，这不领导就认识你、熟悉你了。

早晨，精神百倍、字正腔圆地问候他人，充满精气神的问候，会把你良好的态度传播出去，你也将得到别人有温度的对待。

2. 对别人说"不"的时候怎样才不会撕破脸

办公室里的同志们常常被要求服从，被灌输讲团结护和谐，被鼓励相互扶持，被强调补位意识，所以，对别人说不，在办公室里似乎是一件相当有难度的事情。别人不习惯你说不，自己也习惯了唯唯诺诺，迫不得已拒绝了别人，内心反倒深深地感到愧疚，觉得做了一件不大光彩的事。

但我们总会遇到必须说不的时候：或许是因为要讲原则，这件事我知道，但也不能告诉你；或许是因为职责分工，这就是你的事，你应该把它干好而不是我来干；或许是因为实在没有时间精力，我很想帮你，但手头这个材料明天就要报领导。

当你确实需要说不的时候，怎样方式的拒绝才是有效且无害的？

认真而干脆

拒绝不应是含糊其词的搪塞和敷衍，搪塞和敷衍很容易让对方感受到轻视。

老王请石头帮忙打听一下一个项目评审的进展，石头很为难，这个评审还处在匿名打分的过程中，提前泄露消息，可能会造成波动，按规定也不允许。

石头不想得罪老王，于是支支吾吾答应了下来，老王追过来时，石头就只好不断拿"还没问到""还没有消息"之类的借口搪塞。可怜的老王一直在希望中焦急地等待。

终于，老王怒了，质问石头：到底问了没，给个准话，总是这么模棱两可，真的很讨厌。

其实，任何一个人提出要求，都做好了被拒绝的心理准备，他们提出要求，对于是否难办、是否不符合政策都心知肚明。

不敢干脆地拒绝别人，表面是为别人着想，不想让人家难堪，其实是太把自己当回事。与其拖着不办，倒不如认认真真、坦坦诚诚地跟别人讲清楚前因后果、是非利弊，果断地告诉他，这个事我办不了，同时实事求是地告诉他，为什么这个事我办不了，请他理解。

一般来讲，人家的心并不会碎成一地，只不过需要换个地方撒网求助罢了。

态度坚定但语气温和

"我不做，又不是我的工作""这事不归我管别找我""我忙得很别烦我"，这样拒绝，态度倒是够坚决，却又太直率，对人不太尊重，可能会激怒别人导致新的矛盾。

人都要面子，你得给人面子，不要随便拿刀子划别人脸，所以最好的拒绝方式应该是坚硬的内核裹着柔软的外衣。

好比女神拒绝别人的追求时，不也先得发张好人卡，"你人很好，你值得找到更好的"，然后才告诉告白者"我们真的不合适"这样残酷的真相。

最好换成"下次有能力，机会合适的时候，再帮忙""这个事之前好像一直是你们部门负责""这个事是不是还是你们干顺一点""之前领导老说你们上次弄得很棒""很想帮你，但我手头这个事领导着急要"，等等。

多用商量的、温暖的、同情理解的、无可奈何的语气去说拒绝的话，使人更容易接受这样的结果。

如有可能，提供替代方案

对于精力多有富余的，积极进取的，愿意追求更和谐的办公室关系的人来说，拒绝和同意之间还有一个中间选项，中性的拒绝，就是拒绝，同时提供替代方案。

大家拒绝时可以多说"要不这样您看行不行"这样的话，表明的是这样一种态度，我拒绝你，但是在拒绝的同时，我还能提供其他的方法，帮他想出另外一条出路，实际上还是帮了他的忙，这是一种慈悲而有智慧的拒绝。

马上开学了，接到兄弟单位的函件，要求9月初到学校来学习后勤工作的先进经验，这可犯了难了，开学前事情应接不暇，都要忙成狗了，哪有时间应付调研！这个时候中性的拒绝就是："我们最近开学事情太多，您看这样行不行，把调研时间往后推一个月，我们一定热情欢迎！"既不影响近期的工作，又充分为别人考虑，提供方案，这样别人一定能坦然接受。

这是从自己的实际情况出发来调适别人的要求，效果当然好于直接拒绝，但你也需要坦然承担相应的时间和精力成本。

尊重自己的感受和需求

很早之前春晚有过一个小品：刚子一位亲戚在火车站工作，不少人慕名而来找刚子买票。其实刚子的亲戚人微言轻，帮不上什么忙。

但刚子好面子，不好意思拒绝别人帮忙买票的托请，于是只好自己通宵排队帮人买票，折腾得痛苦不堪，别人还以为不过是举手之劳，最后跑过来要刚子帮忙搞车皮。刚子当然无能为力，结果之前的好一笔勾销不说，还落得大家一通埋怨，觉得刚子架子大，不愿意帮忙。

事实上，给别人帮忙这件事，永远不应凌驾在你自己的需求和感受之上。你和别人人格上完全是平等的，别人的需求不比你的需求重要。甚至你自己的需求，比别人的需求还要更重要一些。所以尊重自己的需求，按照自己的想法去行事，是完全正确的，是自己爱自己、关心自己、尊重自己的表现。

你可以帮忙，但是帮忙是你的意愿，而非你的责任。如果你不想帮忙，帮不上忙，也绝不是什么罪过。想通了这一点，拒绝哪里是有多难为情的事情呢。

3. 永远别说人家孩子不行

前些天把石头三个月的闺女从爱人老家接了回来。已经有段时间没见她了，宝贝在悉心喂养下已经长得珠圆玉润，抱着就舍不得放下，怎么亲也亲不够，总觉得这是石头两人创造的最完美的艺术品，无论眼睛、鼻子、小嘴、脸蛋都完美无缺，毫无瑕疵，改变哪怕一丝一毫那才是遗憾。

带她去商场放风，忍不住偷瞄和她同样半大不小的宝宝。看来看去，就觉得还是她长得最好，简直一骑绝尘。皮肤比她白的，眼睛没有她大；眼睛比她大的，小嘴没有她精致；小嘴比她精致的，耳朵没有她精巧；耳朵比她精巧的，鼻子没有她挺拔；鼻子比她挺拔的，气质明显没有她出众。我把我的看法跟橙子说，她说我被亲情冲昏了头脑，我坚称自己客观中肯。

今晚在手机里无意中翻出她刚出生那个月的视频和照片，石头被吓了一跳，皱巴的皮肤，红白不均的脸色，眯缝着的小眼睛，四仰八叉的头发，和现在比，简直目不忍视，我对橙子说，简直丑得不敢相认。她不服气，说，刚出生那会儿你还不是整天抱着不撒手，太美太美地叫着！

石头仔细回忆了一下，似乎正如橙子所说，我从来不记得印象中的宝宝曾经有过不敢相认的阶段，在刚出生的那个月里，我眼中的她也是无论眼睛、鼻子、小嘴、脸蛋都完美无缺，毫无瑕疵，改变哪怕一丝一毫都是遗憾的。这就奇怪了，她变化这么大，为什么我竟都没有察觉，只是一以贯之地觉得美好呢？

橙子说，她在给宝宝清理耳屎眼屎鼻屎指甲的时候从没觉得哪怕一丝一毫脏，只觉得宝宝太棒了，新陈代谢太旺盛，但静下心一想，其实很难说是一种理智。

是啊，石头明白了，自己的孩子，在任何时间，你都会坚定地笃信她哪哪都好，啥啥都行，这甚至都不是一种自我催眠，而是一种天然的信仰，融在血液中、刻在骨子里。

回到正题，石头相熟的一位长者曾经对石头说，他花了很长时间才搞明白一个真理，永远不要说别人的孩子不行，即使确实不行，也不要当面说，否则别人会记恨你一辈子。

这位长者年轻时在一所重点学校管招生，人们络绎不绝地找上门来，正是春风得意之时，长者口气常常大得吓人。一日，一位外单位领导慕名找上门来，想把即将面临升学的自己孩子送入这所重点学校。既是有头有脸的人物，肯定还是要给个面子见上一面的。长者看了外单位领导孩子的简历，皱起了眉头，成绩，排名靠后；才艺，一律没有；表现，还有在学校把同学打伤的违纪记录，明显远远达不到重点学校的入学条件。

长者那会儿还没有学得圆融，再加上天天被人追着捧着，说话从来直来直去。他说，你的孩子不行，学习不行，各方面表现都不行，进我们学校可能性不大。外单位领导当时脸色就变了，默默收起孩子的简历，打了个招呼就退出了房间。

　　这件事过去也就过去了，长者并没当回事。多年后，长者也被提拔到别的岗位，成长为领导，巧的是和那位外单位领导的单位时常还有些业务往来。但只要是长者出面和对方办事，事情办得总是不太顺溜，似乎是那位领导从中掣肘。

　　长者有些不解，当初没替人办成事，但确实是因为条件不允许，这都多少年了，至于这样记仇吗？后来通过一些私下渠道，长者才打听到，外单位领导曾说过狠话，他说我孩子不行，我记××一辈子。这是长者怎么也没能想到的。

　　这个故事长者讲给石头的时候石头并没有孩子，不明就里，只是记在了心里。等石头也有了孩子，才深刻地感到孩子绝对是每个父母最软的一块肋骨，在孩子的问题上，理智就是个笑话，永难达成。

　　所以，在别人孩子的问题上，最好做个善意的谎言者，多表扬多点赞，少批评少挑刺。如果更有智慧的，除了坚决不说别人孩子不行，还能主动地给别人在涉及孩子的事情上提供力所能及的方便，那别人更是感激在心，比你帮他本人可能更容易打动人。

　　对待生人，给带孩子的妈妈让个座，给吵闹的一家人多一点理解；对待同事，下班时帮有孩子的同事盯一会，让他们先去接孩子；对待部下，要是孩子发烧生病头疼脑热了，睁只眼闭只眼，多准几天假，其实都是举手之劳，但是对别人，真的都是巨大的恩惠和情义。

七、说到别人心花怒放的艺术

1. 这两个字常挂在嘴边，同事领导都爱你

办公室里"说话"的艺术，不是指口若悬河、高谈阔论的技巧，那叫"讲话"。石头觉得，对于办公室人来说，讲得头头是道、动人心弦固然是种能力，说的人笑容满面、办公室里暖意融融却更是基本素质，和谐的人际关系环境是开展工作、个人进步的前提。

都说办公室政治很复杂，办公室里人际关系很难搞，但透过现象看本质，人际关系说白了就是管理别人情绪的艺术，没有什么比常常说出钻到别人心窝里的体己话儿更能俘获人心了。

说话的道理很难穷尽，这方面的技巧和规矩要细数起来可能有千万言。石头在京东上以说话为关键词搜索，竟然搜到了286本书之多，什么说话之道、说话技巧、中国式说话等等，俨然是一门博大精深的学问。

但有句俗话说得好，真理常常是简单的，规矩太多太繁就相当于没有规矩。在石头看来，初入职场，在办公室里说话，只要先掌握好"请"和"您"两个字，不敢说从此包打天下，至少自由行走是问题不大了。

多说"请"

先说说"请"字。"请"本来是个十分常见的语气动词、礼貌用

语，适用于各种场合和语境，用来表达请示和尊敬之意。然而不知从何时起，请字在我们的日常对话中越来越难寻踪迹：请问变成了"哎，我问一下"，请坐变成了"坐吧"，请求变成了"这个事你帮我弄一下"，直接又粗鲁。

另外，即使在拍出《破产女孩》这种满口粗话片子的美国，受过良好教育的年轻人措辞都是非常委婉有礼貌的。在生活的场合中，大家都倾向于"May I ask your name？"代替"What is your name？"，实际上就是用"请问怎么称呼"代替"你叫啥？"。

你若希望被认为是一个举止得体的人，那就一定要多多使用"请"字，请别人帮忙的时候多说"请""麻烦了"等礼貌用语。看上去一字之差，其实"有请"和"没请"之间横亘的是重视与忽略、尊重与轻视的鸿沟，简单的一个"请"字，就能让对方感觉到他是被重视，被尊重的。

简单描述一个场景，大家可以任意感受一下请字的神奇：部门负责人老刘正在会客室焦急地等待领导，但领导办公室还有人在谈工作。突然，你桌上的电话响了，正是领导打过来的。"石头啊，你把老刘叫过来吧，我这边结束了！"你一个箭步冲到会客室，对领导的话丝毫不加变通，原封不动地转达，大叫："老刘，领导叫你过去！"

刘部长白了你一眼，心想，这石头没大没小的，竟然把我指挥来指挥去、呼来喝去的。梁子就此结下，你却还浑然不知。假如石头懂得把领导的话改成更加委婉的，"刘头儿，领导请您过去"，使唤的意思是不是就没有了呢，毕恭毕敬的感觉是不是就出来了呢。

办公室是单位的中枢协调部门，秘书们发挥的是领导参谋助手的功能。办公室工作常常存在着一种身份落差，你要代表领导发号施令，但其实你并没有发号施令的权力。这种落差会制造隐蔽的陷阱——假如你把自己当成领导，或者是虽然没有把自己当成领导，但是没有认清自己的身份，没有从自己的位置出发对领导的原话加以调制，那么你很容易被看成一个狐假虎威、狗仗人势的人。

领导当然可以说"你马上把老刘叫到我办公室来"，但你绝不能说"老刘，领导叫你去他办公室"，转述之前留个心眼，把叫换成"请"，就能避免掉进因身份落差造成的陷阱，你听："刘头儿，领导请您去他那一趟，您现在是否方便？"别人听起来就完全不同了：领导多么礼贤下士，秘书多么毕恭毕敬，让人心里熨帖不是？

多称"您"

再说说"您"字。对大多数北京的爷们来说，"您"就是挂在嘴边的口头禅，毫无压力，用起来肆无忌惮。

就是面对食堂打菜的阿姨，"您"字也是脱口而出，当遇到麻烦时候，北京人说"麻烦您哪或者劳驾您哪"让人打心里觉得这人实诚；别人无论帮助咱们结果怎么样，北京人一定都会说三个字"谢谢您"，不为别的，就为人家出力；指出别人办事的方法不对，北京人会说："您这事儿可不能这么办。"即使碰见厌恶的人，也会这样对他说："您放心，咱们走着瞧。"展现出大气、宽容。

但对于包括石头在内的很多南方人来说，"您"字足以让自己羞羞答答，即使对爷爷太祖，也还是你、你、你，"您"字会让自己感觉对方太高，自己太矮，态度太谄媚。"您"字很简单，难的是克服心理障碍。

石头不认为"您"代表的是阿谀奉承和拍马屁的价值观，也不提倡大家做这种事情。石头觉得，其实，"您"字本质的东西并不是这个，它强调的是照顾和理解他人，这也是会说话的本质。

"您"有温暖人心的力量，它会让对方感到自己是体面的，有价值的，被重视的，它最大限度地关怀了对方的感受。当石头想通了这一点，立马把口语中的"你"全部换成了"您"，一段时间以后，我发现我胖了，因为当我对食堂打菜的大姐说出"麻烦您给我二两饭"这样的话之后，我的二两饭似乎总是要比别人多一些。

2. 夸人不要隔靴搔痒

在我们的生活中，常常会遇到这样一些人：他们总是喜欢给别人泼冷水，或鸡蛋里挑骨头、吹毛求疵，提一些毫无趣味、毫无建设性的意见，然后再傻不拉叽地说一句："我这人说话很直，你千万别往心里去。"但你以为只要来一句"我很直"就可以为自己的低情商开脱了吗？难道，那些情商高的人都是"弯的"？对这样的人，石头只想说一句：我一定会往心里去的！

当别人正陶醉于一个自己的小幸福中时，不要自以为是地去"旁观者清"，用所谓的"理性"告诉他，他本不应该那么幸福。比如，人家刚买了个自己很喜欢的小玩意儿，然后你去告诉他，"你买的贵了""你被宰了"，让别人的幸福感顷刻间化为乌有；人家刚交了个男朋友，陶醉于两人的小幸福中，然后，你傻兮兮地去说，"你俩不合适，不能长久"；人家刚找了份自己很满意的工作，希望得到你的祝福，然后你去说，以你的能力，如果去另外一个单位的话，薪水要高得多；等等。

你以为你很理智，但人家只会认为你当真很讨厌。这种理智和较真，只会毁掉生活中的一切趣味和美。老盯着别人的缺点看，对自己并没什么好处，而只能让自己更自卑。夸奖别人，反而是一件令自己感到愉快的事情，这正如同，骂别人，常常让自己的火气更大、心情更糟糕。

因此，不妨多在你身边的同事身上寻找优点，尽量多夸赞他们，夸得稍微过分一点也没有关系。在把夸奖之词说出来之前，你就已经得到了回报。夸赞人，是一件既利他又利己的事情。我们常常说到所谓的"正能量"其实很简单，夸赞别人或者在不经意间流露出一种喜爱之情，这就是一种很了不起的正能量。

夸人往往会遇上比批评人更强大的心理障碍：我是不是在谄媚？我是不是在拍马屁？我是不是不实事求是了？我是不是拍的言过其实了？我是不是道德水平滑坡了？他本来也没有这么好啊？！这种心理障碍其实大可不必，我们换个角度，来分析一下说出那些让人肉麻、令人脸红心跳的话，甚至夸张的赞美到底是不是一件可耻的事情。

假如一个人的表现是"好"这个级别，你夸他说，你是好啊！那么可以想象，他感觉不大，因为他的表现本身就在好这个级别，你说他好，只是在陈述他自己也了解的事实，本质上是个陈述句，没啥新鲜的，他心里能爽得起来吗？

进一步，如果，他明明只是好这个级别的，你却说他是"太好"级别的，或者更夸张一点，说他是"太太好""太太太好"级别的，那就完全超出了实际，也完全超出了他对自己的评估，这时他才有爽的感觉。"啊！我还以为自己是好，原来大家都认为我是太太好！我真牛！"

这种分析很能说明问题，你夸人的时候如果不言过其实，不吹捧拔高，那就只是在陈述事实，这样的夸人别人没有任何感觉，别人会想，我本来就是如此嘛，完全达不到取悦别人的效果。只有夸张了、夸大了，才能算是货真价实的夸人，才能有你想达到的夸人的效果。如此分析，下次再给别人戴高帽的时候心里是不是好受了很多？

请记住夸人第一定律：夸人不夸得别人脸红心跳、害羞害臊等于没夸。

古人说"水至清则无鱼，人至察则无徒""难得糊涂"，大概都有这方面的深意吧。刘慈欣有个科幻中篇叫《镜子》，他在小说中用科幻的手法对没有谎言、没有倾轧、没有秘密的世界做了极致的推想，他认为这样的世界最终会磨平全人类的欲望，而欲望是进步唯一的推动力，失去欲望，最终将导致文明的衰落。从这个意义上讲，夸张的表扬虽然在一定程度上超越了真实，作为欲望的一种表达和组织形式，是不是也没有那么不堪了呢？

3. 办公室里必会的几句口头禅

石头继续跟大家聊聊办公室里怎么舌灿莲花的技巧。这次，不讲大道理，来点简单粗暴的，直接嘴对嘴教你几句话，马上就能上手用。

"明白了，我马上就办！"

领导的指示下来了，你该怎么应答？轻描淡写的"嗯""行""知道了""尽量吧"只会让领导心里打鼓：这小子到底知不知道要干吗，到底能不能干好？

这不是一种让人放心和信赖的说话方式。领导也是人，把事情交给你办，也会有怀疑和焦虑，你要做的就是用话语去打破这种焦虑。

对于领导的指示，一定要第一时间迅速回应，夸张些说，就是要让领导听了你的应答产生出一种感觉——一种你对接下来的安排成竹在胸，马上就要一个箭步冲出去落实指示的即视感。

"我明白了"，表示你已经完全领会了领导的意图，不会跑偏，而"我马上去办""我马上处理"，这样冷静、迅速的应对方案才是领导想听的，"马上"会令领导直觉地认为你是名有效率、听话的好部属。相反，犹豫不决的态度只会惹得责任本就繁重的领导不快，这点事都不敢答应，还指望我给你加什么担子。

"你是专家，你的帮助太重要了！"

在办公室混，小到打字复印、迎来送往，大到组织活动、起草文稿，都免不了需要同事或外人的帮衬。比如，稿子写好了，想请同事帮忙看看有没有语病和错别字，怎么开口才能让人家心甘情愿地助你一臂之力呢？

强调他的帮助对你很重要。"你的文字能力强，你看过的肯定没问题！""你写东西很棒，不看一遍我心里没谱，你看一遍我才放心！"别人一听这话，得，原来我这么重要，离了我事情还办不成了，相信他无论如何也不好意思拒绝你，说不定还会把自己手头的工作放下来先帮你呢。

不过，千万记得要感恩，将来有功劳的时候别忘了记上人家一笔。

"您对这个事怎么看？"

跟领导单独乘车或乘电梯常常让人感到局促，你不得不说点话以避免冷清尴尬的局面。

说点生活的话题吧，你跟领导差十好几岁，有代沟，况且也不想留给领导一个玩物丧志的印象；说工作吧，又怕言多必失，不知哪句话就触怒了领导。

此时，最恰当的莫过于聊一个跟单位发展有关，而又发人深省的话题。你想想，一般来讲，领导都不是内向冷僻的人，当领导时间长了，总有点教导别人、发表看法的瘾，这时你问一个他关心又熟知的问题，当他滔滔不绝地诉说心得的时候，你不仅获益良多，也会让他对你的求知上进之心刮目相看。

"要不这样您看行不行？"

拒绝是一门学问，在办公室里尤其如此。有些时候，别人提出的条件或要求根本就违反政策，或者并不符合单位利益，需要加以拒绝；有些时候，对别人的请求我们本想拒绝，心里很不乐意，但却点了头，碍于一时的情面，却给自己留下长久的不快。

确实，一个在拒绝的同时保证彼此关系丝毫无损的诀窍是根本不存在的。但是你可以换一个角度来看你究竟想要达到什么目的，不要把你的回答看作是必须在冲突对抗和维系关系中两者取一。

其实，我们还有一个中间选项，中性的拒绝："要不这样您看行不行"。我拒绝你，但是拒绝的同时，我还能提供其他的方法。

比如，前不久，一个朋友单位办公室的老王给石头打来电话，说他们单位正在起草下一阶段的整体规划，想以石头单位最新的规划作参考。这让石头很为难，石头手上确实有正在起草阶段单位的规划，但是，其一，规划尚未定稿，仍是草稿，不具效力，之后可能会有较大变化调整；其二，规划未经审议和公开发布，还处在保密阶段，有些内容甚至涉及单位未来发展方向的机密，确实不宜流出。

老王言辞恳切，这让石头不忍拒绝。思来想去，石头这样答复老王：兄弟，现在我收的稿子还是草稿，很不完备，参考价值不高，另外，领导也反复强调起草阶段一定要保密。你看这样行不行，你带上你们起草班子的人过来，我邀请我们这边规划起草小组的几员大将，咱们一起交流交流，我们这边把我们起草的思路、做法、经验详细跟你们汇报汇报。你看行吗？"不出石头所料，老王愉快地答应了。

"您稍等，我有点拿不准，我去确认（查询）一下。"

领导问了你某个与业务有关的问题，而你不知该如何做答，千万不可以说"不知道"，当然，更不能胡扯乱诌，那是在给自己挖更大的坑。

比如，领导正在批阅一份处理违纪学生的公文，却对相关规定的记忆有些模糊，于是电话打到你这："石头啊，咱们学校违纪条例对于考试作弊具体怎么规定的？是记大过还是留校察看？"石头心里一紧，糟糕，我也记不太清了。这时候就应该跟领导解释："领导，您稍等，我马上去确认一下回复您，免得我记得也不准确。"

　　本句型不仅暂时为你解危，也让领导认为你在这件事情上头很用心，严谨、细致、踏实、靠谱的办公室工作人员形象跃然纸上。不过，事后可得做足功课，及时交出你的答复，否则那就相当于涮了领导两次。

八、秘书与领导的日常

1. 旁观领导落实领导指示的几点启示

题目有点绕口，事情是这样的。

快下班了，领导一个电话把石头召到办公室，吩咐石头通知一个会。石头接过领导递过来的文件，原来是下午刚呈领导审阅的上级单位《关于做好春节期间安全生产工作的通知》。

文件之前先送单位大领导阅示，大领导批示，"请××（也就是石头的领导）牵头落实"，之后文件才由石头呈送领导。

领导对石头指示：明天上午9点，召集××、××、××等几个部门开部署会，传达文件精神，研究具体方案，之后现场走访几个安全生产关键部位，石头你先弄个方案，我看过后马上通知。

石头心里一沉，明天不是周六吗，说好了要出去嗨的，怎么又要开会。于是心怀鬼胎地提示领导，领导，明天是周六，把部门召集过来是不是不太好？周一开会是不是也不晚？

领导斩钉截铁：下周末就是春节，怎么能再拖到周一！拖到周一就晚了！安全生产可是大事！出了问题我们谁也担不起！

于是，安全生产部署会于周六上午9时顺利召开。

会毕，走访毕。领导吩咐石头，石头，你把上午会议和走访情况拟一段话，说明主题、参会单位、议程、效果等问题，尽快发给我。

我疑惑，新闻有宣传部门跟踪记录报道啊，我写这个是做啥用途。

领导似乎看出石头的困惑，补充道，你发给我，我改一下，发个短信把情况跟大领导汇报下。

原来如此。

领导不愧是领导，不过是落实一件大领导的批示，就展现出了极高的工作素养，在石头看来颇具看点。

看点一：马上就办

下午收到大领导批示，第二天休息日也不管不顾，马上落实批示精神，其中间隔连12个小时都没有，这就叫"马上就办"。马上就办好在哪？

对个人来说，马上就办可以提高效率。比如说，我5分钟之前决定，要在接下来的半个小时之内处理一个问题。那么，做了这个决定之后，就不要再想接下来这半个小时是去刷一下朋友圈，还是去回一下微信消息，还是去刷一下微博。现在所要做的事情就是——努力在这半个小时把问题处理完毕。

对工作来说，马上就办可以规避风险。拿到事如果拖着不办，风险其实是很大的，等着领导找上门来问：那件事你办了吗？上次说的事你弄了吗？这时候已经晚了，你没办，拿什么回复领导？尤其是重点工作、领导看重的工作，有点眉目就马上办。比如这次的安全生产，如果不督办，春节期间着点火星，罪过就太大了。

看点二：及时让大领导知道

批示不比当面交代，领导当面交代的事，人们往往还记得给个音讯，批示看上去没那么急，如果没人盯着，落实起来经常被打折扣、拖延，有回复的更是寥寥无几，所以各级办公室才成立了督查部门。

领导高就高在一方面马上就办；另一方面之后动静还很大。在大领导看来，前一天刚在纸上批示的东西，第二天反馈就来了，还头头是道，怎能不让人安心！

看点三：详细性、逻辑性

领导给大领导汇报不是一句话完事。而是详细报告了主题、参加人员、事项、结果。篇幅快赶上一篇消息稿了，事情说得清清楚楚，来龙去脉详详细细，信息量极大，同时还具有一定的逻辑性，分类明晰，一目了然。让大领导一信掌全局知天下，怎能不愉快！

2. 领导都喜欢在回家的车上干点什么

有时单位晚上有活动，完事后石头跟车送领导回家，几次之后，石头有了新发现，领导们大多喜欢在车上干一件事，几乎一刻不歇。

什么事呢？回短信、打电话。

"张局啊，白天在开会，没顾得上回你短信，你说的那个事我觉得吧，吧啦吧啦。"

"刘总啊，刚忙完，你说的那个事我觉得吧，吧啦吧啦。"

"老王啊，下午在会场把你电话挂断了，你说的那个事我觉得吧，吧啦吧啦。"

……

车到楼下，领导甚至不着急下车，该回的电话短信处理得差不多了，才把手机塞进公文包，信步上楼去了。

石头不行，没有这个习惯。

白天忙得一头汗，正在会场门口签到呢，儿时的玩伴狗蛋电话来了，毫不犹豫地挂断，结果晚上晕晕乎乎回到家，早把狗蛋忘到九霄云外去了，结果几天后狗蛋怒了，发来短信断交：你小子不理人！长本事了！石头道歉不迭：哪里长本事了，根本是忙晕乎了。

快下班了，正在领导办公室说明天的安排呢，兄弟单位小刘的电话来了，毫不犹豫地挂断，结果晚上迫不及待地回家，早把小刘忘到爪哇国去了，结果第二天小刘兴师问罪来了：昨天电话想跟你打听个事，你也不回我，我还以为你对我有啥意见！我检讨不迭：哪能有啥意见。

以往我们理解今日事今日毕，往往局限于事务性工作，或是文件，讲究的是"案无积卷、事不过夜"。

比如习近平总书记的工作节奏，用中共中央政治局委员、中办主任栗战书的话说就是"快"。栗战书最近发表在《秘书工作》中的一篇文章中提到："习近平总书记要求我们干工作要'案无积卷、事不过夜'。总书记自己也是这么做的。他的工作作风非常严谨，工作节奏也很快。报送给总书记的请示，不管多晚，即使到了夜里12点，第二天早上都能收到他的批示。"

又如李嘉诚，据说李嘉诚的办公室陈设非常简单，桌面上干净得一张纸都没有，因为多年来他坚持"今日事今日毕"。

但是，石头认为，其实今日事今日毕除了"事"不过夜的第一层意思，还应该有人际交往不过夜的第二层意思。

领导们不把短信电话回完坚决不下车，小部分是在处理事务，大部分是在打理关系。事务和文件自然每天应当在办公室处理完，这是基础，仅仅做到案无积卷并没到位。文件处理完了，不一定代表"今日事今日毕"了，你每天还应该拿出一点点时间，检查一下自己的人际交往，这一天来，交往上的事处理完了没有？人际上的事理清楚没有？

体现到细处，就是，白天没回的电话都回了吗？白天没理的短信都回了吗？

在某种程度上，人际的事比文件的事更不能拖，文件没有情感、没有想法、没有怨念，它可以等。但人有澎湃的情感、想法以及怨念，人只有更少的耐心和更多的愤怒。

一个兄弟曾向石头诉说他的烦恼：他感觉自己在单位办公室待久了，越来越有心机。过年给微信上所有的同事都挨个发了拜年红包。按照他们回复的速度、语气以及平时的态度把远近亲疏又重新码了一遍……做完感觉有很深的负罪感，这和自己原想的差太多了，感觉自己是个小人。

石头觉得这跟小人与否并无关系，人性本来如此，人就是喜欢亲近亲近的人，疏远疏远的人。保护好、维护好清爽的人际关系，大家可以学学领导们的做法，白天在忙顾不上手机情有可原，下班之后花点时间打理手机上等待的人际关系，坚持"无未读短信、无未回电话"，是对人极大的尊重，这也是今日事今日毕的一个部分啊！

3. 第一次陪领导出差，该注意点什么

出差在外，心情放松，很容易让人原形毕露。有位长期管单位人事的领导曾跟石头说过，一个人能力行不行，出趟差就看出来了。相信持此类观点的领导不少，所以，如果有机会陪领导出差，务必高度重视，把握机会。

出差时，大家一定要树立一个根本思想，即使去三亚、丽江，乃至迪士尼、环球影城出差，你都不是去玩的，而是去工作的。所以，要把工作心态一以贯之，不停地联系、安排、协调、服务。如何在出差中表现出卓越的能力，赢得领导的信任和肯定？石头总结有以下细

节需要注意。

轻装上阵

要是不用你带太多东西，出差时一定尽量少带自己的行李，只带上必备生活、工作用品就行了。拉杆箱、手提包，都不适合出差在外的办公室人，装行李，背上一个双肩包即可腾出来的双手干什么？当然是用来帮领导拎包拉箱子、提东西，要不领导一看你两手都满满当当，也不好意思让你拿。石头经常看有些女士跟领导出差，自己的衣服化妆品带一大堆，装满两个拉杆箱，上飞机要托运，下飞机要人帮忙拿，帮不上别人不说，全队就等她一人，也是醉了。

做好充分的材料、物资准备

在外地买东西不方便，还是尽量把小东西都准备好。比如，备份所有材料，掌握好所有行程安排，最好手机上有短信或用相机拍下来；出差要用的领导讲话啥的纸质材料多带几份，最好带 U 盘，存上电子版，防止突然修改；把单位通讯录带一份，有座机有手机的那种，出门在外，肯定经常要和本部沟通的，有备无患，或者把电子通讯录存在手机里也行；多带些名片，领导的名片，自己的名片，都多准备一些，出去就是见生人的，名片用量很大；最好也能准备几种常备药，比如创可贴、泻立停、感冒药之类的；还要向财务借点现金，或者自己准备足够现金，以备不时之需，只带一百块钱出门，领导怕是连矿泉水也喝不上了。

提前做功课，了解领导的习惯和喜好

只有熟悉领导的起居饮食习惯，出差期间才能做出妥善安排。不方便问领导的事情，可以出差前问领导秘书、办公室主任，或者有经验的老同志，一些注意事项就了然了。比方领导爱喝什么茶，早上是

不是有晨练的习惯，晚饭后是不是要散步，等等；到了驻地，大致了解住所地周围的环境，必要时为领导提供参考。如果领导特别喜欢晚饭后散步，可以查查附近最近的公园、绿地在什么位置，晚饭后带领导去溜达溜达。

腿勤手勤、提前联系、有点眼色

陌生环境，情况瞬息万变，领导和团队里的其他人只能依靠你这个联络员，所以你应该总是处在思考、联系、跑动的过程中。要考虑行程中重要节点的各个细节，比如时间、接送、文件、住宿、饮食等，提前检查确认，主动、积极、快速，万事提前准备。

腿勤脚勤这方面的细节就太多。比如，入住后先稍稍检查下领导房间电视、电话、空调、卫生间设施是否齐全完好好用；提前了解开会、洽谈、就餐地点，为领导参加活动当好向导；开会及就餐前至少提前5分钟在领导房外等候，为领导服务引导；了解当地名人名事名典故，待领导问时及时补白等等。还有，千万别睡懒觉，定好闹钟，早点起床，安排好一天的行程，别领导都吃完饭准备出发了，你还赖在床上没起。

提前值机、选座位、打印登机牌

坐飞机提前选好位置，打好登机牌，免得到机场还要排半天队，耽误事。你可能要问了，石头，你说坐飞机应该提前打登机牌，那就涉及我给领导选座位的问题，我怎么知道领导爱坐什么位置呢？假如就我跟领导两个人出差，都是经济舱，该怎么坐呢。坐一起也挺尴尬，不坐一起又怕有什么事照应不到，挠头。

这个问题问得太好太"接地气"，也曾长期困扰过石头。要搞清楚陪领导出差怎么安排飞机上的座位，就首先要搞清楚什么位置是好位置。

头等商务舱舒适度肯定是完爆经济舱，但是也很贵啊，一般单位舍不得坐，所以我们只讨论经济舱。

首先，应急出口所在的一排是最宽敞的，可以换着花样地跷二郎腿。然后第一排也不错，相对宽敞，而且不会由于有前排而造成任何困扰。比如你正跷着二郎腿，结果前排忽然往后放靠背导致你的腿拔不出来啦；比如你在后排恣意地换着姿势跷二郎腿，顶着前排的靠背，结果被前排转过来呵斥一番。

现在航空公司非常精明，第一排这样的好位置压根不放出来让你选，而是当成所谓的"豪华经济舱"卖高价。假如选不到第一排或者应急出口那排，怎么办？石头觉得那就尽量选前排，越靠前越好，上飞机不用走很远，很快能安定下来，下飞机拔腿就能走，不用排大队等。

至于同一排的位置怎么选，靠窗户好睡觉、可以看风景，靠过道最方便、可以起来活动上洗手间。具体怎么选还得看看领导喜好，石头个人认为如果没有明确偏好，还是靠走道好，毕竟坐飞机也不新鲜了，一般人没那么大兴趣非要看万里之上的蓝天白云，如果靠窗，想上厕所的时候发现另两个乘客有一个在睡觉，脸皮薄的人可能会一直憋到他醒来。

靠走道就完全没有此类问题，活动方便，来去自由。长途旅行，还能起来活动活动腿脚。

好了，现在，给领导选了前排靠走道的座位，你自己怎么选？是和领导选在同一排，卡在中间挨着领导坐？明显不太好，你憋不住尿了不还得让领导起来给你让道，不太好意思啊。再有，坐一起也难免尴尬。鼓起勇气跟他聊天吧，飞机上安静得很，万一领导正好想借机休息呢，况且也没那么多话说；不聊天吧，也为难，明明是熟人，总得寒暄两句，一句话不说搞得好像很难接近似的。

所以啊，石头还是建议，你就选和领导隔一个过道，或者在领导前后的位置好了，既不相互干扰，又离得很近，领导有什么要求需求，一回头就能找着你，看得到、够得着，能相互照应，这样最舒服。

第二章

习惯为王
——如何培养办公室工作素养

chapter 2

一、优秀办公室人需具备的三个习惯

前不久,某上级单位办公室负责人到石头单位开讲座,传授自己做好办公室工作的若干经验。这位领导早年在公社当通信员,后来到县里、省里,再到现在的单位,一步一步走到如今的位置上,经历相当励志。因工作关系,石头跑去凑了个人数。

本以为是夸夸其谈的表面文章,没想到领导敞开了心扉,倾囊相授,一连讲了多个人生感悟,其中又突出强调了办公室工作需具备的三个习惯,真正是经验之谈、肺腑之言,让石头受益良多,在这里将领导讲话的精华稍作总结,跟大家分享。

1. 优势源于自动自发

作为农民的孩子,这位领导是怎么不断完成从基层乡镇到上级单位,从边缘岗位到核心位置的擢升的?

他说,根本原因在于自动自发的工作习惯。领导当年在公社担任通信员,每天有三件事雷打不动。第一件是无论春夏秋冬,除去出差,每天5点左右必定早起打扫庭院,然后看书;第二件事,每天都要为公社办公室里的每个人倒垃圾;第三件事就是在冬天领导出差返回前一天必定烧火,帮所有办公室看煤火,保证办公室内的温暖。

这位领导说,这三件事从没有人要求他做,都是他自发自觉去做的，他就这么做了好几年，一直坚持到他离开公社。

他觉得，这些事都极其微小，但是这些小善为他积累了人望，增加了领导和同事对他的信任。

有一年，公社分配了一个正式转干名额，公社领导毫不犹豫地选择了他，这样这位领导才得以获得正式的身份，才有了后边的这些调动、发展。

这说明，凡事一定要主动承担，现在所做的种种事情都是在为未来打基础，勤奋造就天才，拼搏诞生优势。

2. 记日记，勤写作

办公室领导下面的话让石头十分震惊，他说自己工作26年来坚持写日记，一天不落。哪怕实在忙，每天也要写十几个字。这么多年下来，日记都写满了十几个笔记本。

写日记有啥好处？领导说，首先当然是可以锻炼写作能力，因为只要持续不断地写，文字水平一定能够得到提升。他把一些看到的好东西也记在日记里，记的东西多了，写的时候才能文思泉涌，写东西的时候很多素材就自己弹出来了。

其次，写日记也是"一日三省吾身"的一个好法子。一天下来，自己有什么做得好的，犯了什么错误，怎样做更好，别人有什么值得学的，有什么需要警惕的，都可以记下来，时间长了就大有长进。

这让石头想起以前读过的一本书，《李鹏回忆录》，读此书时最大的感受是震惊。李鹏总理在回忆录里把五十年前在水电站工作时如何维修发电机的步骤都写得一清二楚，当时就觉得没有日记李鹏总理很难记得这么清楚。后来一查，果然，李鹏总理出的11本书几乎都是以他的日记为素材，重新进行编辑整理，分类出书。有人回忆："李鹏有一个特点，就是坚持记日记，如果今天太晚了没时间写，过一两天也要补上。他是个很勤奋的人。"

小伙伴们还不抓紧记起来？

3. 乐于、善于交朋友

这位领导还说，一个人能否成功，关键看他和谁在一起。认识朋友的多少和层次决定了事业发展的走向和生存环境的好坏。

他自己交朋友一直注意几个原则：

看重品格。通过观察别人如何对待自己的父母、老师、恩人就可以看出人的品格，从而决定要不要交往。

建立信息库。尽量详细地记录朋友的各种信息，比如生日啦、籍贯啦，利用这些信息在小事上打动别人。

主动出击。主动展示自己的才华，给别人留下好印象，使得自己也有更多机遇。

当好听众。抓取别人话语之中最精华的信息，以人为师，使自己更快成长，尤其是年轻人要多交一些忘年交，谦虚为怀，这样能够使自己在人生路上少走一些弯路。

满足对方。关注别人的需要，满足别人的利益，先予后取，多聊别人的伟大，每天都有学习的机会和动力。

最后，办公室领导用一句话总结：任何人都不能靠，寄希望于搞人身依附、大树底下好乘凉或许能逞一时之快，却不一定安全，终究不是长久之策，只有凭自己的拼搏、进取、奋斗，才能真正让人生之树根基长青、枝繁叶茂。

石头深以为然。

二、工作拼到最后，其实就是拼身体

读书时，石头的一位老师给同学们总结过做学术必须具备的几个素质。他说，第一，要有一个好的身体。话音未落，底下炸了锅，纳尼？身体放在做学术的第一位？有没有搞错？难道不应该是读书，不应该是外语，不应该是视野，再不济也是勤奋之类的排在第一啊！

老师接着说，他有一位优秀的同学，天赋异禀，学术做得极好，年纪轻轻就破格晋升教授，但身体一般，体力精力常常跟不上。优秀的同学自己很感慨，常常对他哀叹："北京乃体力智力优先之人可以居之，吾体力不逮。"不想一语成谶，同学不久后就身染重疾，英年早逝，永远抛下了挚爱的学术事业，这件事对他触动极大。

石头当时听得懵懂，二十出头的人，哪里会懂得关注自己的身体。工作后，才越来越有感触。

不知大家有无这种感觉，身体状态极好的时候，办事耳聪目明，精力旺盛，一个事交代下来，好像思路根本停不下来，有使不完的劲，计划来计划去，一会联系这个一会联系那个，把所有细节流程想得清清楚楚。

身体疲乏的时候，就想着赶紧对付完得了，根本不往细处去琢磨，电话懒得打、短信不想回、细节不愿想。你说这两种状态，哪个能把工作干得更好？

这时候，石头才悟出来老师这话的真谛，真是字字珠玑，真是血和泪的教训，所谓的拼工作、拼职场，只是表象，好像是靠智商和悟性，到头来终究是要返璞归真，回归到拼身体、拼精力、拼对身体的精力的管理上来。

1. 领导酒量都大？其实是因为人家身体好

小时候跟老爹出入各种"场面"，有一个现象让小小的石头百思不得其解，酒席上越是职位高的领导，酒量似乎越大，酒量和职场地位成正比。办事员可能二两就红了脸，小头目半斤没问题，部门领导八两酒下肚眼神开始迷离，大领导一斤酒才能找到感觉，到了终极BOSS，直接奔着两斤努力去了。

所以说有一种说法在办公室圈子里流传很广，说的是不能喝酒就当不了大领导，这种论断不知引得多少不胜酒力的办公室同志惆怅感伤。

为什么会出现这样一种巧合或者说是"规律"？这其中首先当然是有酒桌文化的因素，在职场上，酒宴成为人们交际的场所，酒就成为"交际液体"，人们以敬酒和回敬等种种礼仪行使为人处事之道。

酒文化带来的规则与礼仪，折射了尘世间的游戏规则，为整个社会的统治秩序提供了"理论支撑"。酒文化与人的身份、地位、权势有着密切的关系，始终闪烁着强制与被强制的关系。席位的秩序，器皿的多寡，摆设的位置，与当事人在社会上的位置和扮演的角色完全吻合。

酒桌上森严的等级，以及严格的长幼尊卑，最直观地反映出当事人的血统、地位、权力。其中隐含着当事人对食物占有的顺序、数量、权力的多寡等。在喝酒的过程中，如果有权力、地位不对等的关系，就会有强制性的劝酒或逼酒。对位高的人来说，这是彰显权力的机会，对位置低的人来说，不喝就是不懂规矩。

领导能走到他今天的位置上，大都经历了如上所述的锤炼和打磨，如果说酒场是职场的一面镜子，那么作为职场优胜者的领导，往往也是酒场的佼佼者，就好比模拟考试考得好，高考一般考得也不差。能喝酒，就是能来事、能办事、善交际，这样的人不当领导谁当？

工作之后，石头发现，对于职位越高酒量越大这种现象，其实还可以有另一种全然不同的解释。

领导确实都比较能喝酒，但领导最让人佩服的地方不仅是酒量大，更在于头天晚上即使喝到12点，人家第二天一大早还是比你来得早，早早就坐在了办公室里，一副容光焕发的样子，有条不紊地开始发号施令。让人不由得心生疑虑，难道昨晚领导喝下的不是酒？是什么十全大补汤？

由此可见，一方面，对酒文化的自如驾驭让领导能走得远；另一方面，喝酒是一扇窗户、一个指标，说明这个领导精力旺盛，身体强健，能够胜任高强度的繁重工作，这可能是一个人在职业上有所发展的更深层次的原因。

有位领导曾经对石头说过，感觉职位当到他们这种程度，比拼的不光是能力和水平，而更多的是精力和身体。他觉得，能当上领导，本身就说明能力肯定不差，极端点说，一个事出来，大家其实都能干好，但面对千头万绪的工作，去推动、去落实必须有旺盛的精力和倍儿棒的身体作为基础。

天天在施工工地上风里来雨里去你能不能顶住？案头堆积如山的文件你能不能伏案处理到深夜？"周六保证不休息、周日不保证休息"你能不能受得了？一天十几个会还都要讲话你能不能始终坚挺？大多数人承受不了。

记得曾看过一则对某省省委书记的报道，其中提到他一年365天，几乎从没在晚上10点前离开过办公室。扪心自问，这样的工作强度即使对年轻人，也可说是苦役，年届六十的一省大员没有好身体，怕是早就倒下了。换句话说，有这样的好身体，我们似可以揣测这位书记酒量怕是不小吧。

说到底，酒是润滑剂，让领导们如鱼得水；但可能也是慢性毒药，摧残人的身体。酒场就像一把职场的筛子，在酒精和工作双重夹击下倒下的人，就永远倒下了，至少掉了队，被它无情筛除。没有被夹击打败，挺了过来、坚持到后面的，就是身体棒、精力好的了，也就有可能当领导。

深挖酒量和领导之间的联系，并非是说想鼓励大家讲究什么"感情深一口闷"，更不是提倡"宁伤身体、不伤感情"的价值观。恰恰相反，通过以上的分析，我们得出，领导成为领导并不是因为酒量大，而是酒量大代表身体不错，身体好才能投入地干好工作，我们要想在事业上有所发展，身体是最大的本钱。

不是每个人都像领导一样天赋异禀，能轻松地在酒精和工作的双重压力下挺过来，对于绝大多数平常人来说，只有精心爱护好身体这个本钱，才有机会和条件去谈什么事业的发展、职位的进步，这才是我们绕出"酒量大才能当领导"这一迷雾，而后应当得出的正确结论。

2. 忌盲目进补，管住嘴才是正道

身体对我们的事业这么重要，办公室人要怎么才能维护好它？现在，养生的节目有千千万，报纸文章更是浩如烟海，一会儿老专家说个这，一会儿年轻医生说个那，说来说去有时反而自相矛盾，让人无所适从。

其实在石头看来，简单可行的强健身体方法，才是适合工作繁忙的办公室人的。那些个名医教的方法，早上让吃枣、中午让吃参、晚上让吃粥，可能确实有用，但记不住也做不到就成了无用功。对办公室人来说，牢记管住嘴、迈开腿，饮食贵有节，运动贵有恒足矣。

管住嘴，是说既要限制摄入量，又要有所禁忌，不该吃的决不能吃。有的东西吃了会过敏、中毒，甚至付出健康代价。少吃对身体健康有利是已经为现代科学证明的观点，曾有过这样的动物科学实验，给小白鼠吃到七八分饱，即提供80%的能量，使其免疫系统处于紧张状态，控制能量组的小白鼠寿命比自由进食组的小白鼠活得更长。

一般来说，健康人每顿不要吃得太多，以七分至八分饱为宜，如果吃得太多，可能会加重代谢负担。尤其是办公室人，不管自己情不情愿，由于工作关系，迎来送往的陪客很难避免，普遍吃得太多、吃得不均衡。

不少人应酬多，每天摄入动物性脂肪过多，蛋白质及能量均超过所需，因此，脂肪肝、高血压等代谢性疾病在办公室人身上很是常见。

大多数办公室人也深受传统医学的影响，一有什么不舒服，想的就是是不是虚了，得进补了，于是羊肉、海参、驴肉、海鲜一起往上招呼。

其实这都是一百年前的老皇历了，现在的人基本可以断言，绝不会面临营养不良的问题，相反，身体总是哪哪都不得劲，更像是吃得太多太好、全身脏器负担过重造成的。你想想，天天你吃下去那么多脂肪、蛋白质、糖类，胃、肠、胆囊、胰腺的负担得有多重。

石头曾经有段时间，整天就是乏力困顿，明明早上七点才起，八点一出门就又困了。这种状态肯定不行啊，于是到处体检，结果指标一切正常，强健得很。医生无计可施又不肯承认，给扣了个亚健康的帽子，让多休息多调理。这都是正确的废话，我要知道咋调理就不找你喽。

后来有一次无意间看到一个BBC的科学纪录片，名字叫《节食与长寿》，说的是科学家对一群"轻断食"人群体的跟踪研究。这些人已经节食到一种精细且变态的程度：吃苹果，把苹果皮削下来，但他们吃的不是干净的果肉，而是只吃削下来的皮。

为什么？因为果肉里含糖量高，纤维素和各种维生素反而集中在果皮里，而且果皮里含糖量极少，卡路里低。科学家对这些人进行了一年的跟踪研究，结果显示与同龄的普通人相比，这些人明显显得年轻，身体状况要好得多。最后科学家得出结论，科学地禁食可减少癌症可能率、使血糖正常、降低胆固醇，整个身体都会因节食而受益。

办公室人很多场面上的应酬难以回避，客人来了，总不能不请不陪吧。当然礼数上我们不能怠慢客人，但到了桌上，少喝点酒、果汁，让服务员准备几瓶纯净水，少吃点大鱼大肉，多点几份五谷丰登、黄瓜蘸酱这样的杂粮和蔬菜，我们还是能够做到的。你看，管住嘴，是不是也没有那么难。

3. 贪睡并不能让你精力充沛

至于迈开腿，就更不用说，运动和健康的正相关性早已经被证明。石头不想探讨这里面的医学原理，只想和各位办公室人分享一下自己的经验和体会。

石头本来的生活习惯是每天必须午睡，以至于形成生物钟，一接近中午就萎靡不振，吃完午饭更是"饭后瘟"的厉害。但到办公室工作后，石头发现有一位在单位里以身体好著称的领导，他比我年长20

岁，却竟然从来不睡午觉。一到中午，他就拿起乒乓球拍，约上好友去运动器材室打球。

有一次在电梯里碰见他，我忍不住向他请教，您中午不休息一会儿下午能扛得住吗？我看您中午从来不睡觉，反而跑去运动，不会累着吗？您这身体是铁打的？

领导笑了，说，我以前也是一累就躺下休息，但中午一觉睡到下午，反而感觉更累了，而且还搞得晚上睡不着，成了恶性循环。后来有一次中午打乒乓球联赛，没落得休息，本以为下午肯定特别疲劳，没想到那天下午反而特别精神。后来我就发现，换个脑子，做点运动，反而是比单纯睡觉更好的休息，而且运动多了，精力自然就旺盛了，体力也跟上了，又更不容易累，这样就是良性循环。

我对领导的话将信将疑，不让睡觉也太难受了。抱着试一试的想法，我还是开始中午跑到游泳馆去游泳，不再一吃完饭倒头就睡。

领导没有骗我，本来疲惫的身躯，在泳池里折腾 1000 米之后，精神不仅没有萎靡，反倒忽然变得更加有活力。更神奇的是，整个下午一直到晚上都没有以往的疲惫感，到了睡觉的时间，伸了个懒腰，困意却又神奇地袭来，睡着了。那一晚上，我睡得贼香。

中午游泳的习惯我一直坚持到现在，除了精力上的变化，我的身体也发生了神奇的转变。十几年的老鼻炎基本痊愈，很少再来叨扰我；将军肚小了，裤子小了好几个码子；连圆圆的脸庞似乎都变得英俊了呢！

健康其实是件小事，先管住嘴，再迈开腿，比吃什么营养品都管用，比多少次捏脚推拿都有效。

三、办公室着装没有 Casual Friday(星期五便装日)

1. 领导着装的自我修养与使命召唤

前段时间，石头单位的大领导调任某上级单位主要负责人，单位相关部门整理了这位领导在石头单位工作 5 年来的大量图片，配上煽情的纪念文章，一篇热文在朋友圈里就此流传开来。

石头也满怀感怀之情转发了这篇文章，但不曾想，不断地有外单位的朋友在朋友圈给我留言："你们领导只有一件衣服吗？""为啥春夏秋冬都穿黑西服？""大夏天的穿西服不热吗？""大冬天的穿西服不冷吗？""形象一以贯之啊！"

还是群众火眼金睛，领导着装的风格和个性石头之前还真没注意到。在大家的提示下，我研究了领导 5 年来的照片，果然，无论什么季节、什么场合，领导从来都是白衬衣加黑西装，没有正式和不正式的区别，只有正式和更加正式的坚持。

天冷了，领导正装外会加上大衣；天热了，领导的西装外套就由厚转薄。外出调研，他的衬衣领子可能就随意解开，大会发言，领口就系上笔挺的领带。

正因为长达数年坚持这样整齐、严谨、单一的着装风格，不明就里的人竟然发出了"领导只有一套衣服"的调侃。

作为一名高级管理者，领导当然不会只有一件衣服，或许如果他愿意，大可以一天换一套衣服，甚至上午一套下午一套，可为而不为，他在衣着上近乎严苛的选择或许能让我们明白，对职场中人来说，想要发展，着装可能并不是一件小事。通过他，我们可以一窥职场成功人士到底应该有怎样的衣着素养，其实并不复杂，不过是以下两点：

首先是正式

小米的老总雷军总穿着普通衬衫和牛仔裤，马云的衣服总是奇奇怪怪，习惯于在皱皱巴巴的衬衣外套上一件颜色鲜艳的毛衣，比尔·盖茨从不扣衬衫最上面的纽扣，和仓库保管员没什么两样。却没有一个人能够忽视他们的魅力。

但办公室工作不同于在 IT 公司搞技术，IT 公司要追求个性和创造，办公室人却一定要给人稳妥和可靠的感觉。如果你没有在自家车库捣鼓出一家资产上亿美元的公司，你并没有穿套头衫去上班的权利。你不是马云，你也不是雷军，你不能这么穿。

一个着装正式的人，领导就会觉得他干净利落，严谨可靠一丝不苟。穿衣不讲究，经常穿着格子衬衫牛仔裤就来办公室的，其实不一定做事不行，但领导就是会觉得这个人可能比较粗犷，一些要求心思缜密的活就不敢交给他。着装常常成为领导判断下属做事风格的辅助手段。

石头是法科学生，认识不少律师，他们总是对服装有着严格的要求，到哪里都是西装革履、皮鞋锃亮，有一次我问一个同学，你们整天这样不累吗？

同学笑了，我们是服务行业，是帮别人解决问题的，你要穿个破烂T恤衫，推一辆自行车，谁能相信你的实力？谁敢把几千万元的项目交到你手上？有时只有穿上名牌西装开上奔驰人家才相信你有实力啊！砸锅卖铁这个面子也得挣够。

石头觉得这话很对，办公室也是服务行业，也要有"通过脸面展现素质"的服务意识。

对办公室人来说，什么是正式的服装？石头的单位领导已经做了很好的示范，就是颜色较深、样式简单的西装或夹克。正式的服装传递出的是正规忠实可靠的观感，这就是办公室里需要的素质和性格。

其次是执着于正式

石头曾经在金融企业实习，当时那个公司有这么一个规矩，他们效仿起源于英国的"Casual Friday"（星期五便装日），职员被允许在星期五穿便装，据说这样能使工作效率显著提高，而气氛也更为融洽。

这个 Casual Friday 效果到底如何，石头不敢妄言，但在办公室穿衣服，千万不能自己给自己设置 Casual Friday，这根弦一定要时刻绷紧。石头就吃过这样的亏。

石头研究生还没毕业时，就先被拽到办公室当实习生，那时人傻胆大，处处还以学生自居，没有进入状态，有正式活动了才把自己捯饬一番，平时一般也没有机会抛头露面，在办公室就经常穿着球鞋、牛仔裤，蓬松着头发四处横行，想着反正都是同事，应该也没人会挑我毛病。

一天下午，科室其他同事都去听一场先进事迹报告会，我一人留下看家，领导忽然火急火燎地冲进我办公室，叫道，石头，快，拿个本子，上级单位临时过来找单位领导商量一个事，你去会议室参加会见，同时做下会议记录！

做记录不是什么困难工作，石头满口答应就进了会见室，等到坐定开始工作，才觉得自己是那么格格不入。人家都是西装革履，我却穿了一件亮黄色的运动衫，脚上穿一双红色运动鞋，洋溢着"青春气息"，一看就是打杂的小喽喽。单位领导见我这副尊容，只是皱了皱眉头，但这个细小的表情仍然被聪慧的我捕捉到了，像一击重拳砸在我心上，得了，我第一次在单位领导面前的亮相怕是不及格。

自此石头明白了，那种看碟下菜，有活动了我就穿正装，没有活动我就穿背心，在单位里我就穿运动鞋，出去见人我再换上皮鞋的着装风格是靠不住的。

都说办公室是对内的枢纽，对外的窗口，整天必定是人来人往，办公室人总是随时处在一种可能与人交往的状态中，很多情况突如其来，只有时刻准备好，才能在任何场面下都展现出饱满的精神状态，表现出严谨的工作态度。

所以石头很能理解单位大领导的坚持，他并不是只有一件衣服，他是个有原则的聪明人，在穿衣的问题上有着自己的修养和智慧，因为，他的内心已经时刻准备好被命运召唤，被需要正式着装的大场面、大事业召唤，他从来不会在穿衣服这件简单的小事上失分。那么，你呢？

2. 正式着装仍需因时因地制宜

石头旗帜鲜明地推崇正式、并执着于正式的穿衣方法，但也必须指出，机械地理解这一原则也是灾难。石头所在的单位位于北京，不是基层，所以大领导整天黑西服并不会出什么问题，但如果在地方，尤其是工作的主要区域是乡村或是基层的单位，因时因地制宜的问题就必须严正提出。

下基层、"结穷亲"时穿着不当，堪称办公室着装最常见的错误。

石头在看电视和新闻报道时，最不能忍受的就是这样的场面：摇摇欲坠的房子、家徒四壁的摆设、灰头土脸的老乡，他们中间，是一个油头粉面西装革履甚至扎着鲜艳领带的慰问者，正在嘘寒问暖或送上红包，且不说被慰问者心里怎么想，这不明摆着是在突出显示阶层和财富的差别吗？！

河北省委常委、统战部长范照兵在重庆工作时曾自曝，他到潼南探望自己结对帮扶的"穷亲戚"，"有些县干部竟然穿着整齐的西服过来，我当场就把他们都赶走了"。下乡时还西装革履，就是典型的不懂得着装的因时因地制宜。

此外，在公众场合穿衣过于炫耀，即使无关违法，亦会影响观感。2011年11月，深圳上万名公务员参与长跑，一些政府部门统一着装，阿迪达斯、耐克、卡帕等品牌悉数亮相，群众哗然，至于购衣经费来源，不少部门拒绝回应。

随机应变，在正式的大前提下随机应变，让自己的着装始终契合身份和场合，也应当是办公室人穿衣的精髓。尤其在突发公众场合，更要多动脑筋。原铁道部发言人王勇平让石头印象深刻。2011年温州动车事故发布会上，这名颇有经验的官员，随意地穿上一件T恤衫就上了台，这是一种什么观感？他怎么敢在这么一个万众瞩目的场合如此随意？

石头觉得这位发言人当时的穿着就很得体，原因很简单，他的穿着，给人留下的印象、营造的形象就像是这人刚从处置现场来到发布会会场，或者，随时都可以奔赴救灾的现场，多么夙夜在公、多么符合处理应急事故的要求！着装因时因地制宜，你该跟他学学了！

四、珍惜在办公室的每一分钟

1. 每天空耗八个小时，是幸运的吗

石头前些天见到一位研究生同学，她刚当妈妈不久，休完产假继续回到一家券商打拼。一边备奶、一边工作，长距离通勤、家庭琐事、工作压力让她显得十分憔悴。

显然最近她对现状并不满意。她说，特别羡慕一个闺蜜，觉得人家闺蜜特别幸运，家里有实力，人脉广、不差钱，一毕业就给安排进某金融单位供起来。每天九点多到就行，逛逛淘宝、看看小说、照照镜子、打扮打扮，发发呆，熬到下午四点多，拍拍屁股，开着豪车一溜烟闪人了，日子爽到不要不要的。

石头不解，问：不好好上班在那干啥，她单位工资高？她只是想挣工资养活自己？

同学说：不需要，家里几千万元，不需要她挣钱，而且那单位是个事业单位，工资也不高。

石头不解，又问：我不懂，大白天的，每天最珍贵的八个小时都待在单位，不缺钱，也不想干，精力耗了，时间花了，却坚守在一件对自己毫无意义——无物质意义、无精神意义的事情上，你把这也当作是一种幸运？

同学琢磨了一下，恍然大悟，是啊，她要是不缺钱，还不如去游

山玩水，浪费这时间干啥，而且每天开车上下班也怪累的，难道是想到单位找点精神寄托？

石头觉得不是，找精神寄托还迟到早退？她显然从没想过要融入其中。

无论她有什么理由，日子过得怎样奢侈舒坦，在石头看来，坚持不懈地把时间投入到一件占用了自己绝大部分时间和精力却又对自己没有所谓的事情上，无论如何也说不上幸运。这份投入对她来说没有物质收获（微不足道），没有精神收获，没有社会关系收获，消耗了热量和时间，最后是个零蛋。

事实上，每一天，清醒的时间都很珍贵，刨去睡觉吃饭，精干顶事的时间也就十个小时左右。不会再多了，这一点全职准备考试的人可能最有体会，石头考研期间学习时间极限是十个小时，再多就是低效的空转。那时候还是二十啷当岁，年轻气盛，涮肉一次性吃十几盘的年岁，今天，有效时间只能是更少。

就这可怜的十个小时，这位女士还要花去八个小时买空气，花了最重要的时间干了最无关紧要的事，可悲，不值得羡慕。如果淘宝对她来说是人生最重要的事，我倒建议她全职淘宝、打扮、自拍，不但自嗨，说不定还能成个网红。

逻辑严密地批判了这位做亏本买卖的女士，石头不能不想到自己一天中精干十小时中的八小时——在办公室里度过的八小时，有没有意义，有没有积累，是不是干了最重要的事。

首先，石头的物质收获是很大的，没有单位给我发的这大几千块，今天中午就不能一边啃卤鸡爪一边喝啤酒，况且，石头是圆脸，也并没有成为网红必备的长睫毛和蛇精脸。这决定了石头只能老老实实找份工作，在单位里，在办公室里消耗掉这八小时。

其次，石头做得不好，八小时里做的，不一定是最重要的事，很多甚至是不重要的事，有推脱、有逃避、有浪费。

稿子任务来了，咋又是总结，我还能写出个花来不成？看着烦，先去天涯看看八卦，一不留神下班了，只能来个挑灯夜战。

有工作要协调了，一看十几个电话要打，里面还有老张，每次给他打电话都被噎得够呛，烦，先去翻翻杂志，一不留神下班了，得了，明天再联系吧。

买了一本《大手笔是怎样炼成的》，想着下午一定要认真研读，做好笔记，大幅提升公文写作水平。微信群里哪个没眼色的发了好几个搞笑视频，一轮看过去，一不留神下班了，嗯，下次有时间再研究吧。

吓人，细细算来，原来石头的时间投入和效果产出也并没有达到最佳，用大好的时间干了很多屁事，却不自知。

我们因为各种各样的原因，出于各种层次的需要，接受了现在的工作，每天花八个小时坐在办公室的座位上，为生存、为致富、为发展、为地位、为兴趣、为热情，都很好，都没问题。

只是请了解，这八个小时是你最精华、珍贵的八小时。很明显，拿精华的时间干重要的事，容易干成，完成了重要的事，自己也变得重要；拿精华的时间干不重要的事，你不会有时间干重要的事，也就做不成什么重要的事；那我拿不精华的时间干重要的事呢？你也说了那是垃圾时间，能干成什么事？

什么事是重要的事？我该用这珍贵的八小时干点什么重要的事？

这个问题相当于没问，这是工作时间，绝大多数时间你只能干工作的事，你非要说你牛，工作时间不工作可以跑出去开滴滴专车，领导还不管你，那当我没说。

要做到在最好的时间做重要的事，让每天这黄金八小时过得有点意义，有且只有一条路，把工作当成是最重要的事情，投入全部的身心和精力，完成工作、琢磨工作、提升工作、热情工作。要是没做到，你就是在浪费精华的时间，摧残精华的生命。

所以啊，莫要再说"工作真没意思""庙太小，我怀才不遇""我讨厌开会""我讨厌写稿子""我讨厌那个领导，懒得给他干事""同事都不是好人，环境太差"这种话了吧，既然待在这，既然干着这摊子事，还没要辞职，还没法走人，就一定用心干，往好了干，否则，你忙忙叨叨费这时间干啥，来来回回费这事作甚。

你以为你只是松弛了些、放松了点？其实你得不偿失，把80%的自己都造没了，离一事无成，只差那么一点而已。

2. 即使靠专业吃饭，做人也是你一辈子的事业

在办公室，大部分时间我们都在做联系、协调的工作，而不是画图纸、编程序、算报表，这样整天跟人打交道，而不是靠专业吃饭，对我们的人生到底有无增益？石头觉得，即使是靠专业吃饭，做人也永远是一辈子的事业，是第一事业。办公室工作对我们办事、为人的历练，绝对是人生的一笔宝贵财富。

一次，石头把一篇讲如何与领导交往的文章，在某个群里分享，一位群友"耿直姐"@我："虽然描述得很对，看着着实无聊。一点小心思全在如何取悦于人，如何光鲜其表上，日复一日，这样的计算比较，就算磨得八面玲珑，对真实的自己、对别人，又有什么价值？"

石头从来都很不屑这种认为做人无用、做好真我即可的论调，但为了维护群的安定团结，当然也出于高于这位"耿直姐"的交往技术，只是简单回复："说得很对，人在江湖，身不由己啊。对很多人来说，这就是工作，有些人工作是养猪，有些人工作是种田，有些人工作是做人的工作，都有。"

这样的回复当然挑不出毛病,"耿直姐"也只能点赞,小小的群里又恢复了团结紧张严肃活泼的局面。由此小事亦可见,做人和说话的技巧,绝非"耿直姐"脑中乌烟瘴气的糟粕,而是大大有益于人类和社会的。

事实上,"耿直姐"们坚信的,"做好自己、提升价值、专业过硬、独善其身"就能屹立于这个世界的信条拥簇者众多,他们相信和外界的交流并不重要,他们相信"酒香不怕巷子深",他们相信"内向者优势",他们相信"我不在乎别人的感受是为了让这个世界变得更纯洁",等等。

总之,这群人立足于"做好自己就好",遵从内心才是自尊自爱,要是谁热爱去琢磨别人,就是道德败坏,就是谄媚。

说实话,石头尊敬这样有态度的人,风骨是一种看上去很美的东西,是极其稀缺的。但是,石头还是要说:同志,我不知道谁骗了你,但你确实被骗了,且一骗就是好多年。

会做人到底有无价值?当然,对绝大多数办公室人来说,这不是问题,办公室人干的就是沟通、联络的活计,工作对象就是人,不做人,做鬼?

那么,对于那些坚信自己专业过硬、能力超强、不可或缺,也就是靠手艺吃饭的人来说,做人要不要投入精力?有无意义?

让石头坚信做人和做事一样,都需努力一辈子的,是以下一件事。

那时石头还在读书,有次学院组织对外招生面试,我作为工作人员和一位年届八旬的学科泰斗分在一组。这位老泰斗著作等身,是某学科的奠基人,石头实在想不出还能有谁比他更堪称"靠本事吃饭、凭专业立身"的典范。

面试结束后,按照程序需要每位考官当场签字确认。我却疏忽,遗漏了这位泰斗，石头忐忑地拨通了他家里的电话，内心不安，这完全是我的工作失误，却还要给老先生添麻烦，指不定他会怎样骂我。

万万没想到，老泰斗毫无不快和犹豫，斩钉截铁且和蔼可亲地让我到他家里找他补签名字。更让石头震惊的是，补签之后，他一直把我送到他楼里的电梯里，直到电梯关上还在挥手向我告别。

要知道，在这之前，我和老泰斗素无交集，连他的课都没上过。这件事对石头的影响和震动极大，学界泰斗、耄耋之年尚能如此，作为青年又怎么能不怀揣一颗谦卑的心去处世？投入更多的精力去为人？

工作之后，接触的各行各业的"人尖子"多了，我的感觉更加确定和强烈——做人本应就是一辈子的事，即使是在完完全全靠专业吃饭的行业、领域，其中的执牛耳者，有本事是一方面，99%也都是做人的翘楚，有着三言两语即让你如沐春风、肝脑涂地的本事。

前一阵有篇"汪涵的朋友圈到底有多牛"的文章，在网上流传，说的是刘涛赴丹麦哥本哈根工作，房间被盗，价值400万元首饰等物品不翼而飞，手足无措的她只好发微博求助。汪涵得知消息后，立即亲自致电丹麦驻华大使馆，警方介入调查并追回首饰。文章借此梳理了汪涵在政商娱等界的人脉，结果发现因为他重情重义，体贴关怀的强大人格魅力，和很多大佬成了朋友。

汪涵高明在哪？会做人呗。天天兄弟的小五回韩国服兵役，他能做到私下给小五一张银行卡，帮助小五的妈妈和姐姐在小五入伍期间渡过难关，并叮嘱小五"服完兵役后火速回归"；和普通观众站到玻璃门前，他能做到，拉开门，并没有走进去，而是十分恭敬地侧身在一边，用一种十分沉稳的语气跟观众说："快进去吧，节目快要开始录制了。"这是怎样一种为人处事的功力？！

现在可以提问了：是口才好，还是会做人，让汪涵走到现在？到底是哪个因素成就了他？石头甚至觉得，七分做人、三分口才。辩论队能说会道的人多了，汪涵咋只有一个？

确实，不能否认，有些不世出的天才，不需要做人，不需要理解人际是什么，他们本身就在开创人际的中心和热点，他们只需要独自牛气。比如牛顿，自恃高才，一辈子没有朋友，没结过婚，还跟同时代的科学家虎克、莱布尼茨斗得鸡毛鸭血，还是名垂青史。但，他同时也是人类科学史上若干重要学科的奠基者，一个人横霸了四五个领域，他死的时候，欧洲名流蜂拥伦敦，英国名流以给他扶柩为荣。你行吗？

况且，牛顿并非不食人间烟火，对领导，他还是高度尊重的，对名誉，他也是多多益善的。所以他是历史上第一个被英女王封了爵位成了贵族的平民科学家，还当上了英国皇家造币局局长兼皇家学会会长。

你是否知道，微积分发明者的桂冠之所以戴在了牛顿而不是莱布尼茨的头上，就是因为牛顿领导的皇家学会做出了这样的认定。他的名垂青史，固然在于他的杰出科学贡献，与此同时，他善于经营，也绝对是不可或缺的一环。

扯远了，稍等，再扯扯辩证唯物主义，马克思说，人是社会关系的总和。所以，即使是靠精湛的手艺和技能出类拔萃的那群人，也并非像你想象，或他们自己一直宣称的那样，靠的只是"1%的天才加上99%的汗水"，认真对待社会关系，一辈子做好人、会做人，对真实的自己、对别人，都有重要的价值。这，大概就是我们用心在办公室历练的最大收获和意义所在。

五、初入办公室，可以看看哪些书

1. 快速入门读这些书

人们时常把一个单位的组成部门分为"业务部门"和"综合部门"，搞财务、搞审计、搞教学，都是业务部门。办公室从来都被看成是综合部门，在这里，好像没什么业务，有的只是些杂七杂八的事。办公室的同志到了业务部门面前，总觉在专业性上矮了一头，觉得没什么核心竞争力。

石头从来不这样看。综合工作，一方面绝对是一项需要极高智慧，以及高强度精力投入的工作；另一方面，它同样有自身的科学和规律，有自己的"业务"规范和知识体系，只不过，由于人性的丰富和多变，综合工作的规律很多时候也难以描摹和刻画，导致总显得知识沉淀不够，科学性和系统性不够，几乎成了一门"心学"，远离了业务的范畴。

本来，石头对纯职场类书的态度，向来都是：读读得了！原因是，我觉得职场书大多大同小异，所提新鲜内容和资讯，不足20%，而且大多都是可以速学的，没有久存的价值。

可喜的是，还是有一些出身综合部门的有心人，不信邪，边干边记边思边写，为办公室综合工作著书立说，从自己的角度总结归纳综合工作的业务规律，为后进的办公室人留下了财富，提供了指引。今日，石头从自己阅读过的书中，选取几本值得一读的办公室职场书，推荐给大家。

1)《参谋助手论：为首长服务的艺术》——王怀志、郭政

真理总是赤裸裸的。《参谋助手论：为首长服务的艺术》是一本赤裸裸的书，时髦地讲叫毫无"节操"可言。书写成于20世纪90年代初期，作者又身处等级最为森严、最讲究令行禁止的部队，有些观点和做法于今天的我们不一定适用，有人大概甚至会觉书中一些内容与主流价值观相悖。

但从另外一个角度看，这些年来，社会其实并没有发生质变，很多东西只是程度轻了，习惯和要求还是在那摆着。每当遇到难事，想不通的事，就会拿出来翻翻，做一些演绎。切身感觉是：这种极致的研究，看起来惊心动魄，用起来有时却会得心应手。所以，我们不妨冷静、辩证地看待这本书，也许会多一层认识、多一分警醒、多一种收获。

2)《每天懂一点行为心理学》——[日本]匠英一

本质上是一本马桶或公交读物，花一两个小时就能翻完。

办公室说到底是做人的工作，和人打交道。如何更好地理解他人？如何更清晰地认识自己？人们日常的行为模式背后，隐藏着怎么样的心理？这些行为又体现了一个人什么样的性格？通过阅读此书，石头认为，该书在这几个问题上，能够对我们提供比较多的帮助。

比如，书中有一节题为"从不接电话的同事是什么心理？"，认为以自己太忙为理由不接电话的人是自我中心论者，他们从来没意识到自己不接电话会给别人带来麻烦，这种人你即使拜托他一点小事他也是百般不情愿。

这本书中介绍的内容，有很多是由心理学家通过观察人们日常生活中的各种模式化行为，分析其特点和共性而总结出的一些结论。在行为心理学中，有很大一部分内容是在研究人的肢体语言，特别是无意中表露出来的那部分由潜意识引起的动作。

相对于可以有意识去控制的语言，心理学家认为，这些无意行为代表了人的潜意识，所以更加真实地展现了当事人的心理，也更加可信。虽然书中很多结论我是相对比较认同的，然而正如一些心理试验所展示给我们的情况，一些结论对于70%～80%的人是适用的，同时也依然存在那20%～30%的例外，所以也有很多不能一概而论的情况。

最后要提醒大家的是，心理学是术，不是道，要注意在正确的地方去使用它；用得不好的话，反而害人害己。

3)《轴心：论秘书长》——段柄仁

你办公室里的领导在想什么、干什么、愁的是什么，这是每个办公室人想要了解也需要了解的问题。

此书作者长期在北京市党政机关从事政策研究和宣传工作。先后任市政府研究室主任，北京市委常委、秘书长，市人大副主任，市地方志主编，既是资深办公室人，也是办公室的老领导。

全书大体分为秘书长的特点、任务、修养（含调查研究和人际关系）和忌讳四大部分。根据秘书界的需求，书中重点论述了秘书长职务涉及的12项任务，在每项任务中，又突出了岗位工作的重点和应注意的难点问题，对人们十分关注的秘书长的修养和忌讳，采取短文结构，选择最需要和反映最突出的问题加以论述。

比较少见的是，在这部书中，除了侧重于经验、具有很强的针对性的内容，还用很大篇幅对秘书长职务的界定和关于秘书长的由来与发展的探讨，是对秘书长本身定性、定位所作的现实的、历史的考察和论证，具有一定的理论学术价值。

诚然，该书也会有一些不足。本来秘书长本身就是一个政治性强、敏感度高、岗位特殊的人物，"论秘书长"难免有许多难点、疑点问题不好说、不便写，因此就留下某些空缺和谜底。

4）《99%的新人，没用心做好的50件事》——[日本]岩濑大辅

似乎每个日本人都是处女座，都有一种匠人精神，踏实勤勉是一种常态，甚至到了变态的程度，这恰恰是办公室需要的，也是很多人缺少的。

说来惭愧，虽然很早就看过此书，但很多事，石头仍然没有做到。

比如书中认为，如何扮演好职场人的角色：良好的精神状态很关键，工作时间就应该精神状态良好，或者说努力做到精神状态良好。对于职场新人，还没有到说因为加班、工作太辛苦而导致精力不足。更多的是，我们常听到的一些聊天里，女孩子因为头一天跟男友吵架了，第二天肿着眼睛，苦着脸，特憔悴地来上班之类的。男孩子周末去唱歌喝酒，周一早上迟到，工作状态不佳。所以呢，对于刚毕业的人，有恋人的，要处理好感情问题，或者说，要彼此成熟一些，不要随便一吵架就影响工作。

再比如，怎样最快地做到"独当一面"，此书认为，要进入状态，进入独当一面的状态，用自己的脑袋去思考，当这件事情自己独立完成的时候，该怎么去做。在旁观察、学习，随时带笔记本。抓住一切的会议机会，从别人的讨论中积累。永远要做资料准备，永远要做记录。记录不是收集，要学习、复习、反馈、丢掉。

做到这些很难吗？也许不难，但用心去做的新人很少。这种情况，也跟大家熟悉的句子"以绝大多数人的努力程度之低，还轮不到去拼天赋"一样一样的。

2. 我眼中的职场小说 TOP 5

人的经验分两种，直接经验和间接经验。初入办公室，两眼一抹黑很正常，靠跌跌撞撞积累直接经验固然重要，从前人的叙述中获取间接经验，主动避开暗礁和险滩其实更好。

读书，就是获取间接经验最廉价、最便捷的方式。职场小说作为通俗文学的一个重要流派，虽然入不了严肃文学的法眼，但确是扎扎实实的技术流，在优秀的职场小说里，重现了工作中、生活里的大量真实场景，展示了明面上、暗底下林林总总的明规矩、潜规则，积淀了作者的长期观察和人生智慧。

最近不少人问石头能否推荐几本职场小说。石头刚工作时，出于工作需要，如饥似渴地购买和阅读了大量职场小说，摞起来一人高肯定没问题。但说实话，职场小说精品少之又少，内行作品少之又少，很多书买来看着名字兴奋，读几页就失望。

尤其是这几年，起点等付费阅读网站兴起，一些作者为了迎合读者的喜好，写的小说动辄几百万字，还加入了大量香艳镜头、奢侈浮夸、个人想象、不切实际的平步青云等情节，轻佻、意淫，读来确实"爽"，但仅就获取工作的间接经验来讲，真是毫无益处，所以石头已经有一两年未购入一本类似的小说了。

今天推荐的几本小说，不一定是名气最大的，不一定是文笔最好的，但都是石头认认真真读过，觉得相对真实可信、实事求是，在技术或思路层面给过石头启发最多的，须知，读书在多更在精：

1)《二号首长》——黄晓阳

不是一本完美的小说，同样有很多想象和意淫，但就细节的丰富性和手段的可操作性来说，官场小说中没有超过黄晓阳的，你可以在书上写写画画，做好笔记，真能用得上。

况且，黄晓阳写小说懂得收敛，书里的唐晓舟看到了现实里的黄晓阳能看到的故事。这就够了，合情合理，多一分，都是矫揉造作。唐晓舟看到了书记原配，看到了书记到京、主播到京，看到了书记准备礼物……这就够了，再多写一分，就会因过度想象而失去工作实践的指导意义，就如同在农民的想象中，皇帝肯定有一屋子的锄头，每天想用哪把就用哪把。

石头刚到办公室，曾经看到有副部级领导秘书桌上放着《二号首长》，或许这就足够成为我们去看的理由。

2)《沧浪之水》——阎真

和《二号首长》不同，《沧浪之水》给石头的启发和冲击并非操作层面，而更多是心态：你可以满怀理想，你可以鄙视坏人，但最好不要坐以待毙。

有人说过，公务员这个队伍，最适合的是"有想法、有办法"的人，比较适合"没想法、有办法"的人，"没想法、没办法"也能混。最难的是"有想法、没办法"的人，这种人是最惨的。我想池大为刚开始就是"有想法、不想用办法"的人。这是最惨的一类人，一毕业就被马厅长看好，分配到办公室天天跟领导打交道，多有前途，一言不慎发配到冷宫。一手好牌都被自己打烂。

他是没有办法吗？不是。当时他跟晏之鹤聊天，晏之鹤一手摸茶杯，他就知道添茶，晏之鹤就说小池你不是没有眼色和能力，你就是不想做，脑子还转不过这个劲儿。所以，一旦池大为转过这个弯儿，他就成了"有想法、有办法"的人。整个仕途也就焕然一新了。

3)《欲望之路》——王大进

此书名气不够大，但却是石头心中离"文学"最近的一部官场小说。文笔老辣、情节细腻，无论是对感情还是工作的描写都毫不拖泥带水。好似在看一部黑白纪录片，很多人可以对号入座。

心理描写很多，男主角遇到抉择时毫无犹疑地抛弃底线让人感到绝望。主角总是向自己的欲望妥协了，但我们自己的路是自己掌握的，设身处地地想一想，每次抉择的时候，是欲望战胜道德，还是理想战胜了现实？这都是你自己的事情。

4)《中国式秘书》——丁邦文

名字带"秘书"二字的书中最好的一本。和以上的几本比，相对粗糙了些，但要远远强于《官途》《宦海沉浮》等网络小说的品相。好处是和《二号首长》一样细节多，场景丰富，可以即学即用。亮点在于，从秘书的家庭和眼光去看待秘书工作的纠结：一方面要照顾领导，一方面要考虑自己；一方面要替领导考虑周全，一方面还要尽量办得周正；一方面要保持自己的清白，可是关键时刻要奋不顾身。

3. 公文写作好书不多，这几本你还可以看看

荐书之前，石头还是想表达一下自己的遗憾。公文写作其实是一项极端重要的工作，在中国这片神奇的土地上，每天可能有上百万人乃至千万人，都在为拼凑"加强领导、强化认识、开创新局面"等话语抓耳挠腮。

但事实上，直到目前，石头还没有发现一本既具权威、又有智慧

和诚意的，对公文写作这项工作进行讲解和指导的书籍。现在的公文写作大全、写作技巧、教程，绝大多数是范文和模板的堆积，厚厚一本，直接给一些行文结构和固定范式，拿来读吧，毫无营养，不忍卒读；拿来抄吧，早就已经过时。

公文的形式是板正规范，甚至是僵化、毫无生气的，但背后的思考和创造其实还是生动活泼的，绝大多数公文布道者没有意识到这一点，他们已经被彻底"体制化"，出于强大的惯性，明明有积淀，有思考和创造，却只会以一以贯之的、僵化冗长的形式来表达自己几年、几十年来的经验，对受众和自己都是一种折磨，这也是石头一直以来想自己写一些办公室工作相关文章的初衷。

1)《大手笔是怎样炼成的》——谢亦森

该书毫无疑问是市面上最好的公文写作指导书。作者谢亦森老秘书一枚，官至副部，能力出众，同时也极具诚意，试图授人以渔，一直在尝试着用感情和真心，从思想、布局、技巧甚至心理方面无私分享写作经验，而不是堆砌材料，是一本极为难得的一本用真心写就的书。

正如作者自己说的，"此书不是低层次简单的学习公文格式的条条框框，而是作者几十年的机关写作功底积累出来的丰富而实用的写作实战经验，是站在大手笔的高度教导如何写出有内容有价值的以文辅政的工作报告、调研报告、讲话稿。不是一堂枯燥无味的让人打瞌睡的理论课，而是一场耐人寻味、让人听得振奋人心、津津有味的报告会"。

但，完成程度还是有遗憾，机关文之陈腐枯燥的腔调还是隐约浮现，可能这也是一种历史的局限性吧。

2)《怎样写文章》——王梦奎

作者王梦奎曾长期在中办工作,也曾担任国务院发展研究中心主任,此书本是作者为本单位青年人编的学习材料,起初只内部印 100 册,本无意于流传。后来渐为外界所知,一些单位和个人前来索要,才想到公开出版。因为本是为内部人编写,所以下了功夫用了心。

该书特点在于其是一本古今中外名家关于文章写作的论述汇编,作者选了比较有代表性的 20 多篇文章,加上编者的 3 篇文章附在了后面。应该说这些文章讲的内容都很浅显易懂,而且对基本道理分析得都很透彻与到位。实际上这些道理我们也明白,但经过这些名家的分析,让我们能够有更清晰的认识,也更容易在实际的写文章过程中加以落实。

比如书中选的毛泽东 1942 年 2 月 8 日在延安干部会上所作的报告《反对党八股》:"(文章)写完后至少看两遍,竭力将可有可无的字、句、段删去,毫不可惜。宁可将可作小说的材料缩成速写,绝不将速写材料拉成小说。"是不是于今天的我们仍然振聋发聩呢?

3)《求是》——中共中央

《求是》杂志鼎鼎大名,按照杂志自己的说法,"是中共中央主办的机关刊物,是党中央指导全党全国工作的重要思想理论阵地,担负着深入宣传马克思列宁主义、毛泽东思想、邓小平理论、'三个代表'重要思想和科学发展观;完整准确地宣传阐释党的路线方针政策和中央的决策部署;用中国特色社会主义理论体系武装全党、教育人民,引导党员干部树立正确的世界观、人生观、价值观,提高全党马克思主义水平,促进党和国家各项事业发展的重要任务"。

《求是》里的文章大多读起来吃力,原因主要是作为国内层次最高的理论刊物,其刊登的文章站位极高,理论性极强。但对迫切想提高公文水准的办公室人员，石头还是建议大家要抱着这块硬骨头啃一啃。因为，公文的特性要求公文写作首先得吃透"上情"。不了解"上情"的公文，势必无法把握全局，不能准确传递上级的意图，使公文失去了应有的指导意义和引领作用。而多读《求是》，无疑是原汁原味地了解、吃透中央精神的一条通路。

《求是》里的文章，内容不好妄议，形式上绝对是公文里的王者。写公文的时候，需要推敲标题、布局和标准表述了，多看看《求是》，总会有收获。

4）《习近平用典》——人民日报社

石头说过写公文就像炒菜，要看时令，冬天北京主要吃大白菜。这，无疑就是一本时令菜谱。

本书的主要内容是："在习近平总书记系列重要讲话文章中多处引经据典，生动传神，寓意深邃，极具启迪意义。据此，人民日报社特别组织编写《习近平用典》一书，从总书记的讲话和文章中遴选出他使用频率高、影响深远、最能体现他治国理政理念的典故135则，分敬民、为政、修身、任贤、天下、法治等13个篇章，旨在对习近平总书记重要讲话（文章）引用典故追根溯源的同时，并究其现实意义进行解读，以期帮助广大党员干部深入学习习近平总书记的重要讲话（文章）精神，准确理解习近平总书记的思想精髓。"

5）《影响中国历史的十篇政治美文》——梁衡

作者梁衡一方面曾是人民日报社副总编辑；另一方面又是作家，还得过赵树理文学奖，可以说有兼顾形式美和内容美的便利条件。他首次提出"政治美文"这一概念，即既有思想，文字又美的文章，要符合三个条件：

一是文章提出了一种影响了中华民族政治文明、人格行为的思想；二是文章中的一些名句熟词广为流传，成为格言、成语、座右铭，有的已载入辞典，丰富了民族语言；三是文章符合艺术规律，词、句、章，形、情、理都达到了美的要求。

公文无疑是政治文，把政治文写美，那是极高层次的要求。或许我们早已没有精力和时间对自己提出这种要求。但石头相信并且主张，写公文，不能停留于攒字，仰望星空总还是要的，梦想还是要有的，万一实现了呢？

六、职场好习惯，从记日记开始养成

1. 牛人都记日记

这几天多位朋友给石头留言，让石头说说日记或日志的记法，石头也觉得日记这个事值得一说，看似只是一个人私底下的涂涂画画，但经过千百年来无数人前赴后继的发扬，日记似乎已经成为一种生活方式，甚至再拔高一点，升华为一种社会现象。

很多古人记日记，比如曾国藩日记；政治人物勤于记日记，比如名头很大的蒋介石日记，不那么有名的阎锡山日记；文人也爱记日记，比如胡适日记、巴金日记；有人甚至被关进了牛棚也不忘记日记，比如陈白尘的"牛棚日记"。

李鹏退休后主要以日记的形式写回忆录。比如，李鹏从 2004 年到 2006 年，出版了《众志绘宏图——李鹏三峡日记》《起步到发展——李鹏核电日记》《电力要先行——李鹏电力日记》《立法与监督——李鹏人大日记》等 4 部日记体回忆著作。

《立法与监督——李鹏人大日记》的编辑赵之援曾对媒体讲过一个小故事：有人怀疑，李鹏这么忙，这些日记都是他亲自记的吗？李鹏听到了，当时并没反驳。后来开玩笑时说，日记的真假有笔迹为证。

据报道，这位编辑曾到家中拜访已经退休的李鹏。他回忆："他非常地聪明,记忆力非常好。有些地方他在日记中只记了一句话,我们向他询问当时的具体情况,他能很快想起来那天谁出席了会议,谁说了些什么,一些细节都记得很清楚。"

有人回忆:"李鹏有一个特点,就是坚持记日记,如果今天太晚了没时间写,过一两天也要补上。他是个很勤奋的人。"

那个时候,石头还没有记日记的习惯,只是在看了这些报道或故事之后,心中泛起了疑问,咋牛人都爱记日记呢?难道记日记和成为牛人之间有什么关联不成?遂开始思量效仿先贤,写写日记。

其实当时心中对记日记的作用并没有想清楚,对于记日记能得到什么益处更是一头雾水,只是后来写的时间长了,记的事情多了,才慢慢发现和体味记日记的妙处,坚持得也越来越好。

2. 记日记的益处极大

写日记有什么好处?为什么写日记能帮助一个人更快成长?石头在前面的章节也提到,首先,最基本的,写日记可以锻炼写作能力;其次,写日记也是"一日三省吾身"的好法子。其实,写日记的好处远不止于此,至少还有以下这些:

1)记事

这也是日记最基本的功能,但对办公室人来说相当关键。为什么?办公室工作的特点就是琐碎,大家常说办公室是"日绩有余、岁绩不足"。

什么意思?办公室同志,常常是早上屁股刚在座位上坐定,电话就响起来没完,一天下来连水也没喝几口,那真是忙得像陀螺一样。但一年下来吧,问你这一年干了什么,你好像又说不上来。不像做销售的,我今年帮公司做了几个亿的销售额!不像做技术的,我今年开发了十几款软件！不像做金融的，我今年做了好几家公司的IPO！

办公室人一年下来，似乎就剩下接打电话、跑跑颠颠，到底干了什么，不记日记，就无从回忆，一年中做过的事情就永远消失了。如果你不想在生命中留下这么些空白的年份，还是尽量记一记。

2）提升悟性

悟性，是一种把别人的优点转化为自身优势的能力。领导们经常把"悟性"二字挂在嘴边，这小子有悟性、小王悟性不错，等等。"有悟性"是一种极高的评价，似乎又是一种玄妙的东西。

有些人极具天赋，有样学样，能够敏锐地捕捉到别人做人办事过程中的可取之处，并为己所用。但这种天赋可遇不可求，没有这种敏锐的天赋，也不至于坐以待毙。石头觉得，写日记，就是提高悟性的最好办法。

石头天资愚钝，很多时候，对白天发生的事情，没能马上琢磨出什么味道出来，但每当夜深人静之时，一个人悄悄地写写日记，回忆一天的见闻，对许多人和事的认识就神奇地深化了。

比如，石头某天日记里曾经记了这么一句话："小王明天出发去英国学习，看到他临出发前去领导办公室告别，知道并注意在临行前跟领导打个招呼。这一点值得学习。机会都是领导给的，成绩都是领导干的。切记。"

当时石头在走廊看到这一幕，并没有多想。但晚上写日记，回忆一天的见闻时，这一幕就越嚼越有味。石头认识到小王的做法值得学习，小王临出发前去领导办公室告别，知道并注意在临行前跟领导打个招呼，是对领导的尊重，领导给了小王出国学习的机会，小王懂得感谢，这一意识，是当时的石头所不具备的。

通过写日记，石头学会了小王的这一优点，日记，为石头的悟性爆发提供了时间和空间基础,功莫大焉。

3）复盘

复盘是围棋中的一种学习方法,指的是在下完一盘棋之后,要重新摆一遍,看看哪里下得好,哪里下得不好,对下得好和不好的,都要进行分析和推演。生活需要复盘,你每天其实都在犯傻,有些时候你甚至在犯浑,只是不自知。经过复盘,你可以发现今天自己哪里做得好,哪里做得不好,如果要改进,应该怎么去做。

你当然可以在脑海里复盘,但脑子是靠不住的,只有在纸面上复盘,东西才能牢牢靠靠地转化为你所拥有的。而且,看着纸上记的东西,你可以随时二次复盘、三次复盘,不断琢磨、反复体会。

比如,石头某天的日记中写到这样一件事:"今天××杂志的记者来采访领导,临采访了,领导问我有没有采访提纲,我傻了,根本不知道还应该有这件事。所以,关于领导接受采访,一般得先向记者索要采访提纲,然后采访时尽量在场,以便对采访稿件进行核对。同时也便于在领导回答一些问题时给予提示。"

石头之前没安排过采访,压根儿没想到还应该有采访提纲这种事,尚且情有可原。经过日记复盘,石头这天犯的错误像过电影一样重演,印象愈发深刻——错在哪?正确做法如何?下次如何安排?这样一来,"采访前应索要采访提纲以便准备"的原则就被石头永远掌握了,忘记索要采访提纲这种事永远不会在石头的世界里发生了。

莫言说:"看到的听到的都是别人的,只有写出来才是自己的。"对于记日记,大概同样适用,记到日记里,才是你自己的。

3. 石头推荐你这么记日记

日记的个人色彩极强,一千个人大概有一千种记法,但归纳起来，大概有这么三种类型。

抒情型的。往往文笔飞扬，侧重于心情、情绪、想法、感受的记录，偏感性。适合偏多愁善感，需要倾诉，舍不得丢弃生命里每一个美好瞬间的人。

流水账型的。严格地记录每天做了什么事情，每件事情从几点持续到几点，不添加个人情绪和思考，对每周、每月、每年所做事情进行盘点统计。

思考型的。重在总结出有什么规律，得到了哪方面的提升，包括日常思考、灵感创意、读书笔记、经验总结等。

抒情型好虽好，但太耗时间，如果你立志当一个作家，大概可以尝试。

如果你上有老下有小，整天忙得跟狗撵的一样，石头还是建议你记日记的方式应把流水账和思考型结合一下。简单说，就是只记干货，这样你才能够坚持下来。

今天有什么重要工作，有启发的事情，见了什么重要的人，直接列1、2、3、4、5、6，每条条目后面再跟上一段自己的体会和分析，就足够了。

时间充裕，每条就多写几句，时间紧张，每条就少写几句；值得记的事情多，就多写几条，没啥事，就少写几条，主题鲜明，丰俭由人，适合百忙之中每个拨冗记日记的办公室人。

记日记的时间，一般是晚上，独处的时候最佳；载体，用笔记本也行，电子文档也行，笔记软件也行，都不是关键。石头的习惯是在印象笔记上记，每天下班回家坐地铁，挤上车后，就拿出手机写日记，两三站工夫，还没到家，今天的日记就差不多记完了，啥事都不耽误。

拿一篇石头的日记做个范例吧。

2012-2-15　周三

（1）今天是正式上班第一天，早上路过领导办公室没有主动打招呼，说新年好，需改进。面对领导，千万要克服为难和逃避情绪，而要主动贴上去，不要怕打扰，领导也喜欢被下属追着跑。当然要注意不要影响休息什么的。

（2）要通知周五的中层干部会，发现短信平台坏了，及时联系了网管中心，并采取打电话的措施通知下级单位，处置得比较及时。综合工作不能等。以后发短信要确保发出，注意把成功发送确认的选项勾上。

（3）上午9点开了党政联席会，幸亏再三盯了一下话筒和音响。会议室的音响系统坏了，盯着维修比较好，但是跟领导汇报得不够及时，应该了解清楚情况并对如何让处置初步有数后立即报告。

（4）小陈在问饭店菜单的时候很有技巧，说是菜不错，想打包几个，或者说以后都按着这个点都行。

（5）小孟产假休息了一年没值班，征求了她意见后同意从这学期开始值班。处理此事（得罪人的事情）应注意：应用征求询问口气而不是安排口气，应说明理应她值班了，应说明工作上很需要她，应说明对她还是有照顾，最后应尽量满足她提出的要求。

七、做秘书工作，这样才能万无一失

1. 自建档案来帮你

案例1：该去看望哪些老教师呢

年底了，校领导照例要看望学校德高望重的老专家、老教授代表。领导吩咐说，石头，你回忆回忆，今年我联系的学院还有哪些年龄较大的老教授"五一""七一"、教师节都没有来得及看望的，年底去看看这些老师吧。

要知道，每年领导都会在元旦前后、"五一""七一"、教师节期间集中看望学校老教师。这几次看望下来，被看望的老师加起来也有20余人，哪些看望过哪些还没来得及看呢，可不能是糊涂账。我绞尽脑汁，搜刮脑海里的回忆，勉强凑出一份已看望教师名单，又在已看望名单之外起草了一份拟看望教师名单送上了领导的案头。

领导扫了一眼名单，疑惑地问我，哲学院的××教授不是"五一"的时候看望过吗，怎么又列进来了？我一拍脑袋，是呀，当时还是我陪着领导一起去的，陪着××教授还聊了好一会儿朱熹思想，怎么一点也没想起来。

案例2：地址到底是哪

领导最新的著作出版了，交代我寄几本书给外校一位A老师，随手递给我一写有A老师电话和地址的纸条。我按领导的要求把书寄出，满心想着这张纸片应该没用了，就丢进了文件销毁袋。没想到过了一个多月，领导又递给我一些书，交代说，石头，还是按上次你给A老师寄书的地址再寄一些书给他吧！

　　石头顿时傻了眼，扭扭捏捏了半天，只好对领导实话实说，领导，十分抱歉，上次您给我的纸条我没有保存，您看要不您再给我一次联系方式？领导无奈地说，A老师是我在一次会议上碰到的，他想跟我要几本我的书看看，就在会场上给我留了张纸条，我把纸条给你了，这样，我再通过其他人看能否联系上他。最后，领导通过其他途径再次打听到A老师的联系方式，我才得以帮领导把书寄出。

　　案例3：竟然错过了会议反馈时间

　　还有一次差点捅了更大的娄子。主管部门邀请领导参加一个工作论坛，收到邀请函的时间很早，我请示过领导，领导说还早，到时候看日程安排再定。我扫了一眼，离论坛还有三个月呢，提前半个月的时候再处理反馈完全来得及，于是连内容也没仔细看，就把邀请函随手塞进了文件柜，心里又盘算起近期的活动。

　　要不都说时间如白驹过隙，当石头已经把这件事情忘得一干二净的时候，主管部门打来了电话，口气很急迫，别的单位都已经反馈了，你们怎么还没有反馈？而且论坛还要求提前报送材料，现在材料怎么也没有见到？我惊出一身冷汗，翻箱倒柜总算是找出了邀请函，一行一行读下来，果然已经过了反馈日期和材料报送日期，这下工作可太被动了。深吸一口气，我拿起已经不那么整洁的邀请函，走进了领导办公室承认错误。

　　出了这几次纰漏，石头意识到，这几次错误，都是吃了没有档案意识的亏，问题出在不注意保存和整理办公资料。于是对保存整理领导个人档案真正重视起来，靠着思考和摸索，建立起一套自己的档案系统。几年的实践证明，这种秘书建立的领导档案，虽然不够专业和正式，但却能成为办公室正式档案系统的有益补充，更可能会在一些时候发挥意想不到的作用。

首先是全面、详细地做好领导日程及活动的记录

大部分秘书都会提前为领导编制每周或每月日程安排，但这种安排往往变更频繁。领导的活动时常会增加或取消，有时就连秘书也不能完全掌握，时间一长，就成了一笔糊涂账。为了忠实详细地记录领导们实际的活动安排，在办公室负责人的支持下，我们开始每天编制《昨日要情》。

早上上班时秘书们将前一天领导们的实际安排汇总给我，我来进行统一编制。《昨日要情》既记录领导参加的所有活动，也记录领导们研究问题、会见、谈话的情况，要求尽量细致，所参加会议的主题和与会主要人员、单位一般也记录在案，周末和节假日的公务活动安排也要求在上班之后第一时间汇总。

其次要分门别类妥善保管好领导的书写资料

领导在正式公文上的批示往往能够得到妥善保管，但保存好领导非正式的书写资料其实也很有必要。比如领导自己起草的稿件，对稿件的修改稿，布置工作时随手书写的便签，都有必要分类妥善保存以备用。

上次寄书"事件"之后，我就留了个心眼，不但把所有领导随手书写的电话、地址装入档案箱存好，还把所有领导请我帮忙寄出的信件的地址和联系人都做了详细登记，制成常用联系人表单，随时调用。

至于保存的手稿和修改稿，我每次帮忙起草文件都会翻出看看，揣摩语言风格和内容逻辑，现在我写出的稿子，时常得到领导的称

赞，石头啊，点抓得很准，不用怎么改了。这其实也是良好的档案意识帮了大忙。

再次，要收集和保存好领导的信件、会议材料、证书以及其他个人信息、个人资料

这些信件、证书、个人信息和资料，有些与工作有关，有些可能与工作并无直接关联。与工作有关的比如邀请函、贺信、会议通知，既是安排好当前活动的参考和依据，活动过后也仍然有资料价值，可以留存作为工作记录和学习材料；又如领导自己填写或秘书帮填的各种表格，填完之后记得留个复印件，一方面可以备查供领导参考；另一方面下次填表时也方便自己工作。

与工作无直接关联的比如媒体报道、访谈，领导发表的文章、讲话等等，往往也间接体现反映着领导的思路和观点，有必要妥善保存。2015 年学校举办体育文化节，体育部门的同事就从我的档案箱里找出留存的领导接受体育媒体采访就高等体育教育发表观点的文章，之后草拟的讲话稿里吸收了很多当年领导访谈中的观点，效果很好。

最后，还要定期对这些档案进行整理，增强系统性

记下的事情多了，留存的东西多了，如果不定期整理可能就会出现"东西都在，就是不知道在哪"的情况，为了方便检索，一定要定期进行整理。比如对纸质的材料，我一般是按季度进行装箱封存，同时在箱子上贴上大致的清单；对于电子文档，则会按月份整理归档。

另外值得一提的是，我每年年底都会为领导编辑本年度的个人年鉴，把日程安排、新闻报道、发表文章、重要活动的照片都编辑到一起，形成厚厚的一本册子，这样翻查起来就方便很多。

看到现在分门别类、清晰明了的领导个人档案，再回忆起刚做秘书工作时那几次尴尬和慌乱，我意识到档案意识的树立使我在做好秘书工作的道路上走得更从容、更稳当。要做好一个秘书，档案意识不容忽视，登记好、整理好、保管好领导的个人档案，不但有助于做好当前的工作，更是建立起了一座信息资源的宝库，往往能在关键时候发挥意想不到的作用。

2. 领导日程的五环管理法

秘书工作是一项综合性工作，牵涉众多，既有接待会务，又有调研督查；既有文字档案，又有参谋信息。大多数时候，人们往往或是看重提升文字能力，期望有朝一日练就"大手笔"，或是醉心于当好参谋助手，希望成为领导的"贴心人"。

由此，与秘书工作相关的文章里，对文稿写作和参谋辅助的研究尤其多，但对于秘书工作的一项基础工作，即如何妥善安排好领导的日程，确保各项活动衔接流畅、万无一失，却关注不多。

偏偏日程管理对秘书们来说又是极端重要的一项工作，如果日程安排不好，无论是出现领导搞错时间地点、活动无法正常进行的大纰漏，还是发生忘带会议材料、忘带讲稿这类的小问题，都会对全局工作产生负面影响。今天，石头就和大家聊聊自己在秘书工作中摸索总结出的领导日程"五环管理法"。

第一环基础环——编制好每周日程

日程表是领导活动安排的大纲和基本指引，在秘书工作的实践中，有的人习惯用月日程表，有的人习惯用周日程表，还有人更细致，会制作每日日程表。

石头在实际工作中发现，一般来讲，月工作日程表区间跨度太长。具体到每条活动的内容容量有限，很难反映活动的全面信息，而且一个月里活动增减变化往往很多，月日程常常是"计划赶不上变化"，常常被弃之不用，实用性不强。而每日日程表虽然反映活动信息详细，但编制起来比较烦琐，同时缺乏整体观，协调记录一段时间以内的活动不方便。

因此，以一周为周期编制日程最为妥帖实用。一周被双休日自然分割开来，符合实际工作节奏，既能协调好一段时期之内的诸多活动，又能详细地记录活动信息。

编制每周日程时，最好采用表格形式，也可以使用 Outlook 等日程软件，应该在日程表里全面地记录每个活动的名称、开始结束时间、地点、领导任务等信息。

活动应搜集全面，公文中领导批示参加的活动，领导口头交代的活动，办公厅（室）统一安排的活动都要逐个与领导核实并在表中登记。

尽量在周五下班之前编制完成每周日程，并向领导报送日程表，这样方便领导确认、掌握下周工作安排；周日晚上可以给领导发送一条信息，一方面提醒周一相关安排；另一方面将下周安排再次简短报告，帮助领导在开启新一周工作之前做到心中有数。

还有一个细节值得注意，在制作每周日程表时一定要在每天的日程下边设置空白位置，方便领导随手记录增加的活动或临时安排的会见、谈话等。

第二环 日常环——每天早上核对提醒当日安排，晚上确认提醒次日安排

把表给了领导不意味着万事大吉，作为一个合格的秘书，一定要每天同领导核对并提醒相关安排。

记得石头刚做秘书时，没有老往领导办公室跑的习惯，觉得给了表就工作到位了，结果有一次领导记错了活动时间，严肃地批评了

我。我当时还很不服气，明明表上把时间写得很清楚，领导自己记错了时间怎么还赖我！一位秘书室的前辈教导我，表面上看我已经告诉了领导活动时间，领导也知道了活动时间，似乎板子不该打在我身上，但秘书的责任决不止步于告诉了、通知了、说过了的形式层面。确保每个活动领导都准确到位、顺利完成才说明秘书从实质上履行了职责，否则组织上安排秘书这一职位就失去了意义。

前辈的话让我深受震动，自那之后，每个工作日我都会提前一个小时到办公室，把当天的活动认真梳理一遍，把需要向领导汇报的、提醒的事项按轻重缓急列出个一二三四，一上班立即和领导逐个沟通。

下班前，我会和领导花一点时间再次落实次日安排，以免有变化第二天措手不及。如果第二天活动时间比较早或者在单位之外，来不及到办公室后提醒，我会在睡觉前给领导再发送一遍提示短信，以免延误活动。这些工作看似重复，但要知道，领导也非圣贤，也会有出错或忘事的时候，这样不厌其烦地提示提醒，能够最大限度地防止纰漏的发生，只要注意时机和方式，领导一定会乐于接受你的提醒。

第三环具体环——盯死每个活动

具体到每个活动，秘书们又该做些什么呢？每个活动千差万别，座谈会、报告会、常委会、学习会、工作布置会、晚会、调研、考察、会见、陪同、宴请、谈话，等等，但除了活动的时间地点之外，还有一些要素是一定要提前搞清楚并提醒领导的。

着装——是着正装还是便装，长袖衬衣还是短袖衬衣，都要和活动主办方提前沟通好，一般来说，外事活动或重大会议需要着正装，但这并不意味着正装就是放之四海皆准，例如，领导要陪首长到本单位视察，上级单位已经明确通知首长会着便装，如果秘书没有提醒领导，领导西装革履陪同视察就会十分尴尬。

任务——是否需要致辞，是否需要发言，有无颁奖授牌揭牌等其他环节，领导在活动中有什么具体任务也需提前明确，否则在现场领导被主持人突然点了名字却不知所措就是重大的事故了。

背景——如果是会议，要提前掌握完整会议材料并及时报送；如果是会见，要提前准备对方人员组成情况、主要负责人简历等；如果是会谈，要提前汇总撰写谈话参考要点等；如果是调研考察，要提前编报考察地基本情况、风土人情等；如果是集体学习，要提前搜集文件全文、阐释文章等。

衔接——秘书是否需要陪同，如果不要陪同，领导参加活动时与谁对接，谁来进行现场引导。

资料——提前安排人员对活动进行报道、对领导讲话进行记录整理，留存相关资料。

第四环归纳环——归纳提炼系列性活动

石头虽然不主张制作按月的日程表，觉得日程跨度过长会造成混乱，但是对于相对集中、相关性强的系列型的活动，石头认为还是应当及时归纳提炼，集中向领导进行汇报，使领导能够全面了解系列活动的整体安排和步骤。

石头在高校办公室工作，每年毕业前学校各个部门会组织一系列欢送毕业生的相关活动，就业部门组织毕业生座谈会、基层就业欢送会，学生部门组织优秀毕业生评选表彰、毕业生文体活动，教务部门组织学位授予仪式，学校层面统一组织毕业典礼，这些活动其实都属于毕业季系列活动，如果只在周日程表中体现，容易显得杂乱无章，所以石头每到毕业季就把各个部门与毕业相关的活动进行汇总，制作毕业季活动一览表，方便领导整体把握毕业季活动。

事实证明，这种做法好处明显。例如，今年就业部门先后组织了优秀毕业生座谈会、西部基层毕业生座谈会、选调生座谈会等多次毕业生座谈，以往领导往往会分不清楚，问我，怎么又开座谈会？将毕业活动汇总提炼之后，这几次座谈活动之间的区别和侧重就一目了然了。

每个单位的工作都有自己的周期和特点，高校开学和毕业活动比较密集，呈现系列特征；党务部门可能在换届或开展教育活动时活动密集连续；宣传部门年终要总结盘点、年初要鼓劲加油，等等，根据自己单位工作的节奏和周期，对密集的系列活动进行梳理、归纳和提炼，无疑是应对妥处"忙季"众多活动安排的一个好办法。

第五环记录环——记录好实际日程

一周的工作顺利结束，并不意味着我们的日程管理就结束了，周日的晚上我一般会坐在电脑前，把上一周日程进行整理，看看哪些变动了、哪些增加了、哪些取消了，看看领导的讲话与原稿有无变化和发挥，并一一在文档上改正过来，同时把活动中涉及的讲话稿、议程等材料归档，作为档案资料留存。

须知，真实的工作档案和记录，不仅是日程管理不可或缺的一环，也是一笔宝贵的资料和财富。记得有一次领导收到校团委报送的邀请他参加学代会的请示，随口问，就我一个人参加就行吧？我翻出日程表，发现上次学代会不仅分管领导参加，主要领导也出席了活动，于是领导根据这一情况批示邀请主要领导也参加学代会活动，延续了以往的传统。可以说，完善的记录保障了活动遵循规范，更有规矩和传承。

五环管理法环环相扣，密切连接，把住了宏观，抓住了微观，确保了各项活动按照计划进行，最大限度避免了"跑冒滴漏"，同时也具有一定的弹性和扩张度，有助于广大秘书朋友做好领导日程管理这一基础性工作。

八、工作不懂外包，你就只能自己干到死

1. 常规工作要学会外包

说到外包，大部分人的印象大概还停留在企业利用外部资源为自己的业务服务，比如建个单位网站啦，设计一套办公系统啦，搞一搞单位形象设计啦，等等。

如果石头说办公室同志们，其实你手里正在干的活计也能外包，你会不会吓一跳，指责我太不严肃、痴人说梦呢？我们先来看一个故事。

"码农"在大家心目中大概是一种踏实勤奋的存在，但石头听说过一个世界上最清闲也是最会偷懒的码农。一家美国重要基础设施公司在对2015年工作进行安全审计时发现，该公司的一个明星程序员竟然将自己的工作外包给了中国沈阳的一家软件公司，自己则在上班的时候在网上闲逛。

该公司在电信供应商 Verizon 那里设立了一个基本 VPN 系统，支持双重认证，从而可以让员工在家中办公。然而，VPN 登录日志却显示，该公司的主服务器经常被来自中国沈阳的用户访问，而且使用的认证账户是其程序员"Bob"。

据 Verizon 介绍，发现此事后，这家公司的 IT 人事部认为，可能是网络受到了恶意攻击，因此要求 Verizon 排查。然而，最终调查

结果令人大跌眼镜。并非是受恶意软件感染或是黑客攻击，是程序员 Bob 雇用了中国沈阳的一家软件公司帮助他完成日常工作，调查人员在他的工作站中发现了他与那家软件公司交易的数百张 PDF 发票。Bob 的工资高达 6 位数，而他付给外包公司的佣金只是其工资的五分之一。

Bob 每天在公司的"工作"就是在网上闲逛，9 点上班后看看新闻网站和视频，11 点半去吃午饭，下午 1 点开始"工作"去逛 eBay 淘东西，然后再花两三个小时登录社交网站，5 点准时下班。

令人惊诧的，他的计划之前从未被识破，而且在人力资源部门眼中，Bob 多个季度都是公司的明星程序员，被认为精通 C、C++、Perl、Java、Ruby、PHP 和 Python。进一步的调查发现，Bob 其实很有事业心，他还兼职了多份工作，当然同样也是外包出去了。通过这种方法，他不但每天都能清闲地上网，还轻松赚大钱。

当然，事情败露后，Bob 没有保住自己的工作，他被公司开除了。

这位聪明的码农把自己的核心工作外包出去，这是任何单位都不能容忍的，但他在原公司"优异"的表现同时也表明，适当地把自己的工作外包，不但不会影响工作的完成质量，还可以减轻自己的负担。

要知道，即使是在办公室这种核心部门，也有很多工作既不需要智慧和经验，也不需要反复地沟通，耗费的更多的是纯粹的体力，你在这些工作中发挥的是"工具"而非"人"的作用，这种工作为什么不可以外包出去，或者分派给临时工和实习生去做？!

石头举个简单的例子。办公室同志会经常遇到需要整理领导录音的情况，以一个小时左右的讲话为例，整理文字的工作量大概在 1 万字篇幅，要整理出这样的一次讲话，你首先得带着录音笔屁颠屁颠地去参加活动；活动结束后，马不停蹄地赶回办公室，一遍一遍地听录，这大概就要花去一整天时间；然后再把听不清楚的地方反复核对，把过于口语化的表达改写成书面表达，一篇录音整理稿才有了基本的样子。这时往往已经是两三天之后，更苦逼的是你还熬红了双眼、度过了好几个不眠之夜。

而善于"偷懒"的办公室人活动前就会联系好速录公司，活动一结束，就能拿到第一稿速记稿；两三小时之后，速记公司一般会把更加精准的整理稿发给你，你要做的只是加以整理即可，晚上下班前你大概就可以向领导提交漂亮的录音整理稿，然后安心地跟朋友聚餐去了。让速记公司去整理录音稿，就是一种常规工作的外包。

再举个例子。前几天石头帮领导搬办公室，收拾出 30 多个大纸箱，很多纸箱都是书，两个人都难抬起，最后索性招呼了市内一家著名的搬家公司，把东西运往目的地。按石头之前的经验，这么沉这么多的纸箱，装车怎么也得一两个小时，没想到搬家公司三个工人不到 20 分钟就全部搞定。效率为什么这么高？石头仔细观察了下——一靠先进设备；二靠个人技术。

先进设备，人家有可以轻松铲起纸箱的小铲车，有可以一次性装八九个纸箱的小推车，最先进的是卡车上的电动升降平台，把推车从地面推到平台上，再按电钮把平台升起，推车就可以直接推上车。

个人技术，大汉们长期负重劳作练就了虎背熊腰，两个石头也动不了丝毫的重物人家拿捏得稳稳当当，摆放得方方正正，整理得清清爽爽。

听师傅们说，只要钱给够，你甚至不用亲自打包，他们会帮你装箱，到目的地之后再开箱归位。

这让石头想起之前有几次搬办公室的景象。有时是召集一群所谓"单位的年轻小伙子"，听上去威猛异常，本质上都是手无缚鸡之力的书生，又没有适当的工具，只好使出吃奶的劲，在地上又推又扯，半天时间也难搬得利索，还整得办公室一片狼藉。有时也会叫一些社会闲散劳动力帮忙，开着小面包车，场面稍微好看一些，但也时常是不得要领，摔碎好些瓶瓶罐罐。

两相对比，差距就很明显了。体制内单位往往有一种惯性，习惯什么事情都亲力亲为，有时候再考虑到保密之类的因素，总觉得自己动手的事才能办得放心。其实，市场是个好东西，市场已经提供了很多专业精准的服务，很多时候相信市场、善用市场，比自己摸索效率要高得多，也要可靠得多。

曾经有一次石头单位举办庆典，开始的方案是依靠本单位志愿者维持秩序，后来考虑到人数可能会很多，现场要搭建临时设施进行区域隔离，最后还是引入了专业的会务公司。会务公司提供了场地搭建、音响灯光、视频投影、摄影摄像、车辆服务、礼仪服务、鲜花装饰、印刷物料、礼品定制的一条龙服务。

仅以活动区和围观人群之间的隔离设施为例，之前我们设计的隔离措施就是在地面上贴一条黄色的胶带，会务公司介入后，认为现场人多，肯定会不断往前涌，到时候胶带形同虚设，会影响活动进行，于是决定用金属礼宾杆进行区域隔离。事实证明，现场人山人海，根本没有人去理会那条黄线，而礼宾杆既美观又实用，很好地发挥了隔离作用。如果不向市场求助，使用礼宾杆这种东西，是仅凭我们办公室几杆枪是无论如何也想不到的。

还有，假如单位二三十人想去某革命圣地开展红色之旅，领导让你协调安排。老区离北京几百公里，你在那边一个人也不认识，两眼一抹黑，要是你自己联系车、房、景点、饭馆，工作量可大了去了：挨个人的身份证号往订票网站里输？车票能不能买到合适车次呢？大家能不能坐在一个车厢呢？市内通勤的大巴靠不靠谱呢？

宾馆能不能订到合适位置呢？饭店能不能找到有特色的呢？景点有没有专业讲解呢？

这些事要是都自己一一落实，又得折腾好几天，还不如找几家旅行社，人家有团购价，有专业渠道，把要求一提，几个人，想看什么地方，具体什么标准，好几个方案就送上来了，还可以慢慢挑选货比三家，钱也省了、事也省了，美不美？

各位办公室同仁，综上，你们说哪种工作方式更科学高效？各级政府都在强调购买服务了，这种思路我们办公室人是不是也得有？

2. 哪些事不能自己一个人傻干

判断自己手里哪些工作可以外包而不是傻干，除了看是否是单纯的体力劳动、重复劳动，还要看这项工作是不是你的核心价值所在，体现了你的核心竞争力。如果一项工作你可以在外边找到更加专业和精通的人，并且远远超过你的水平，你千万不能闭门造车，完全可以把它外包出去。

拿办公室同志经常要做的 PPT 来说，一般情况下普通的 PPT 设计制作我们当然能够胜任，但有一次石头接到任务，要为领导参加国际论坛制作 PPT，领导提出了很高的要求，要求制作的 PPT 高端大气上档次，体现国际性，符合外交活动的审美标准。

石头在平时工作用的模板里翻来找去，发现以前常用的模板要么太单调，要么就太花哨，实在是拿不上国际活动的台面。这时石头想到有位研究生同学在波士顿咨询工作，工作的很大一部分就是制作 PPT，给各色人等进行演示，世界一流咨询公司的模板是不是更洋气呢？

等到同学把他们公司常用的 PPT 模板发给石头，石头才发现国际化公司的PPT制作理念和办公室惯常的经验完全不同，从字体、字号到留白、颜色，他们自有自己的一套讲究，让人耳目一新。他还建议，最好能找一个精通PS的美工专门为活动设计底板，把活动的标识等信息融进去，这样显得更加高大上。

石头听从了他的建议，找到专攻平面设计的同学，专门为这次讲解设计了专用底板。有了咨询公司的模板和平面设计师的底板，领导的PPT在讲解时大放光彩，把其他人朴实无华的PPT比得相形见绌。

办公室的性质决定工作中总是有很多杂事、琐事、新事，办公室同志经常要当起"不管部长"，必须是"多面手"。但事实是一个人能力和精力总归有限，不可能事事精通、面面俱到。

文章写得好，可能搞PPT设计就不行；PPT做得好，可能打字速度就慢，但你总不能说只写文章或者只做PPT，这不现实，遇到自己不擅长的工作，专业性特别强的工作，就要清醒地认识并承认这不是石头的核心竞争力所在，然后主动寻找外包，这样才能高质量地完成工作。

3. 工作都外包了要我干吗

都外包了要石头干吗？有些人可能要问了，外包既然这么好，那石头自己还有什么用呢？石头能不能学Bob把工作都外包了呢？外包的人把事情都干了会不会把石头给淘汰了呢？会不会有一天连石头自己的岗位都被外包了呢？

石头要说，如果你有这种忧虑，说明你远比Bob更智慧、更有危机意识。对于企业来说，业务外包正是顺应供应链环境下的竞争而产生的，是供应链管理中的重要内容，强调企业将主要精力集中于关键业务，即企业核心竞争力上，充分发挥其优势和专长，而将企业中非核心业务交给合作企业（某领域的"专家"）完成。

比如苹果、小米都是知名的手机企业，但其实它们自己并不生产手机，手机都是富士康这类代工企业生产的，但是苹果、小米牢牢把控着品牌、技术、销售等核心优势，所以是富士康更离不开苹果，而绝不是苹果离不开富士康。当然，它们之间也是互相离不开。

对于办公室人来说，工作外包之后的时间当然不是用来打游戏的，而是需要你把以前花在这部分工作上的时间腾出来，将时间用在附加值更高的业务上。

哪些业务附加值高？石头试举几个：

沟通。保持和领导、同事、下属单位的密切沟通，只有你最了解领导的需求，只有你最清楚同事的特点和秉性，只有你最熟悉下属单位的情况。

研究。研究自己的岗位，研究单位的业务，研究行业的形势和大政方针，做好一个"土专家"。

特长。自己最擅长什么，自己的性格最适合什么业务，一旦有定位，就把自己的特长强化到极致——文笔好，那就多琢磨怎么才能练成"一支笔"；口才好，那就多琢磨怎么才能舌灿莲花；设计好，那就多琢磨PPT怎么摆布最美，让别人印象最深。

外包工作，绝不是让你只顾逍遥自在，甚至成为"可有可无的人"，更不是剥削别人，只是帮助大家从过多的、难以承受的、难有长进的日常工作中抽身出来，更多地关注自己的核心价值，成为"不可替代的人"。

4. 找到人帮忙的常见途径

现在是"互联网+"时代，求助、寻求外部支援，早就不是只有求爷爷告奶奶一条路可走。互联网一直在诞生大量将个性需求和服务供给精准匹配的平台，你可以从互联网上获得各种千奇百怪、以前难以想象的服务。比如，你甚至可以在网上买到每天早上叫你起床，或者陪你练习恋爱这类光怪陆离的服务。

前段时间的《人民日报》上有这么一则报道：

"云南建水紫陶是中国四大名陶之一，采用典型的传统工艺。但传统工艺的设计创意，现在的消费者却不太买账。云南省文化产业发展领导小组办公室决定通过猪八戒网征集创意设计，悬赏20万元。不到一个月，任务参加人数突破两万，还收到不少国外的作品。最后，参与人数近10万，有400份颇具创意的设计作品进入第二轮评审。"我们非常满意，效果超出预料。"云南省文产办产业规划处处长张建文说，将来有合适的项目，还会选择这种模式。

这是一篇介绍众包服务交易平台，即俗称的威客平台——"猪八戒网"的消息，同样是做平台，"淘宝"买卖的是标准化的商品，"猪八戒"这类威客平台买卖的则是非标准化的服务。用户把需求发包悬赏，人们用知识、智慧、技能接单变现，各取所需。这种服务模式国内称为"威客"。

事实上，在猪八戒网上，不仅有做设计、拍电影、做短片这种"高大上"业务的威客，还有搞文字录入的、外语翻译的、排版的、写文案的这些零零碎碎小敲小打工作的威客，甚至推广、营销、注册这类业务在上面也有人能替你搞定。假如办公室同志们有一天接手了一项工作，以前没人干过，现在也没人会干，与其抓耳挠腮，不如到这家网站上找找看，有没有能帮你的人。

曾经有一次，石头接到领导指示，要我在百度百科上更新一条跟单位有关的词条，我按照百度百科的要求填写申请并提供了详尽的资料来源，但一次次地驳回，一次次地修改，一次次地完善资料把我折磨得没有脾气。当我第32次提交修改申请又被驳回的时候，我的信念崩溃了,我想到找熟人,可惜石头在百度公司实在是举目无亲。

抱着死马当活马医的心态,我在威客网站上输入了"百度百科"这一关键词,不曾想蹦出一大片百科修改服务商,争先恐后地叫嚣着"保证修改成功""不成功不收费"。石头将信将疑地选定一家看上去无害的商家,第二天再登录百科,词条俨然修改成功。

我不想说这其中有什么黑箱或者利益瓜葛,但可以确定的是,在你不熟悉的领域和行业,与其坐以待毙或碰得头破血流,还不如躺下来享受互联网时代的便利,当一回"甲方",让这些领域的"行家"来指引你,帮助你。这才是对工作负责且讲求效率的方式吧。

除了互联网,想干好繁杂的办公室工作也少不了找熟人帮忙。办公室说到底是在做协调工作,协调的本质是什么?其实就是有时候你帮助别人,有时候别人帮助你,有时候别人帮助你帮助别人。

在办公室工作中,"找人帮忙"是一种必备的能力。有些工作并不是一个人就能够完成的,需要同事的配合、领导的帮助、朋友的帮助。找熟人帮忙其实就是我们常说的"协调资源",它就是工作外包的精髓和本质。

你第一次单独负责开学典礼的筹办工作,哪些环节重要、哪些环节敏感、哪些环节容易出纰漏,有没有什么惯例和讲究,你可能都不清楚,这时你必须主动请教,让有经验的同事给你指点一番,这样才能驶出迷雾避免翻船;你起草一个在宏观经济论坛上的讲稿,这对学习历史专业的你来说,不异于盲人摸象,这时你应当拜访研究宏观经济的专家老师,请教请教,论坛是在研究什么,有什么观点,大家关心什么问题,否则这个稿子可能会让听众笑掉大牙。

"找人帮忙"其实是一个大本事,有这个本事的人如鱼得水,没这个本事的人处处碰壁。学会找熟人帮忙,学会外包,让你在办公室如鱼得水,游刃有余。

九、碎片化学习并不可耻

1. 不要为自己经常看手机感到难堪

智能手机在国内基本上已经普及了，地铁里、商场中、公交上，到处都是抱着手机目不转睛的人。办公室人很多也不能免俗，上下班路上，无聊时，甚至食堂吃饭时，也都忍不住拿出来把玩一番，看看今日头条，翻翻知乎日报，刷刷微信朋友圈啥的，总之就是过一会儿不看手机，就觉得和世界脱节了一般。

本来爱看手机只是互联网时代的一种习惯而已，却时不时就会有人跳出来指摘。

有的人说，手机里都是些无聊的信息，觉得在这个信息泛滥的时代，阅读却越来越式微，年轻人醉心于移动终端阅读方式，被大量无聊的信息所淹没，从而挤占了严肃阅读的时间。

有的人更加耸人听闻，说不进行严肃阅读的人其实是受害者，但是很多人受害了而不自知，仍然沉溺于这种碎片化的阅读，以为是跟上了时代潮流，无比享受，这种沉迷与上瘾形同吸毒。

有的人则认为，时下移动终端的竞争异常激烈，背后常隐藏着商业动机，会引诱读者去关注大量低级趣味、碎片化的信息。

总之就没有人为爱看手机说过什么好话。以至于一些原先的"低头族"也受了这种论调的影响，发起一些"戒除手机""保证一周不刷朋友圈""卸载新闻APP"之类的"反碎片化阅读、回归经典"的活动，跑去钻研原典、啃大部头，却又往往无疾而终。

按照批判者的标准，石头也是一位手机成瘾者，没事就爱看看知乎、豆瓣，刷刷腾讯新闻，关注几个公众号。曾经也很心虚，我这是不是自毁长城？是不是成瘾了、戒不掉了？多多少少觉得爱看手机这是一个上不了什么台面的事情。

幸运的是，石头除了爱玩手机，也是一个爱读书看报的好同志，慢慢的，石头对反对碎片化阅读的悲观论调产生了怀疑。石头发现，知识和信息碎片化的进化是从工业革命以来一直在进行的，这个过程浩浩荡荡，不可逆转，几乎所有的人都被裹挟其中，只是不自知而已。

在现代印刷术出现之前，报纸和杂志并没有机会出现。文化和知识只能依靠书籍记载和传播，出版一本书，要先刻板再印刷，人工和材料都很繁复，耗费甚巨，所以书籍往往以大部头、原典的形式出现。在这个阶段，负责承载人类社会思想和文化的只能是书籍，而且都是长篇大论，比如，用文言文写就的《史记》尚有52.65万字，《资本论》多达近200万字。

工业化之后，随着印刷技术的进步，报纸和杂志开始登上传媒的舞台。报纸和杂志上的文章时效性明显强得多，更重要的是，为了吸引读者，它们更直白、更有趣、也更短，相比动辄几十上百万字的原典书籍，报纸杂志里的小文章似乎显得要"肤浅"，不那么厚重，无疑也是一种碎片化的信息。

但是，碎片化不代表报纸和杂志的文章没有价值。在报纸和杂志的阵地上，同样诞生了大量的经典，深刻影响了社会文化乃至社会发展进程。太远的咱不去扯，毛主席的名篇《共产党员发刊词》，说到底不就是一本杂志的前言嘛，但就是在这个杂志里第一次提出

"马克思列宁主义理论和中国革命的实践相结合"这个根本思想原则，这个"碎片化信息"意义重大不重大？能不能算是经典？当然可以！

还有，1978年5月11日《光明日报》发表的特约评论员文章《实践是检验真理的唯一标准》，文章指出，检验真理的标准只能是社会实践，理论与实践的统一是马克思主义的一个最基本的原则，任何理论都要不断接受实践的检验。这是从根本理论上对"两个凡是"的否定。按照官方的说法，就是这篇文章引发了一场关于真理标准问题的大讨论，冲破了"两个凡是"的严重束缚，推动了全国性的马克思主义思想解放运动。这样的碎片化信息，又有谁敢说不是如椽巨笔？

工业化时代过去了，信息化时代的浪潮又打过来，如果说书籍是一块完整的玻璃，报纸、杂志是几块碎玻璃，那么，信息化时代的阅读早就碎成渣了。但是，正如信息、观点的载体从书籍到报纸、杂志的跃迁一样，信息继续向网络和移动互联网跃迁也是不可避免的，我们应当正视，我们主要的信息来源早已经是碎片阅读，而且这是一个短期内不可逆的过程。

在这个时代，老看手机，从手机上获取信息和知识，这是自然而然的，这是理直气壮的，我们这个时代本应是这样，如同我们吃养殖场的猪、大棚里的蔬菜一样正当。谁叫这些东西过去都没有呢？而且，如果拒绝吃大棚蔬菜，有机的蔬菜多贵啊！

同时，阅读书籍和长文章仍然必要，有些人就是啥都爱吃有机的，愿意花那个钱费那个工夫，也行，就是成本高些。但将"碎片化阅读"当成一种毒蛇猛兽、不好意思承认自己与它有关的日子真的该结束了。碎片化阅读并不低下，离可耻就更远。

2. 我们其实正在受益于碎片化阅读

城市越来越大，事情越来越多，我们大多数人的一天是疲惫的。石头也憧憬有许多个慵懒的下午，西下的阳光落在藤椅上，随手打开一本厚厚的书，抿一口香浓的咖啡，能够静静享受阅读的惬意和舒适。

然而，现实中更多的场面往往是你在公交上搏斗、在地铁里搏斗、在滴滴打车里搏斗，不要说安心的读书，怕是连打开一本书都困难，即使好不容易在车上站稳了脚跟，打开了书，看不了几页，换乘站到了，得嘞，合上加入下一轮冲锋吧。条件已然如此，谈读书，未免有些奢侈。

幸好，是碎片化的阅读和学习，拯救了这些琐碎的时间、拥挤的空间。公交车上、排队等待时，在不经意间刷出一则有价值的新闻、看到一篇触动灵魂的短文——这种得益于碎片化阅读的惊喜感无疑会"激励"人们更频繁地进行阅读。同时，学有所获的欣喜，比如："今天，我又认真学习啦！我没有浪费时间！我学到了很多！这些东西很简单嘛！"也会给疲惫的人注入一剂强心剂。久而久之，这种阅读方式会促进社会良好阅读氛围的形成。少食多餐且有益，我们何乐而不为？

央视主持人张泉灵说："既然我们的阅读习惯已经经常被手机所吸引，那么我们的边角料时间为什么不可以在手机上读书呢？当我在手机上下载了一些我真正喜欢的电子书的时候，我的边角料时间又回到了书本上。"

碎片化阅读的一个巨大功劳，是将阅读重新送回日常生活，因为人们此前根本连碎片化的阅读都逐渐失去了。石头看到朋友圈所有人都在转各种文章，我的一些从不阅读的亲友，如今开始阅读一些短小的内容，即使这些文章充斥着"必读""必看""深度"的种种噱头，但无论如何，这些阅读都是手机重新送回来的。

石头认为，碎片化阅读本没有原罪，其中的影响是否正面，主要还取决于个人能否善于利用时间，以及他的内心是不是有这种求知探索的自觉意识。

更为重要的是，碎片化阅读改变了知识的表达和传播方式，使知识和文化表达在朝着更加容易理解、更加有趣和更容易扩散的方向进化。

过去，由于知识的拥有者和受众在时间、空间上存在分离，很多知识的拥有者眼里根本没有受众，所谓的布道只不过是自我感觉良好的呓语，甚至是小圈子里的自说自话。很多学术论文就是这样，明明一句话说清楚的事情，为了满足小圈子的话语规则，显示自己的高深，非要用一本书来阐释，有几个人会看？又能影响几个人？

但碎片化阅读直接勾连了知识拥有者和受众，使故弄玄虚显得分外可笑，自说自话的人也将很快被遗忘，知识拥有者想要影响受众，就必须倾注更多的智慧，给予受众更大的尊重，把知识用他们感兴趣的方式表达出来，这样的结果就是不但知识表达的密度大了，也变得更加容易传播和扩散，这对社会整体文化素质和知识水平的提高难道不是一件天大的好事？

与其奋力反抗，不如躺下来享受。把碎片化学习的便利性、有效性发挥到极致，会比"对抗碎片化"更有价值，也更有机会做到。

3. 有效进行碎片化学习的几种途径

适当聚焦一些领域

有人说碎片化阅读让人不能建立知识体系，并非没有道理，但石头以为，经过16年甚至22年学校教育的系统训练，啥知识体系没有呢？其实都有了，现在就是再利用碎片化时间看看各种神人的发言、微信文章，补充一下原有基础，追踪一下热点问题，开一开脑洞。当然，不刻意追求知识体系的完备，不代表不需要聚焦，人的精力毕竟有限，还是需要适当聚焦，其实在碎片化信息的大海里，有很多高度细分、高度专业化的自媒体或发言者，比如办公室人，就可以多关注讲职场、做人、办文、办会、办事的信息源，说不准哪天就用上了。

精选上档次的平台

其实在石头看来，碎片化信息最大的弊端倒在于门槛太低，人人都有机会发出声音，甚至大放厥词、误人子弟，而且没人在乎和尊重知识产权，好文章总是被抄袭。所以，进行碎片化学习，找到靠谱的平台是最重要的。以石头的经验斗胆推荐几个：新闻类的，腾讯新闻、凤凰新闻都不错，最烦那种满是社会新闻的客户端，强奸、杀人、乱伦才是它们的兴奋点；知识类的，知乎日报、果壳、简书都不错，有观点有腔调有审美；微信公众号，最难甄别，据说现在已经有2000万个之多，怎么才能找到靠谱用心的公众号呢？有一条定律来鉴定微信公众号的档次，即每次推送的条数和公众号质量成反比，那些每次推满8条的你趁早取关吧，都是东拼西凑不负责任的内容。

拒绝标题党

"标题党"可以化腐朽为神奇，把平平无奇的新闻，挂上一个新"马甲"，变成一个扣人心弦的精彩故事，然后夺取读者的眼球与高高的阅读量。但也不可避免地，"标题党"常常会导致文题不符、脱离现实、歪曲事实、掩盖真相的情况，以至于新闻的真实性受到了质疑，破坏了新闻价值的传播。

启迪代替灌输

碎片化学习的精髓在于"直接摘果子",啥意思?以往的系统学习是重推理的,希望把整个逻辑过程呈现在你面前。而碎片化由于篇幅和时间的限制,更常见的是直接告诉你结论,将智慧的果实呈现给读者,用实践经验代替生涩理论,用启迪代替灌输。这没什么不好,阅读不是为了阅读本身,而是为了触动一种情绪,受到一个启发,读了一篇好的美文,重温了亲情爱情的温暖可贵;读了一篇好的经验介绍文章,掌握了好几种办公的小窍门。这样简单直接,没什么不好,本就是这个时代的特征。

第三章

沟通沟通再沟通
——如何打电话发信息

chapter 3
<<<

一、机德反映人品

1. 别做不接电话的讨厌鬼

有个词叫"机德",石头不知道大家听说过没有,机是手机的机,德是道德的德,用来评价一个人用手机接电话、发短信时所表现的品质和水平。机德者非积德也,机德乃指使用手机的道德品德是也。是不是经常关机,是不是经常不带手机,或是有电话不接,有短信不回,如果这几样都占全了,那就是很没有机德了。

机德不佳的第一个问题是不接电话,这也特别让人痛苦。本来约好的事,或者正在处理一个急事,必须要联系上的时候,你打电话,对方不接,再打,还是没反应。找不到人、对不上号真是让人恼火又担心,人家过了半天好不容易接了或给你回过来,轻描淡写地告诉你:刚才没听见,电话放包里了。这个回答你真还怪不着他。

石头倒是觉得,"电话放包里了",绝不该成为关键时刻不接电话的理由。跟某人约了什么事,假如正在路途中,因为周围环境的嘈杂那么就更应该把电话拿在手中嘛。街上本来就乱,您还把电话揣包包里,鬼来了也听不见啊,这不是耽误事嘛。

还有些机德为负数的同志更过分,他可能知道今天要加班,想逃避,或者自己有什么事还没搞定,总之就是懒得理你,任性地关机了事。你打他电话,始终无法接通,真是叫天天不应,叫地地不灵。问题是，这样真的能把该干的事情或自己的职责躲过去吗，不过是鸵鸟政策罢了，还落得别人埋怨。

当然，不排除很多时候人确实因为在会上或者处理急事无暇接电话，这个时候打电话的人一直打个不停也很讨厌。在对方不接或者连续挂断你电话的情况下，基本可以断定对方肯定是有事嘛，这个时候您也别太执着，千万别一连十几个电话拨过去，那样也是一种骚扰。发个短信给对方说下打电话的原因，然后耐心等待回复即可。

2. 不要让别人的短信成为来往的最后一条信息

对待短信的态度也能反映人的机德，机德高的人，你发条短信过去，很快就能收到回复，机德不佳的人，短信发过去要么是杳无音讯，要么是好几天后回复才姗姗来迟，那时你都快忘了曾联系过他。这两种"机德"对应到现实中就是认真高效的人和懒散拖沓的人。

来而无往非礼也，当自己收到别人发来的短信时，一定要争取第一时间回复短信。再次接到对方短信回复后，事情还没完，咱们是办公室新人，姿态要放得低一些，不要让别人的短信成为来往的最后一条信息，事情说完了，再回复一个"谢谢！"或者":)"的笑脸，既给予了对方充分的尊重，又避免了二来二往、三来三往的闲聊和繁文缛节。

有时候手头确实很忙，无暇认真回复，可以先简短回复一个"在忙，稍后联系"，相信大多数人也能理解。如果遇到在开大会或者手机不在手边，也不必强求必须第一时间回复，空闲下来后及时给人家一个回复，加上几句解释和致歉即可。

现在大家都更爱发短信，关于短信机德，石头再多说几句：

给别人发短信时，在短信的结尾，我们要注意对于需要回复的短信，要在结尾处表明要求回复，还可根据事态的轻重缓急来建议下一次的联系时间。

同样的短信发送一次即可，不要在短时间内重复发送，形成垃圾短信。尽量避免在同一天内给一个不熟悉的人就同一内容发两次以上的短信和电话，这不仅是不礼貌的行为，还会引发对方的反感，吃力不讨好。所以，如若对方没有及时回复，别气别恼，可视为对方还在考虑或是犹豫，将事情顺延到第二天再询问就可以。

还要注意杜绝将一个主题分散式发送给对方。如果就一个问题你在短时间内给别人发了五条以上的短信，那绝对是一种骚扰。对方还没来得及看清第一条短信，收件箱就应接不暇地响起是非常让人讨厌的。而且，短信条数一多，短信排序肯定会变混乱，读起来往往搞不清楚前因后果。在发送短信前，应先将想询问的问题整合组织，然后集中发给对方，避免形成短信的"狂轰滥炸"让对方"目不暇接"。

3. 短信称呼不能随心所欲

发短信篇幅短、又见不着面，所以很多人不把短信看成是一种正式的通信方式，觉得比较随意，喜欢在编写短信时挥洒自己的智慧。这在短信抬头的称呼上表现得尤为明显，比如有人发短信时逢人就叫"亲爱的"，有的则没有称呼，一句"Hi"了事。

还有的更夸张，根本就省去了称呼这个环节，一上来就写"有个事说一下"。你苦口婆心地说这样不礼貌，对别人不尊重，他们还不以为然、振振有词：短信字数都这么少了，还用得着那些繁文缛节嘛，有话直说不就得了。

如果是给亲朋好友发短信，没有称呼、不注意称呼还有情可原，或许你本就是如此可爱随性的人，但在办公室工作中这种习惯就得好好改改了。

称呼是短信开头对收信人嘉宾的尊称，就如同信件一样，省去称呼，一方面无疑是对人不尊重，同时，也不能在第一时间引起别人的关注。你不写称呼，我怎么知道你在跟谁讲话？从而影响短信效果。所以，在短信一开始就要明确其接收的对象，端端正正地写上称呼。

短信的称呼一般分为两种：一是一对一的短信，简单来说，就是发信人与收信人均为一个。这就需要发信人在称呼里直接"点名道姓"，明确对象，如"尊敬的王处长""尊敬的李主任"等。

二是群发短信。即一对多的模式，短信的接收人为多个。如果你有时间精力，一一点明接收人当然更好，这样可以显示你对收信人的格外重视，事实上也有不少人不惜血本的这么干。假如你不想牺牲恋爱时间来编辑短信，选用涵盖面广的称呼也无伤大雅。如"尊敬的各位领导""尊敬的各位嘉宾"等。但千万注意，不能把群发的短信明确到个别嘉宾身上，以免引起其他人的不悦。

4. 不署名，鬼才晓得你是谁啊

石头经常会收到一些手机没存的号码发来的短信。有的是私事，"周日晚上聚聚"。有的是公事，"周一下午两点开碰头会"。有的更像是诈骗，"明天上午到我办公室来一趟"。

每每收到这种短信，石头都会万分纠结，因为你不好意思直接问：您是谁啊？我不知道您是谁啊？万一是领导或者熟人呢，没有存人家的电话号码多不礼貌，于是只好在心里默默把发短信不署名的同志略略问候一下。

更奇葩的是遇到重要的节假日，几乎每个人都会收到来自四面八方的祝福短信，发短信的人有些是平时绝少联系的，有的人电话号码几经变更，如果不署上自己的名字，对方根本就无从知道谁还在远方悄悄惦记着你。

很明显，表明发信人的身份，这是短信编辑中不可缺少的一步。如若缺少，会造成对方的疑惑，给人留下办事不严谨的印象，如果对方比较懒，权当作骚扰不予理会，不闻不问，甚至会耽误事情的进程。所以说，短信署名从某种意义上说，不仅是对对方的尊重，也是达到工作目的的必要手段。

在办公室工作中，发信人往往代表的是单位，多以单位名义对外交往，所以在发送短信通知时要将单位的名称和个人的职位、姓名描述清楚，以便对方在阅读完短信的时候就能明确发信人是谁、代表谁、是什么层级，了解事情是哪来的、接下来该与谁沟通联系。给短信署名，本质就是帮别人省事，谁会不喜欢一个为自己着想、帮自己省事的人呢？因此，短信的署名是万万不能少的，而绝不是多此一举。

至于短信中署名的具体方式，你可以开宗明义，在短信开头就表明自己的身份："尊敬的刘处长，我是办公室石头，有一个会向您报告。"；可以在短信结尾加上括号标注："（办公室石头报告，请您知悉）"；也可以在短信结尾简短标注名字，两字"石头"即可。

5. 标点符号也有表情

石头曾经在知乎上看过一篇帖子，认为标点可以改变文字的气质，比如：

在结尾处，使用句号，给人心理上产生肯定、强调、果敢、坚决等一系列的心理感受。在两个文字间加入逗号，使阅读进行停顿并分解。虽会增加诗意感，但整体感受略显犹豫。省略号结尾，蕴含未尽的思绪，可以引发观看者的深入联想。

标点可以改变文字的气质，是不是很有道理？

这让石头联想到办公室人发短信、传微信应该如何使用标点符号。

这看上去是个小问题，发短信不是写文章、排文件，对标点本没有严格要求。不少人短信发着发着就越来越随意，要么短信里面的文字密密麻麻，没有一个标点与断句，读起来超级费神；要么根本懒得用标点断句，敲出两个空格当作标点了事；要么前面的标点规规矩矩，到了结尾收的时候却戛然而止，没有标点。

有心理学家分析说，发短信不加标点符号的人有点小聪明，在一些事情上会尽量走捷径，甚至有些懒惰。这种观点石头无从考证，但可以肯定的是，标点在短信中的作用绝不仅仅是断句那么简单，标点也是有态度的，有时候甚至可以传达强烈的情绪。

拿一条最简单的短信，两个字的回复"好的"做例子。领导给你发来短信："石头，请明天之前把周日活动的讲话起草完毕发给我。"你当然是满口答应，这也算不上是什么困难的任务。

不注意标点的人可能只回复领导一句"好的"，严谨一点的人会加上句号，回复"好的。"，善于使用标点的人则会加上感叹号，"好的！"，成精的人就更不会放过任何一个机会，声情并茂的回复道"好的！ :)"。

从空白，到句号，到感叹号，再到笑脸，相信大家很容易就能感受到这条简短信息里的情绪和态度变化。

空白标点的回复，虽然说不上有多么不恭敬，但总觉得隐隐约约透着一种随意和漫不经心，加上句号就好多了，但似乎还稍显冷淡。加上感叹号的回复情绪就更加饱满，让领导充分感受到收信人对工作任务的重视以及保证完成任务的坚定；加上笑脸之后就更不得了，短短的两个字处处洋溢着年轻人的热情，让领导有一种说不出的亲昵感。你说说，这标点的作用大不大？

所以说，在短信里省略标点是得不偿失的。短信里的标点，首先要规范。就像写公文一样，该逗号的逗号，该句号的句号，该引号的引号，连发短信都一丝不苟，这不就是领导最爱的，对待工作严谨认真的好同志嘛。

其次，短信里的标点，可以多用用感叹号这种表达强烈感情的符号，让人能从冰冷的短信里感受到你的用心和温度，甚至有时候适当卖卖萌也未尝不可。当然，一个大老爷们短信里净是 (~▽~)~* (~_~)(~ˇ~)(~ ⌣ ~)>_ 这种标点就有点过了。

接受任务时，表示感谢时，汇报工作时，都可以通过标点符号传达一种积极向上的情绪，比如："好的！马上就办！""明白了！您放心！""已落实相关工作！"领导看你对工作这么有信心、有激情，反应这么迅速而炙热，心里的好感必然呈指数级别上升。

6. 注意！以下几种场合，发短信比打电话妥当

石头这种才思不够敏捷的人，是尤其爱发短信的。电话通了你就得说话，有时候没有什么思路，有时候会不好意思，有时候则不知所措。发短信就没有这些烦恼，它本质上是一种间接和滞后的交流方式，你可以深思熟虑、可以遣词造句、可以查百度、可以求助场外热线，都可以。石头觉得，以下几种场合，发短信比打电话来的妥当。

给领导报告情况时

有事情要和领导报告或请示，少电话多短信是没错的。领导一般都很忙，如果你想说的事情百把字就能说清楚，尽量编一条条分缕析的简短短信发给领导，这样的好处很明显：不打扰领导，不会打断

领导正在进行的工作；领导可以在方便的时候再查看短信，而不占用太多时间；如果忘了内容还可以随时查阅短信，比如会议的时间地点等，也算一种记录。

如果你要汇报的事情实在太复杂，必须要电话汇报，也先别急，领导万一特别忙呢？你可以先发条短信与其联系，预先征求一下意见。比如："有事请示，是否方便给您打电话？"如果对方没有回短信，一定不是很方便，过段时间再以短信提醒；如果对方告知有时间，或直接电话回过来，就可以马上通话了。

非工作时间沟通工作时

每当在非工作时间接到工作关系的电话，尤其是不是太紧要的事情，石头总会觉得受到了粗鲁的侵犯，感到自己的私人生活受到了打扰，很多同事也和我有同感。如果是领导交代任务也就忍气吞声算了，假如是一般性工作或是不太熟的人下班时间肆无忌惮地来电话，无疑是让人备感烦躁的一件事。

比如，每每在中午宝贵的午睡时间接到别人打来的电话，石头都恨不得抽那人几耳光才解恨。那么，有事非得在休息时间打扰别人怎么办？和上面一样，如果不是十万火急，发短信吧，这样才能展现出对他人休息的尊重和理解，你放心，如果对方方便打电话，他会很快回过来的。

需要注意的是，如果太早或太晚，比如早上 7 点之前，晚上 10 点以后，最好连短信都不要发。短信虽然骚扰小，但对于 24 小时不关机的人来说，不必要的"信骚扰"，同样会影响休息。有的手机有短信未读提示，如果不阅读，每隔几分钟就会发出提示音，没办法，人家只能起身查看，所以发短信前一定要换位思考。

反复提醒对方时

如果事先已经与对方约好参加某个会议或活动,为了怕对方忘记,需要事先再提醒一下,那么提醒时适宜用短信而不要直接拨打电话。你想啊,之前都已经说过,再打电话似乎有不信任对方之嫌。别人会想,怎么,我在你眼里就这么糊涂?这点小事都记不住?还要你反复念叨?发短信就显得非正式、亲切得多,既能达到提醒的目的,又不失分寸,何乐不为。当然,用短信提醒的语气应当委婉,要易于接受,不可生硬。

恭维求人煽情时

记得有一句歌词这么唱,"爱你在心口难开"。人都有羞耻心,恭维、求人、煽情的时候不好意思、唯唯诺诺、结结巴巴是人之常情。特别是对于脸皮比较薄的人,这几件事尤其困难。要是搁在以前,内向者大概只能暗自神伤了。

现在好了,有了短信,你可以慢慢酝酿情绪,编写短信,想写的有多肉麻就写多肉麻,就当是写情书了,然后只在发出短信的那一瞬间红红脸就行了。

因为间接,短信的尺度可以比面对面要大得多,你看,荤段子、祝福拜年这种俗物不都是通过短信流传的。

"您对我的帮助太大了,简直就是我的支柱和灯塔!"这种吹捧的话面对面时很难说得出口,但写在短信里只能说是稀松平常,如果你是个脸皮薄的人,实在不好意思,试试拿起手机发短信吧!

作家毕飞宇总结得极为精辟,"在当今的中国,再木讷、再愚钝的男女都已经拥有了两种不同的语言,一种是日常的、正常的口语;一种是风光无限的,人欲横流的手机书面语"。放下是非曲直不谈,营造比日常更加暧昧和赤裸的氛围,确实是短信的强项。但,谁又能说这不是另一种真实？

7. 电话本是办公室工作的命根子

马克思说人是社会关系的总合，意思是，人的社会属性大概远比生物属性重要，人是在与社会发生联系的过程中成为自己。

仔细想想确实很有道理，这个时代，一旦换了电话和微信，似乎就能展开一段崭新的人生。人就是通过一个个抽象的手机号、微信号与外界发生联系，从而成为自己。

说联系方式重要，是想引申到今天石头谈的一个细小而重要的问题，《工作通讯录》《内部通讯录》《××系统通讯录》，也就是俗称的电话本的用法问题。

办公室新人入职，电话本肯定总是第一批领到的物资，也是每天翻得最勤的纸质材料。离开电话本，办公室的同志们可以说寸步难行，啥事也办不成，这么一个单调简单的东西，到底怎么才能算物尽其用？石头觉得电话本除了按图索骥拨电话发短信外，还有几种用法值得琢磨。现列举如下，与大家探讨。

熟悉单位架构的指引

初来乍到，领了电话本，束之高阁就太可惜了。虽然电话本上没有小说有趣，你还是应该从头到尾仔细阅读一遍。看过之后，本单位主要和哪些上级单位对口联系，本单位设置了多少部门，下级单位有哪些，就基本搞清楚了。这对一个办公室新人来说很重要，某某处前些年就合并到综合部门了，你却不知道，还想通知人家来开全体会，这就闹了大笑话了。通读电话本，熟悉单位的整体情况和基本架构，这绝对对今后的工作大有裨益。

认识各部门负责人

单位里各个部门头头是谁，通过电话本可以很快搞清楚。办公室新人要尽快建立机构和负责人之间的双向映射。领导说找刘能处长来开会，你得很快反应出来刘能处长是哪个部门的。同样，领导说让××处主要负责人明天来商量工作，你得很快反应出来这个处的负责人是刘能处长。

把部门主要负责人电话输进手机

这也是一项基础工作，拿到电话本，应该找点时间，把部门负责人的联系方式输到自己手机里，如果人数太多，至少要把联系多的部门的主要负责人联系方式输进去。一方面，假如在外调研出差没带电话本，你还能第一时间联系上他们；另一方面，人家打电话找到你，你也能第一时间预判是谁、可能有什么事情。

把电话本打印成A4大小夹在笔记本里，电子版存在手机里

电话本一般长得都是厚厚墩墩，真是不好拿，夹也夹不住，揣兜里也是鼓鼓囊囊一大包。建议把电话本的电子版要过来，打印成与自己笔记本大小一致的板式，石头用 A4 大小的笔记本，那就打印成这般大小的，正反面，薄薄一册，往笔记本里一夹。走哪就能带到哪，随时找谁都能找到，多方便不是？同时，也可以电子化，把电话本存放在手机中，方便随时检索。

家里也要放电话本

石头有位同事前辈，每次领电话本都要多领几本，石头不解，问他，你领这么多干吗，拿去卖废纸不成？前辈解释，电话本这个东西，光办公室有肯定不行，至少家里和车上也都得有，万一休息

日或晚上要联系个什么事情，家里有电话本就方便多了，不用再骚扰别人到处打听电话。石头当时听了觉得在理，遂效仿之。事实证明，家里的电话本打开率极高，遇到晚上通知会之类的事情简直不可或缺，而以前石头家里没有电话本的时候，就总要找一圈人打听电话。

二、微信社交启示录

1. 美化自己朋友圈的几大秘诀

在网络时代，大部分社交活动从线下转移到微信等流行社交软件上。你可以一周不出门，但每天却要刷微信点赞；你可以神龙见首不见尾，却要在微信上发布自己游玩或者读书的照片。

社交软件成为一个窗口，你透过这扇窗户看别人，别人也扒着窗口看你。很多人形成了这样一种习惯，想了解一个陌生人，就去翻看他的朋友圈。朋友圈里显示时常出入高档场所，照片中隐隐约约出现名表和豪车车标的似乎就是高富帅，而整天在成都小吃、公交车上挥汗如雨的就是失败者。甚至不少招聘单位都喜欢到网上用百度搜索他们潜在雇员的信息。所以说在网络上保持"清白之身"已经成了大家的共识。

网络形象如此重要，很多人开始重视微信个人形象的包装问题，尤其是在交女朋友的领域，衍生出一系列理论。比如你在微信上搭讪女生，她肯定先看你朋友圈。陌生人加了你之后，第一件事也是看你朋友圈。头像和朋友圈的质量，决定了你这个微信账号的层次，决定了你在女生心目中的形象，决定了女生和你今后对话的质量。

由此引申，对办公室同志来说形象建设也是一样重要，朋友圈里同事、领导不在少数，高质量的朋友圈建设也可以提升个人在同事和领导心目中的形象。但是，和交女朋友不同，给同事和领导看的朋友圈不一定要是帅气、浮夸、奢侈的，但一定要是乐观、敬业、向上的。

吐槽还是留在现实中

谁也不能保证总是处在"打鸡血"的状态，累了乏了难受了，适当的吐槽有益身心健康。但吐槽最好不要满世界抱怨，最好还是跟一两个亲密的朋友聊聊，而不是公开发在朋友圈。有些人喜欢在朋友圈上发一些负能量的状态，比如"今天太累了""今天真郁闷""办公室政治真可怕""工作总是干不完影响休息了""又想辞职了"，等等，总之就是同事也不友善、工作也无意义、收入也不满意。

可以想象，这样的状态被领导和同事看见，肯定会把你判定为一个小肚鸡肠且毫无抗压能力的懦夫。而且，现在的单位这也不行那也不行，你把领导的脸往哪搁呢。

微信名称实名制

网名是大家了解我们的第一扇窗口，取一个好的网名至关重要。石头总结，网名大体有两种形式，一种是实名制（真名）；一种是昵称。如果你的微信朋友中同事和领导的比例很高，而且又经常用微信沟通工作，那么石头强烈建议大家使用实名制。

实名制至少有以下好处：

一是可以增强信赖感。在网络上，绝大多数人用的都是昵称，昵称在建立信赖感方面是没有任何优势的，而真名就完全不一样；换位思考，你见惯了一大堆诸如"风中摇摆""风中狂舞""风中凌乱"样式的各色莫名其妙的昵称网名，突然发现一个人的网名就是他的真名，是不是会对他的信任度会明显比别人高？这就是人性：在绝大多数人的思维里，都会认为一个敢于在虚拟网络上直说真名的人，是值得信赖的。

二是保持虚拟空间和现实的一致性。有时石头想在微信通讯录里查某一个同事，搜了半天也没搜到，结果一个一个核对过去，才发现他用了昵称，昵称不仅和真名毫无关系，其中还有一些稀奇古怪的字符。

这样的昵称完全是给他人增加负担，别人如果想下次很快找到你，就必须添加备注，假如一时忘记添加，就得翻查整个微信通讯录，万一你又没用真实头像，可能在微信里就永远找不到你了。真名不但能让人印象深刻，别人查找起来也更方便准确，何必整那些花里胡哨的昵称呢？

用真实的头像建立信赖感

头像是别人对我们个人形象视觉上最直接的感受。头像和网名一样也分两种，一种是真实头像；一种是虚拟头像。对于要打造自己健康微信形象的人来说，最好的头像设置就如同网名一样，是自己的真实头像，这是一个最简单的建立信赖感的方式。

在办公室里，大家都希望自己的下属或同事是成熟稳重靠谱的人，假如某人整天挂一副小沈阳的头像，你觉得成熟稳重吗？石头觉得，办公室同志最好选择自己的真实照片作为头像。同时，在选择自己的真实头像作为自己形象照片时，最好选择那些西装革履、正装的照片，表情呢，当然是成熟稳重，既不死板，也不过于活泼最好。

如果你没有这样的照片，最好找一个专业的肖像摄影机构去照一张。当然，如果你自己照，或者让别人帮着照，能照出同样的效果，也可以。用风景和卡通做头像固然有情调，对办公室同志来说并不提倡。但无论如何，能看清楚脸、认出人应当是个人头像的底线。

上传一些加班加点的情景

微信上党派众多，以前曾有人戏谑的把微信众生分为晒娃党、鸡汤党、养生党等类别。石头建议，我们办公室同志如果非要加入哪个党，还是建议大家争先恐后地加入加班党吧。

有些情商高的同志遇上加班的场景绝对不会放过，晚上热火朝天的办公室、桌面上堆积如山的材料、指向零点的时钟、下班路上冷清的街景和昏黄的路灯都被他们搬到了朋友圈里。领导看了是既感动又心疼，同事也是无不发自内心地为这些"中国好员工"点赞，情真意切地在下边留下或感动或表扬或保重的留言，一派和谐的景象。

在朋友圈里发加班的照片无可厚非、理直气壮，这并不是一些人反感的高调或者虚荣，你牺牲休息时间工作，本身就是一种奉献和美德，让领导知道知道感动感动有何不可？

发布几张读书学习的场面和体会

吃喝玩乐的场景数量在朋友圈里一般拥有压倒性优势，时光荏苒、寸阴是金，生活当然要好好享受，但对于办公室的同志们来说，多发读书写作的照片比游山玩水更提升档次。

其一，对体制内的办公室人来说，你吃喝玩乐发多了，似乎和中央八项规定的精神有些不符合。当然，围观群众大多知道是你自己掏的钱，没有占公家的便宜，但谁能保证没有别有用心的人拿这个做文章呢，与其惹上这种麻烦，还不如低调一些更稳妥。

其二，哪个领导都喜欢勤奋好学的部下，领导们看到你利用宝贵的休息时间还在钻研业务，还在提高素质，还在阅读思考，不心花怒放才怪。一害一益，孰轻孰重，掂量一下很容易得出答案。

抒发一点感恩和豪情壮志

办公室里年轻小伙子小姑娘多,年轻人最少保守、最富理想,应当有一股子虎气,有一种冲劲,这样的年轻人最容易得到领导的青睐。

不抱怨,少吐槽是一方面,感性的展现自己对待工作的激情和远大理想,抒发一点对领导、同事的感恩也不能少。

一个大活动搞完了,在朋友圈里简单回顾一下,感谢兄弟部门和同事的热情支持,感谢领导的大力指导和悉心帮助;一年的工作结束了,实事求是地谈谈得失,谈谈打算;单位又获奖了、小组工作又被表扬了,借机说说对单位的深情,对组织的感恩,等等,这些都是朴素而美好的情感,值得跟大家展示分享。

我的朋友圈里有位学生,在某单位实习结束后在朋友圈里写下了"追求理想者请进,贪图享受者莫入,愿我们永葆单位情、学生心、学习梦"这样深情的话语,我看过后就觉得这位学生是一个有理想、乐拼搏、讲感情的好苗子,之后总是看高一眼,朋友圈的形象投射作用不可谓不大。

2. 点赞虽烦却真不能少

不少人现在对微信上点赞这种"社交行为"嗤之以鼻,觉得微信朋友圈点赞之风盛行,点赞狂魔等层出不穷,点赞退化成了一种交流"快餐"、一种廉价的赞美。他们怒斥,是点赞导致人与人之间面对面的交流减少,朋友之间的交流渐渐被轻巧的点赞所代替,能寒暄的只字片语被点赞所概括,实际上疏远了人与人之间的情感交流。

这种想法不无道理,如果能手动点赞或者留下一两句温情的话效果固然好,但在社交信息爆炸的今天,这样做的时间成本可是不小。

尤其是有些人"晒"上瘾，一天好几十个状态，你怎么奉陪得起？点赞固然简单，却也代表了一种关注，表明了一种赞赏，意蕴还挺丰富。

你可以换位思考一下，当你自己发出一个状态，紧张的关注大家反响的时候，热火朝天的点赞是不是让你得意地笑，而无人问津的冷清是不是让你倍感煎熬，更别提网上还有那么些买"赞"的生意。

这充分说明点赞并不简单，石头奉劝办公室同志一句，领导要是在朋友圈发了什么业绩和成绩，同事要是在朋友圈发了什么大事喜事，比如结婚、生子、晋升，有时间还是尽量轻轻的去点个赞吧。

3. 回复一个笑脸也好

如果你发表了一个状态，能在第一时间回应你的人，是在乎你的人，对方往往已经是或很有可能成为你的密友或贵人。

对于这些给你点赞或留言的人，千万不能怠慢，你爱搭不理，人家自然感觉受了冷落，好似"一腔热血喷出来，比一堆牛粪凉得更快"，谁能受得了这委屈，明明热乎的关系眼看就要变冷。

如果你的人缘好到爆，随便发条状态都有百十条点赞留言，实在没时间陪大家刷屏聊天，那就统一给大家一个回复，"统一回复，感谢关心"之类的，也算有个交代。

如果留言没那么多，还是尽量抽点时间，单独给别人一个回复，哪怕只回复一个笑脸、一个大拇指，也都是一种你来我往，是对别人热情关心的回应和尊重。

4. 从朋友圈延伸到现实的关心

人们在朋友圈中展示的情绪，通常都是相对浓烈的，一般性的事情犯不上拿到朋友圈里去说。

发美食，那肯定是赶上了饕餮盛宴，半夜偷偷啃个馒头没几个人愿意发。发喜事，那肯定是从内心感到自豪，今早顺利上了地铁之类没几个人愿意发。发牢骚，应该是事情确实闹心，或者是碰上难事了，早餐去食堂买鸡蛋，鸡蛋却卖完了这种事一般来说还犯不上发朋友圈吐槽。

朋友圈虽然是个虚拟空间，但在形形色色的状态背后，人却是实实在在的，有生动的喜怒哀乐。朋友圈就像一个窗口，人的情绪时不时从里面飘散出来。

有些人很注意从朋友圈中捕捉别人的情绪，适时地送上自己的祝贺、安慰、关心、认同或者是帮助。

一次，石头连续几个通宵攻坚述职述廉报告，繁重的复制粘贴任务把文字搬运工的右肩压垮了。石头在朋友圈抱怨："鼠标废掉了右手，酸痛难忍，总结季的悲剧！"校医院一位相熟的医生大姐马上私信石头，详细了解相关症状，还热心地为石头介绍了缓解肌肉酸痛的科学方法。当时石头就感动地哭了，大姐的形象瞬间高大起来。

这就是从朋友圈延伸到现实的关心，有些人刷刷屏，乐呵乐呵，一天也就过去了；有些人看似也是刷刷屏，乐呵乐呵，却悄悄把朋友圈的社交从天上落到了地下，从虚无做成了实体，明显要高出一筹。

5. 微信里说"在吗"为什么特别招人烦

每当石头在微信上收到"在吗"两个字，总有一股怒火从胸中一跃而起。"有事说事，在吗到底几个意思！"这种莫名的反感让石头自己都感到惊诧。

这是咋回事呢？以前聊QQ的时代，"在吗"基本是标配啊，我不知道你是不是在电脑前面，只有先来一句"在吗"，才能把两个人拉进同一个时间维度里再沟通。怎么到了微信这，同样是通信软件，看着"在吗"就这么让人讨厌了呢？

细细想来，可能有这么几个原因：

其一，完全没有必要。在"远古时代"，QQ之所以需要"在吗"，原因在于它建立在即时同步的基础之上，那时候还没有手机QQ，我不可能随身把电脑主机绑在腰带上，你不在，这个话就没法对下去，所以必须要靠"在吗"，才能把双方拉到一个频道。

到了微信时代，我天天揣着手机，其实总是"在线"的，只不过是方不方便聊天，想不想聊天的问题，"在吗"，成了完完全全的一句废话。

其二，遮遮掩掩，套路很深的样子。"在吗"不是目的，只是手段，是一种试探的手段，是放出的气球或鱼钩。一般"在吗"之后，总会有不太好处理的问题。明明有事，却又遮遮掩掩，让人看不清你葫芦里卖的什么药，拿不准这茬到底是能接不能接，这种态度很不坦率、诚恳。

有事不直说，感情你还跟我玩"黑暗森林"，整"猜疑链"，我看了能舒服吗？我敢搭话吗？

其三，不留余地，逼得太紧。人和人之间需要安全距离，尤其是在不那么熟悉的人之间。"在吗"，给人感觉就是要求对方得马上搭理自己，又不说明理由的态度。

假如我回答"在的"，即使当时忙得四脚朝天，即使提出的要求很难办，需多加考虑，我也已经失去了装聋作哑的机会。那种感觉像被人逼到墙角，必须给出一个交代才行。

所以啊，石头觉得，微信上交流，更应像发邮件那样，有事先说事，直接地说，详细地说，系统地说，寒暄招呼那是顺便的事情。

开门见山地把事情讲清楚，说明白，万一人家在忙，那就等着别人有空再回复；万一人家难办迟疑，给点时间认真考虑、权衡那也是应该的；万一人家看了你的事根本不想接招，是不是也可以装作是一场意外，就此翻篇，相忘于江湖。

有事就直接说吧，我一直都在。

三、打电话的最高境界：让别人听到你的笑意与和气

刚到办公室，石头的第一份工作就是接打电话。领导告诉石头，为什么先让你接打电话？绝不是说这个事简单、无足轻重，才让你这个新手干，恰恰相反，打电话是工作的一个关键环节。通过接打电话，其一，可以迅速熟悉办公室的工作，搞清楚别人找你都是些什么事，你找别人又都是为什么事；其二，可以好好训练下怎么与人沟通，怎么沟通才能让人如沐春风。

领导是资深的办公室管理大师，对于怎么才能接打好电话，他没有多说，只是反复对石头说一句话，一句十分抽象又看上去高深莫测的话，"打电话也要让别人听到你的笑意与和气"。

当时石头百思不得其解，什么叫"打电话也要让别人听到你的笑意与和气"？笑意是表现在脸上的，打电话又不是视频聊天，别人怎么可能看得到！即使我笑得把四颗门牙都露出来，别人也是注定观赏不到的呀！难道是要我一边打电话一边笑出声？这样会不会把别人吓到，觉得我该吃药了？

后来，接打电话多了，每天几十上百通电话不在话下，量变产生了质变，慢慢琢磨出点味道来，人的表情，真的可以从电话里听到。比如，打电话给别的部门通知会议，有的人接了电话语气热情，连声应允，让人十分温暖安心；有的则慢慢悠悠说着话，甚至不声不响，

这就让人提心吊胆，生怕他挂了电话就把自己通知的事抛到九霄云外去，于是放下电话思前想后还是发去一条短信再提醒一下。那些温暖的、洋溢着热情的声音，大概就是领导所说的能听到笑意的声音吧。

说实话，连声应允的人也有可能掉链子，不声不响的人也有可能把事情落实得又快又好，但平心而论，电话接通的一刹那，还是发自内心的想听到带着笑意的声音。

那些冷漠的、无精打采的应答声，一方面让人有些愠怒，距离感油然而生；另一方面总是让人对接下来要讲的事情信心不足。石头这时明白了，对打电话这件事来说，"要让别人听到你的笑意与和气"，在一定意义上是比内容的组织和表达更为基础且重要的要求。

每个人都有自己独特的亲和力，张三特别能和人称兄道弟，李四表现得特别彬彬有礼，这都是行之有效的。假如硬要给带着笑意的电话循上几条规律，石头可以试着罗列几条。

第一，调子高一些，语速急促些

石头没有研究过语言学，对声调与语气之间的关系并不了解，但常识足以让我作出判断，打电话多用升调，总是比降调和平调显得热情。大家可以用平调和升调分别念一下打电话时开口必讲的"您好"，平调的"您好。"明显语气淡漠，升调的"您好！"则洋溢着亲切感。及时简简单单的一个"喂"字，电话里两种语调听起来也大不相同，平调的"喂。"透着满不在乎的慵懒，升调的"喂！"则充满了热情与好奇。

此外，石头感觉，打电话时语速适当急促些听上去比慢条斯理感觉要好，尤其是接到部署工作的电话，应答时，急促的语气往往透着坚定和高效，晃晃悠悠的语气对应的似乎是拖沓和延误。

比如，同样是一句"我们尽快拿出方案"，用一秒钟说完，和用五秒钟说完效果大相径庭。大家可以试着读一下这句话，用一秒钟快速说完，给人感觉就是话音未落，人已经一个箭步冲出去办事了；若是用五秒钟念完，似乎此人挂了电话还要睡睡觉、吃吃饭，心情好了才开始落实，差距就是这么大！

第二，要打招呼

石头有时接到电话，尤其是在座机上接电话，或是接到手机不显示姓名的电话，有的人一上来就噼里啪啦说事，要你干这干那，石头却还处于极度懵逼的状态，心里不断盘算，这谁啊？哪方面的啊？等对方讲了十几秒，石头才反应过来，哦，这是××处的老王，应该是要说后天座谈会的事，这才把注意力放回到电话的内容上。

当面说话一般人都记得嗯嗯啊啊寒暄几句，再切入正题，一到打电话，大家的心情似乎都变得急迫了很多，不少人省掉了打哈哈的步骤，直奔主题而去了。过多的寒暄、绕弯子固然让人讨厌，但基本的招呼还是要打，为的是先通报一下双方的基本信息和目的，让下面的通话来的清楚、明晰一些。

给别人打电话，一上来不应是说事，而是一定先自报家门："您好，我是办公室的小石。"随后简明扼要地表明通话目的："有一个后天的会议通知跟您报告一下，您方便记吗？"接别人的电话，也是一样的道理，先打招呼："您看您有什么指示？"引导别人把事情讲出来。打好招呼，通话才能有一个好的基础。

第三，不要玩"变脸"

有的人喜欢在电话里玩变脸，第一声接电话还是懒洋洋的，"喂……谁啊……"一听到电话那头领导威严的声音，语调马上高上去八度："领导！什么风把您吹来了！"原本毫无表情的脸顿时堆满了笑容。

对待领导更紧张、殷勤，这可能是人之常情，不值得苛责。但前后态度变化太大，着实给人观感不好，显得比较鸡贼，没人会喜欢这样的"变色龙"。即使领导本人，见识了这样前后不一的态度，心里恐怕也暗暗给你打了负分吧。

接打电话的时候，好的态度应该是从电话接通的那一刻就开始，在通话过程中一以贯之的，而不应该是见人菜碟、肥瘦不均的。滴声之后，第一时间送上热情洋溢的一句"您好！"，不管电话线背后是谁，我们都一点不怵他！

第四，多用书面语讲电话

接打电话当然是典型的口语，但石头发现，对于大多数工作通话而言，要想让对方感受到笑意和热情，我们反倒是要在电话里多讲正式的书面语。

举几个例子请大家自行感受一下：跟人打招呼，说正式的"您好！"是不是要比口语化的"喂"要好？应允别人的要求，说正式的"好的！"是不是要比口语里的"嗯""啊"之类要好？表示自己已知晓相关要求，说正式的"明白了！"是不是要比我们挂在嘴边的"哦""晓得了"要好？

究其原因，还是在于工作通话具有很强的正式性，不同于小两口煲电话粥卿卿我我，工作通话是为了解决问题而非谈情说爱，所以在工作通话中表现的越是严谨、正式，越是容易赢得别人的信任和安心。

第五，依依不舍地收尾

石头前面说到笑意和热情要在通话中一以贯之，所以挂电话的时候也不能是一甩了之。首先要注意的是，尽量让对方先挂，以防对方还有什么需要补充的内容。有时候石头给一些急性子打电话，说完一个事，刚张嘴想说"还有另外一个事"，"还"字还没说出口，人家就已经甩了电话，没办法，只能重新拨过去，挂得太快，容易给别人造成不便。

其次，用拖泥带水的"再见再见再见""好的好的好的"结尾。如果双方都坚持"让对方先挂电话"，这时就会出现一个尴尬的空档期，事情说完了，电话还没挂，难道就以沉默对待沉默？石头发现有些人善于处理这种局面，不会让空档期冷场，他们的办法就是不断重复念叨"再见再见再见""好的好的好的"甚至意义不明的象声词"嗯哼哈嘿"之类，显得极为依依不舍的样子，倒也不失为一种好办法。

最后，轻拿轻放。通话结束，终于可以挂电话了，有些人如释重负，啪的一声往话机上一扣，万一对方也是个讲究人，一直在等你挂电话，保不齐就被吓一大跳，还以为你有什么怨气无处发泄呢。所以说还是别甩电话，轻轻把听筒放在座机上，这个始终充满笑意的电话才算是最终打完了。当然，这里主要指的是座机，手机根本不涉及这个问题。

第四章

笔杆子万岁!
——如何写好公文

chapter 4

一、帮领导写好公文，我们自己能得到什么

石头之前写过好几篇怎么写好公文的小文章，不断有朋友问石头：我天天给领导写稿子，写出来从来也不署我的名，干着干着就没意思了，你说我图个啥呢？是啊，写稿子，除了是你的本职工作，写得好与不好除了有工作评价上的意义，到底还有什么意义？我们写好稿子，到底能得到什么？

这似乎是一个敏感的问题，工作不尽心尽力、鞠躬尽瘁、追求奉献、燃烧自己，还好意思讲什么回报、提什么条件！？太大逆不道了！但另一方面，这又是一个极其现实的问题，是提高工作认识的一个重要话题，如果只是为了完成工作，大部分人都会在字斟句酌的推敲中消磨掉自己的热情，石头觉得，你或许可以时不时给自己打这么几针鸡血。

第一，学习领导为人之道

给领导写稿子，看似是文字上的能力、纸面上的功夫，但要写的符合要求，可堪一用，不能不符合领导独特的为人处世之道，该怎么对待上级、怎么对待同僚、怎么对待部下，从稿子中其实都可窥知一二。

一次，石头帮领导起草某次春节后单位全体员工大会的主持词，

这当然是最简单的活计之一，开头同志们辛苦了，中间请某某、某某发言，最后同志们好好干，总归逃不出这样的套路，所以石头写起来一气呵成、一蹴而就。

拿给领导后，领导却并不买账，问石头：你不觉得有很重要的事没提吗？石头反复端详稿子，毫无线索，很全了呀！该写的都写到了呀！领导点拨：刚过完春节，马上就要元宵了，不要给大家拜年吗？石头这才恍然大悟，哦，太应该了！可以想象，台下聆听指示的部下，听到领导及时的拜年，心中极有可能暖流澎湃。

时刻关注下属的感受，非常注意拉近和部下之间的距离，塑造和蔼可亲的形象。这就是石头从那篇小小的主持词中学到的为人之道。

第二，学习领导怎么推进工作

公文并不都是花拳绣腿，并不都是文山会海的产品，相当部分公文是针对具体问题的，是冲着解决问题去的，帮领导写这种公文，很大程度上就是在学习领导推进工作的思路和方法。

比如，单位想新建一幢办公楼，得上级部门批准，写公文吧，把单位的困难说清楚，再不盖房子我们就只能去大街上办公了！批准了，写公文吧，把对办公楼建设的设想、方案、困难、需要支持的事项，都汇报汇报。正建着呢，写公文吧，说说如何周密的组织实施，如何紧锣密鼓万无一失。建好了，还要写公文，请上级部门来剪剪彩讲讲话，看看雄伟的建筑，感受下巨变的面貌。

这么一步一步的，事办成了，每一个关键的节点都在公文中留下了痕迹，这就是推进工作的节奏和办法呀！盖房子是个相对规范和程式化的事，还有更多模棱两可的工作，要钱啦，要人啦，要政策啦，协调关系啦，更离不开公文的推动，所以，来往的公文，清晰地反映了工作推进的脉络，这也是值得我们在处理公文的过程中理解和体会的。

第三，学习领导怎么考虑斟酌问题

同样一个领导的讲话，上午讲和下午讲是不同的、冬天讲和夏天讲是不同的、开幕式上讲和闭幕式上讲更是不同的。领导在事前、事中、事后分别要讲的话，如果顺序弄颠倒了，实际效果就有很大不同。事前应说的话拿到事后来讲，别人肯定会说你是马后炮；事后应说的话若放在事前说，人家肯定会说你是瞎指挥。

听众的身份、职务以及文化层次、理解能力等不同，对领导讲话的要求也就有所不同。给本单位的群众讲和给外单位的群众讲是不同的，给大学生讲和农民工讲更是不同的。

如果听众的职务、文化层次不是很高，讲话稿就要尽量通俗一些，多谈一些他们身边的人和事，多讲一些深入浅出的道理，多关注一些他们关心的问题，切忌引经据典、咬文嚼字，或夸夸其谈、空唱高调。相反，如果听众各方面层次都比较高，讲话稿就要思想深刻、观点新颖、论据充分，讲究表达艺术。

你在写公文的过程中，根据实际需要和确切场合处理这些关系，摆布增删文字、内容的过程，其实就是在模拟领导在环境中应变、考虑斟酌处理各种问题的过程，这既是极高的智慧，也是我们自己今后走上领导岗位必需的素质。你要站在领导的位置上确定主题，谋篇布局，提升思想，提炼观点，组织文字，形成语言。久而久之，你就具备了领导水平。

第四，获得发光发亮的机会

年轻人大都做的是幕后工作，难得有抛头露脸的机会，尤其是在大会上发言或者当众讲话，一般员工类似这样的机会并不多。纵然你文韬武略，看问题鞭辟入里，堪称当代的卧龙凤雏，但其实展示的场合是不多的，没人听你扯，再有见识也只能回去教孩子识字。

写公文无疑给了你机会，书面表达可以突破时空的限制、层级的限制，假如你有你独到的想法，深刻的见解，远见的预判，通过公文的交流，确实有可能被更多的人所了解。

一不小心被领导采纳，成了决策，不但无形之中对社会发展做出了贡献，说不定还会被上级部门、各级领导所赏识，得到一个发展的机会。这说明，写公文，也是别人认识你、了解你的一个重要途径。

第五，接触大量的、第一手的信息资源

信息就是资源，乃至是财富，对这一点，石头相信大家不会有什么异议。信息社会的最大特点，便是信息与能源、原材料一样，成为一种资源，可以开发利用。而办公室无疑是最大的信息来源地和集散地。

这是因为，办公室承担了综合管理的责任，享有获得各类信息的特权和便利，通过对信息的综合分析、科学判断、合理利用，来调控、管理、服务。信息的处理和运用，主要是通过文字表达来实现的，在作为社会管理体系一个个细胞的单位办公室里，则是通过公文来实现的。

很多时候，因为写公文，你要搜集大量的资料，也有条件接触到第一手甚至是机密的材料，有些事情你比别人知道得多，知道得早，这是客客观观存在的现象。

这种先知和多知，再加上对大量信息的接触和综合，也确确实实是一种优势，即使不能拿来寻租，拿来撩妹，是不是也显得比别人高端大气上档次一些呢？

以上五点都是石头在写公文过程中自己体会到的益处。实际上，写作是一门技艺，一种本事，材料是给领导写的，可以拿走，写材料的本事那绝对是自己的，学会了没有人能拿得走。

二、如何用 5 分钟大幅提升一篇公文的质量和水准

石头提问：领导和上级如何在最短时间里判定一篇公文的质量和水准？

是看结构？不是！是看标题？不是！是看起始段或结尾段？更不是！石头告诉你，是格式。

前段时间石头领衔撰写单位的年度工作总结，收上来下面几十个部门的年度总结。有些总结下了功夫，文字通畅、资料翔实，可以不加修改地引用，极具参考价值；有些胡堆乱砌，狗屁不通，甚至赶不上高考作文的水平。

各个部门的材料看多了，石头发现一个规律。一般而言，一眼看上去格式规整，标题小标宋二，正文仿宋三，标题按"一、""（一）""1.""（1）"依次排用下来的，往往文字内容也属上乘；而那些交上来格式乱七八糟，整篇宋体五、字小的看不见的，或者标题零号字，感觉不是在写公文而是在刷标语的，文字内容常常也是不忍卒读，看着好笑。

难道格式是否标准和公文质量高低有什么直接关系？答案是肯定的。

其实，当时石头请各个单位提供年度总结的时候，并未统一要求格式，但很明显，各个单位还是把自己的一贯工作作风带到了这篇总

结里。

那些对格式一丝不苟，无论什么情况下都严格按照公文格式规范塑造自己文字的单位，往往都是训练有素、管理规范的单位，对内容更是会认真对待，反复推敲，结果就是公文质量高，上级单位满意。

那些对格式随随便便，随心所欲的单位，往往是对公文写作规范十分陌生，人员公务素养欠缺的单位，连格式都弄不好，还能指望他们提供什么出彩的内容呢？

将心比心、以心换心，你在拿格式评判下级单位的工作水准，上级单位也在拿格式评判你的工作水准。

石头是天平座，懒得很，曾经看不上一些专司文书的同志那处女座一般的、对格式吹毛求疵的态度。

石头那时觉得，《党政机关公文处理工作条例》《党政机关公文格式》之类的条例和标准，当然很重要，但那是约束正式公文，是约束有法律效力的公文的，而正式公文反正也要经过文书部门的冗长流程，反复修改，他们自然而然会把格式调正确，我干吗要懂公文格式？

石头坚信，我给领导写讲话也好，给单位写总结也好，关键是要把内容打磨好，至于格式，只要字别太小领导看得清就行，干吗非要懂那一套标题几号什么字体，正文几号什么字体，一级标题用一、二级标题用（二）的条条框框，太烦琐，太形式主义，没什么用，我也记不住。

直到后来，有一次给上级部门反馈对某规定的意见，很简单的两页纸文字，分管领导看过之后，交代我，没问题，按要求反馈给××部门吧。石头秉持"马上就办"的精神，迅速地把反馈意见传真给了上级部门。

不一会儿，石头桌上的电话急促响起，一接，是分管领导愠怒的声音，石头，你报给××部门的材料格式怎么是乱的？！我一惊，辩解道，领导啊，那不就是个反馈材料吗？连公章都没盖，更不是正式公文，还要求什么格式？

后来石头才知道，××部门并未经官方途径对石头反馈的材料提出意见，不过上级部门负责该项工作的××处长和我们领导很熟，私下提醒了我们领导，说我们报的那材料格式乱七八糟，而其他单位的则都是一板一眼，我们的东西在一堆材料里很扎眼，显得极为业余。

××处还开玩笑说，不像是你们单位一向以来的工作表现啊，是不是最近抓得不紧？搞得我们分管领导脸上相当挂不住。

可见，公文的格式一方面是单位的脸面，别人从这一点来判断单位的工作状态、管理水平。相应地，公文的格式也是办公室人自己的脸面，别人从这一点来判断你个人的业务能力、作风态度。

一个单位发的公文如果格式错误，缺词少字，那么这个单位的管理水平和运行状态必然遭到最强烈的质疑。一个人弄的材料不注意格式，随心所欲，那么你的文字水平必然难以让人信服，甚至说工作作风也难被认可。

千万不要把遵守格式只理解成对专门核文发文人员的要求，千万不要把格式只理解成对正式印发公文的要求，只要从你手里流出的文字，只要给别人看了，要派上用场了，你都要把它的格式当成自己的脸面。出个门，牙缝里的韭菜总要搞干净吧！

自此，在石头这里，调好格式就成为修改任何公文的第一步，数万言的总结、汇报也好，百八十字的通知、谈参、讲话也好，给上级单位或领导精细打磨的成品也好，初步拿出来拼拼凑凑的草稿也好，石头都要严格按《党政机关公文格式》调好格式。

时间长了，石头发现把格式先调好，绝对是四两拨千斤的划算买卖，石头甚至竟然经常因为这个轻易获得表扬，似乎连文字内容也跟着沾了格式的光。

有时候拿出来的东西,别人还没细看内容,就先表扬一句,"很规范啊","很是那么回事啊""看着没啥大问题"之类,第一印象就很好,一下子就把作者石头判定为一名在文海遨游多年的老笔杆子,带着一种认可乃至敬畏去审石头的稿子,修改意见明显提的少多了,认可度明显高多了。

前面扯了半天,主要还是提高认识层面的东西,如何快速掌握公文格式规范?当然最好的是你去把好几十条的《党政机关公文格式》背下来,如果实在力所不逮,版头套印这类格式你可以不掌握,但正文的格式一定要清楚,石头觉得你至少要记住这四个方面的要点。

标题

并非越大越好,千万别用黑体!一般用 2 号小标宋体字;在顶端或红色分隔线下空二行位置;分一行或多行居中排布;回行时,要做到词意完整,排列对称,长短适宜,间距恰当;标题排列应当使用梯形或菱形,工字型简直丑得不能看!若有副标题,破折号之后则是三号楷体。

关于标题的摆布还有一个值得注意的小问题,那就是排版的时候尽量要把每一部分的标题和其下的内容安排在同一页纸上。很多人在排版时不注意这一点,标题放在第一页最后一行,内容却从第二页第一行开始,明明是同一部分的内容,作为旗帜的标题和作为支撑的内容却被硬生生拆散了,这样容易给读者阅读、理解该部分的内容造成不便。正确的做法应是敲下回车,把标题安排在第二页的起始,这样标题和内容就"无缝衔接"了,阅读时感觉会顺畅许多。

正文

仿宋!仿宋!仿宋!不是仿宋自己打屁股,最基本的都不懂。一般用 3 号仿宋体字；每个自然段左空二字，回行顶格。

序号

这个很多人乱整，完全随心所欲，还有不少人公文序号用圈一的，土包子！按照规范，文中结构层次序数依次可以用"一、""（一）""1.""（1）"标注；一般第一层用黑体字、第二层用楷体字、第三层和第四层用仿宋体字标注；都是三号，都不加粗！

行距

你可知道行距也是有要求的？整个行距 40 是几个意思？凑字数吗？规范要求的是排版每面排 22 行，每行排 28 个字，并撑满版心。在 Word 里如何达到呢？一是调页面设置，页边距上 3.3，下 3.3，左 2.9，右 2.6，页脚边距 2.9；二是调行高，固定值 29 磅。注意，这些数值并非一成不变，可以根据稿件的实际微调。

做到这四点，一眼看上去，公文的格式就基本规范了。当然，其他关于附件、署名、日期等都有相应要求，这个就不再赘述，请大家自行在《党政机关公文格式》[1]里翻查吧。

总之，公文写完了，先别急着发邮件、交领导，花五分钟，把格式认认真真调一遍，石头敢说，即使一字不改，这篇文章在别人眼里的水准，也至少翻了一番。

---

[1] 读者可查询百度百科词条"党政机关公文格式"，阅读详细内容。

三、写好公文的第一要务是做亮标题

俗话说"看书看皮,读文读题"。几年前,石头刚进写作班子时,管文字的领导给我们提出了三个要求,叫作"做亮标题、写实正文、提炼主题句",其中把做亮标题放在第一位,可见标题的重要。

在文字工作者中甚至一直流传这样一个说法:写材料,只需要把标题搞漂亮就可以了,下面的文字叙述只要没有反动口号就行。这样的说法未免极端,但是也从另一个侧面反映了标题的分量之重。那么,什么样的标题才是新颖、亮眼的呢?

1. "万能八条"、官言官语是标题大忌

在公务员笔试申论考试中有一个用于提对策的"万能八条",据说拯救了无数的考生青年。万能八条是一套写作的僵化模版,其内容如下:领导重视,提高认识;加强宣传,营造氛围;教育培训,提高素质;健全政策法规,完善制度;组织协调,形成机制;增加投入,依靠科技;加强监督,全面落实;总结反思,借鉴经验。

不知道是不是熟练掌握万能八条的考生很多顺利进入了公务员队伍,干起了办公室工作,石头总觉得现如今材料写作中"万能八条"式的标题也越来越多:说一个事情重要,总是"充分认识××的重要性和紧迫性";说要敢抓敢管,总是"加强对××工作的领

导";说要出台一些举措,总是"创新××的方式方法";说要努力工作,总是"为实现××而努力奋斗"。千篇一律,高度重复,写来写去自己都烦了。

俗套是标题的一大忌,一般化的标题支撑起的必然是一般化的文章。标题好比是文章的脸面,标题不新颖、没有亮点,就像一个人长着一张"大众脸",扔进人堆里就看不见,怎么指望它当得了男神女神?

依石头在写作班子的经验来看,标题里一旦出现"重要性""着力""抓好""搞好""提高""真抓实干""有力保证"这类"万能八条"、官言官语就可以判为"俗文",对读者听众来说,只要一看到听到就难免犯困,觉得这文章不如不看、这讲话听了也白听,效果大打折扣。

对领导来说,这样的标题扫一眼就会觉得你写稿子不下功夫,敷衍了事,没动脑筋,要是照这样讲出去岂不是成了能力水平不足,这臭小子难道是应付工作不成,对你意见立马大了去了。从这个意义上讲,多下点功夫、花点时间把标题制作的亮一些,闪人一些,绝对是四两拨千斤的划算买卖。

2. 对仗句和四六句还能用吗

曾经有一段时间,公文中排比对仗、四六句的标题十分流行,很多的文章,包括一些领导讲话、权威报刊的理论文章,文内标题不管相隔多远,主语谓语宾语、名词动词形容词,语式甚至字数都是对应的。

比如,"领导重视是做好信息工作的首要条件;整合资源是做好信息工作的重要基础;传导压力是做好信息工作的有效举措",又或者"着力改善民生、解决突出问题,立足防患未然、注重源头治理,坚持重心下移,夯实基层基础",等等,规规矩矩,板板正正。

甚至还有不少人中毒颇深,认为四六句造不好,就是写领导文稿的水平还不到家。如此这般,导致几乎每个办公室人都有为四六句绞尽脑汁、索尽枯肠的时候。

确实,四六句是对群众语言的概括和提炼,更加贴近基层和群众,有时候,几句简洁明快、通俗易懂、切中主旨的四六句,就是一声冲锋的号角,一篇醒世的宣言,一面率众的旗帜。如"天下兴亡、匹夫有责""改革开放,振兴中华"等。

但是,在领导文稿中,如若过分追求四六句的形式美,就必然会限制思想的充分表达与发挥,露出做作、小气的痕迹,甚至在内容和形式上都沾上机械主义、形式主义、教条主义的恶习。八股遗风的一个表征,就是我们在作文时过分看重对仗工整的四六句。

过分追求形式,必然伤其内容。整齐划一的形式美,展示的是一种缺乏生机的暮气,是扼杀创造灵感和思想解放的枷锁。极度追求四六句的工整写法,不是以内容的需要来摆布文字,而是以文字上下前后工整的需要来裁剪内容,合之则留,不合则去,结果思想得不到伸展,观点得不到阐述,好端端一篇公文被割裂得七零八落。

这种文章给读者留下的只是一个刻意雕琢的词句框架,很难留下深刻的思想启迪。"不管黑猫白猫,能捉老鼠的就是好猫","摸着石头过河",邓小平同志拿最接地气的话来说明最深刻的道理。由此可见,简朴、明快、透彻,这其实本身就是一种文采。

对于四六句,石头说了它许多的坏处,事实上,正如衣服上绣一朵花是别致,衣服上绣满花反而成了俗气,坏的不是四六句本身,而在于人们普遍把它用得多了一点、滥了一些,渐成风气,便成了病态。

说来说去，目的只有一个，对待对仗句和四六句，要从非此即彼的思维误区中走出来。对反对的东西，未必都要彻底铲除，"推倒批臭"；对倡导的东西，也不宜当作万般呵护、唯此独尊的宠物来看待。四六句和自由句本身并没有原罪。如果说四六句能强化文章的形式美、气势美，那么，自由句则能使文章充满率真美、理性美。这都是领导文稿和领导语言不能缺少的品性。

一般而论，在庄重、严肃的场合，领导文稿涉及的内容往往是人们比较敏感的话题，或政策性、原则性强的问题。对这类问题的表述，要求逻辑严密，用词准确，是非分明，不存歧义，无懈可击，这是四六句很难做到的，所以，要多发挥自由句的优点。

如2015年政府工作报告中的标题都是自由句："加快健全基本医疗卫生制度""持续推进民生改善和社会建设""新兴产业和新兴业态是竞争高地""能源生产和消费革命关乎发展与民生"，不追求形式工整，论述什么问题就如实陈述。

而在轻松、活泼、以鼓舞听众或渲染气氛为主的场合，则可大展四六句简洁明快、朗朗上口、妙语连珠之优长。

如在农村基层刷墙贴标语，还是四六句能让大家更加爱看、爱念，"要想富，少生孩子多栽树；要想发，养鱼养猪还养鸭""谁穷谁丢人，谁富谁光荣！""国家兴旺，匹夫有责；计划生育，丈夫有责""养女不读书，不如养头猪！养儿不读书，就像养头驴！"，简直直抵内心深处。

3. 做亮标题的几条规律

亮眼的标题没有统一的评判标准，也没有固定的格式要求，但有规律可循。结合石头的写作实践，帮大家总结几种常见的亮眼标题类型。

旁征博引类

这类标题一般由经典诗词、名人名言引用、派生而来，用得好会使整篇文章增色不少，顿时显得高大上起来。

比如有一次为领导起草在博士学位授予仪式上的讲话，原本三个标题是"始终弘扬报国精神""不断追求社会栋梁的人生目标""时刻牢记心为平民的处世原则"，这三个标题一方面没有特别强的逻辑联系，缺乏一根主线把校长对博士生的期望串联起来，更大的问题在于缺乏新颖性，平铺直叙，缺少激情。

后来石头在修改的时候想到《左传》里曾经有"太上有立德，其次有立功，复次有立言，虽久不废，此之谓不朽"的说法，"立德、立功、立言"是古代知识分子向往追求的三个人生境界，用作校长和博士生们探讨的主题再合适不过，还可以把原先提法中的三点期望有机地串联起来。

生动比喻类

这类标题善用比喻和俗语，文风朴实，脍炙人口，容易让人印象深刻。

比如，有一次撰写筹备学校党代会相关经验的总结文章，领导提出要从分工、预案、协调、创新这四个方面来写，石头在起草的时候就分别为四个方面拟了"细化分工，打赢主动仗""推敲方案，明确路线图""注重协调，当好总枢纽""积极创新，展现新气象"四个标题，用主动仗、路线图、总枢纽、新气象来对应和比喻四个方面的工作，从意群上十分形象、易于理解，从发音上铿锵有力、朗朗上口，领导十分满意。

数字概括类

用数字概括工作思路是中共的一大发明,"三大法宝""四项原则""三个有利于""五个一工程",等等,这种标题拟制的方式高度概括凝练,好处是可以用一句话把整篇文章的内容概括在内,同时又便于记忆。

比如,以"五个意识"统领会务工作——增强政治意识、大局意识、创新意识、责任意识、卓越意识;念好"五字诀"——快、细、精、活、和;做"三观"明晰的干部——权力观、地位观、利益观;要做"四关"牢固的干部——守住金钱关、美色关、亲情关、责任关;要做"五官"端正的干部——嘴要正、手要正、腿要正、心要正、身要正,等等。数字概括的标题和对仗标题类似,用一处是锦上添花,处处用就是麻子戴花了,这点千万注意。

简短有力类

很多文章标题动辄两三行,看完都要好一会儿,让人兴趣索然;而有些标题反其道而行之,不拖泥带水,一般就短短三五个字,却又直捣要害,有深度又不失力度,让人印象尤为深刻。

比如,石头写过一篇创新会务工作的总结文章,六个部分的标题清清爽爽,简简单单,主要内容是什么标题就写什么,"关于方案制订,关于流程设计,关于会前演练,关于文件印发,关于氛围营造,关于优质服务",让人一看就知道这段在讲什么,丝毫不绕弯子。

又如一篇把写作比喻成做菜的文章,认为写作"要有食材",主要讲原材料要丰富;"要按食谱",主要讲要有结构框架;"要看对象",主要讲要有针对性;"要讲时令",主要讲要结合环境和时机。四个标题简短形象,读过之后文章观点就深深刻在了脑子里。

设问设答类

这类标题出现不多，很多领导也难以接受，觉得标题"问答"起来显得不够端庄。但石头注意到，媒体新闻报道中经常会使用设问类型的标题，有时候比例还相当高。设问标题好处明显，两个字，"抓人"，提出问题，引起读者或听众注意，启发思考。

"今年工作形势如何？""问题和缺陷有哪些？""下一步主要抓哪几个问题？"这样的标题一抛出来，台下刷微信的脑袋肯定立马抬起来。问题在于领导是否愿意放下架子，心平气和、循循善诱地和同志们交流，而不是下指示、训话。所以，石头只能说，用这类标题，一要慎重；二要看场合。领导个人的材料，自查报告、述职、对照检查，可以适当使用；声色俱厉的场合，还是算了吧。

4. 亮眼的标题从记和找中来

亮眼的标题往往不是自己抠脑袋想出来的，而是积累、借鉴、改编来的。有一次石头读报纸，看到一篇对时任国家主席胡锦涛访问奥地利的报道，中间有这么一句话描述胡主席的访问，"音乐之都奏响友谊主旋律，家庭农庄飞扬友谊咏叹调，大师故里回荡友谊协奏曲"，当时只是觉得这话格式工整、韵律优美、比喻新颖，就随手记在了自己的素材库里，并没有细想这句话能派上什么用场。

后来石头应邀撰写一篇阐释高校与北京精神关系的文章，要求从"爱国、创新、包容、厚德"四个方面来论述高校如何弘扬北京精神。我灵机一动，爱国不就是一种主旋律嘛，厚德不就是一种咏叹调嘛，包容不就像协奏曲嘛，简直一一对应。

于是我就以《首都高校践行"北京精神"要唱好"四重奏"》为题，把"高校要唱好爱国向党的主旋律，高校要唱好大胆创新的进行曲，高校要唱好包容平等的交响乐，高校要唱好厚德尚礼的咏叹调"作为四个分标题，分别论述高校应如何践行北京精神的四个方面，形成了一篇文章，编辑看后觉得角度新颖贴切，安排在年度第一期刊发。

报纸杂志中经常会冒出新提法、新思路、新语言，把这些收集记录下来，对做亮标题很有帮助。新媒体时代各种亮眼标题涌现的更多，微信推送的文章、微博上的段子、广为转发的短信、大大小小的广告语宣传语甚至个人的朋友圈，都会时不时冒出一些妙言金句。新媒体时代快阅读居多，要想有点击率，标题必须得"抓人"，所以新媒体上流传的文章都会在标题上绞尽脑汁、精雕细琢。

比如，某评论微信号前几天推送了一篇题为"当好一线总指挥，必须过四关"的文章，内容是介绍习近平总书记对县委书记提出的四点要求，标题把县委书记比作一线总指挥，把四项要求比作四道关口，这个标题是不是就很亮眼，值得我们借鉴呢？网上的东西鱼龙混杂，但也沉淀了不少精品，只要多用心观察，多收集整理，也能成为我们做亮标题的"弹药库"。

四、写实讲话稿正文的几种办法

好的讲话稿要素很多,主题鲜明、布局合理、立意高远、标题醒目、文字精美,等等。但石头认为最要紧最关键最难的,还不是这些。

在各色讲话稿里都充斥着"实现一个又一个伟大胜利""为××工作跨越式发展努力奋斗"这种气吞山河却又毫无意义话语的时代,讲话稿最难能可贵的品质还真不是主题鲜明、布局合理、立意高远、文字精美,而是内容扎实、言之有物。

讲空话、套话、假话、废话很容易,拼凑裁剪即可,且不易犯错,所以很多人乐于、精于此道。这不过是皇帝的新衣:你以为不论讲出来的是什么,台下永远是掌声雷动、花团锦簇?并不,听众心里自然有一杆称,听的是你的连篇废话,掂量的是你的诚意和能力。在屋里闷久了,人们都会渴望一缕清风,盼望听到看到讲实话、说真话的文章,所以,写实正文,才是讲话文稿写作的至高境界。

石头最近乘着哲学社会科学座谈会的春风,认真学习了目前最新鲜的一篇习近平总书记系列重要讲话成果——《在哲学社会科学工作座谈会上的讲话》(以下简称《讲话》),觉得水准极高、很受启发,就以《讲话》为标杆,捋一捋文章要写得实在,该从哪几个角度着力。

有一定的个性

讲话最后要借个人之口讲出，人的思路、想法、经历、性格千差万别，假如给李书记写的稿子，赵书记、钱书记、孙书记、王书记等拿来念都似乎并无不妥，不需做删改，这个稿子有极大可能性不太硬实。领导自己的风格、自己的经历、自己对工作和事物的认识，这些都应当适当在文稿中体现。比如习近平总书记在《讲话》中提道："柏拉图的《理想国》、亚里士多德的《政治学》、托马斯·莫尔的《乌托邦》等著作，过去我都翻阅过，一个重要感受就是这些著作都是时代的产物，都是思考和研究当时当地社会突出矛盾和问题的结果。"从自己读过的书引出观点，这就是带有个人性格的内容，听起来很实在，符合总书记"我最大的爱好是读书"的既有形象，一下子拉近了和台下很可能也读过这些书的学者之间的距离。

敢于触及矛盾和痛处

文章假如老是"取得了一个又一个伟大的胜利"，老是"成绩显著、进步明显"，老是"光荣的、正确的、伟大的"，沉湎于一片歌功颂德声中，必然乏味，只有勇于发现问题，敢于指出问题，同时，能够找到问题的症结和解决的办法，才能使讲话丰满，引人入胜，进而发挥实效。空发议论不难，但指明问题的症结却并不容易。习近平总书记在《讲话》里说，"有的认为马克思主义已经过时，中国现在搞的不是马克思主义；有的说马克思主义只是一种意识形态说教，没有学术上的学理性和系统性。实际工作中，在有的领域中马克思主义被边缘化、空泛化、标签化，在一些学科中'失语'、教材中'失踪'、论坛上'失声'。这种状况必须引起我们高度重视"。又如，"当前，哲学社会科学领域存在一些不良风气，学术浮夸、学术不端、学术腐败现象不同程度存在，有的急功近利、东拼西凑、粗制滥造，有的逃避现实、闭门造车、坐而论道,有的剽窃他人成果甚至篡改文献、捏造数据。有的同志比较激烈地说,现在是著作等'身'者不少、著作等'心'者不多"。

这些话说得相当重,足以让听众打一个激灵,直戳某些人的痛处,振聋发聩。假如讲话不触及这些矛盾和问题,只说一些套话、隔靴搔痒的话,观点模棱两可、态度暧昧不清,震撼力就会大打折扣。

细节丰富

即使讲话是着眼全局的,文章里也不能都是一些原则性、规律性的东西,而是要着眼本土、本单位、本次活动的实际,把宏观的东西加以细化,把普遍性的要求个性化,这就要求注重细节的描写,做到有血有肉。例如,习近平总书记讲中华文明历史悠久,历来盛产哲学思想,大师辈出,并非是用"伟大祖国历史悠久,中华文明光焰万丈"这类常见的大套话,而是不惜笔墨,详细列举,娓娓道来:"中华民族从先秦子学、两汉经学、魏晋玄学,到隋唐佛学、儒释道合流、宋明理学,经历了数个学术思想繁荣时期。在漫漫历史长河中,中华民族产生了儒、释、道、墨、名、法、阴阳、农、杂、兵等各家学说,涌现了老子、孔子、庄子、孟子、荀子、韩非子、董仲舒、王充、何晏、王弼、韩愈、周敦颐、程颢、程颐、朱熹、陆九渊、王守仁、李贽、黄宗羲、顾炎武、王夫之、康有为、梁启超、孙中山、鲁迅等一大批思想大家,留下了浩如烟海的文化遗产。"

以历史为轴,具体到了流派、人头,这些思想家的名字宛如繁星,照亮了整篇稿子,让人不得不信服。

事实胜于议论

事实是一篇好材料的筋骨和支撑。要坚持思想从事实中提炼、道理用事实阐发、经验从事实中总结，这样材料才有力量。恰当的典型往往比抽象的概括更有力量。实践无数次证明，有说服力的、能深入人心的好文章，都离不开运用事例说理。例如，习近平总书记在论证马克思主义政治经济学仍具有很强的时代意义时，选择用大篇幅阐述事实："远的不说，就从国际金融危机看，许多西方国家经济持续低迷、两极分化加剧、社会矛盾加深，说明资本主义固有的生产社会化和生产资料私人占有之间的矛盾依然存在，但表现形式、存在特点有所不同。国际金融危机发生后，不少西方学者也在重新研究马克思主义政治经济学、研究《资本论》，借以反思资本主义的弊端。法国学者托马斯·皮凯蒂撰写的《21世纪资本论》就在国际学术界引发了广泛讨论。该书用翔实的数据证明，美国等西方国家的不平等程度已经达到或超过了历史最高水平，认为不加制约的资本主义加剧了财富不平等现象，而且将继续恶化下去。作者的分析主要是从分配领域进行的，没有过多涉及更根本的所有制问题，但使用的方法、得出的结论值得深思。"

近在眼前的西方金融危机事例一摆，西方学者自己的观点一亮，马克思主义政治经济学到底有没有过时，《资本论》到底有没有过时，结论就不言而喻了，在此基础上，再把想讲的话简要点个题即可。

举措具体可行

凡能把一般要求化为做法、规定、指示的，要尽量加以明确，甚至可以量化。这一点相信很多办公室人也有体会。要求"认真抓好'两学一做'教育活动"，很空，怎么抓？——"新婚之夜2人通宵达旦10小时认真抄写党章1遍，共计2万字"，这样的举措就实了。例如，习近平总书记在提倡"要认真贯彻党的知识分子政策，尊重劳动、尊重知识、尊重人才、尊重创造"时，并不局限于泛泛要求，而是拿出了具体的办法："不要觉得哲学社会科学问题自己都能讲讲，不是什么大不了的学问。要主动同专家学者打交道、交朋友，经常给他们出题目，多听取他们的意见和建议。"

文字马上升华，因为它把尊重知识分子这一一般性要求具体化了——大家要多听专家讲，平时多走动走动，工作中碰到问题了记得请教请教，别闷着头自己拍脑袋。光说尊重知识、尊重人才搞不清楚状况，这样手把手教一定会让听众印象深刻。

石头认为，把讲话稿内容写的实在是起草领导文稿的一条根本原则，一方面，只有正文实，才能协助领导充分行使职能、推动工作开展；另一方面，只有正文实，才能真正展现领导的扎实作风、维护其良好形象。

如上所述，要做到这一点，一切从实际出发、充分考虑领导的个性、深挖矛盾和问题、着眼于细小之处、尊重事实、拒绝空发议论等都很重要，更关键的则是，要真正把自己摆进文章中去，带着强烈的事业心和真情实感去写作，才能最终抵制"套话""空话""大话"花枝招展的诱惑，写出打动人心、引人深思的好讲稿来。

五、我们不生产文字,我们只是文字的搬运工

1. 建立写作资料库比抓耳挠腮管用

有一次,石头和外单位几位办公室人一起聚会,聊到写稿子的事,有位兄弟酒后吐真言,说,每次写稿子都不是真真正正完全自己写出来的,而是上网搜搜,东拼西凑,同时心里虚得很,感觉像干了什么见不得人的事情,你们写稿子是什么情况?每个字都是自己写的吗?

席间诸位会心一笑,"我们都不生产文字,我们只是文字的搬运工"。石头接过话头,表明了自己的观点,写稿子,不可能、也不应当每个字都是自己写的,本就该抄来抄去,没啥好脸红的。

石头的父亲是县里小有名气的笔杆子,在我儿时的记忆里,他晚上下班回家后时常拿着一把剪刀,把报纸上的豆腐块工工整整地裁下来,服服帖帖地黏在牛皮本上,往往没两个月,一本厚厚的牛皮本就被贴的密密麻麻。我知道,这是他写作的宝典,因为一到要摇笔杆子的时候,他总是会拿出来翻啊翻。

有一句流传甚广的话叫"天下文章一大抄",石头从来不觉得是贬义的。抄不是照搬,学习、揣摩、借鉴从来都是写作的要义和精妙所在。试举一例说明——伟大领袖毛泽东诗词有曰:"天若有情天亦

老,人间正道是沧桑"就是从宋人石曼卿"天若有情天亦老,月如无恨月常圆"这一句话来,而石曼卿又是抄创于唐人李贺的"衰兰送客咸阳道,天若有情天亦老"。

一句好诗,就可以被这样成功地经过两次转手,然而后二者可以别开生面,各有己意,当然算不得抄袭,而是借鉴,或者说是微创新!鲁迅先生的《狂人日记》、曹禺先生的《雷雨》,细究之下也都有俄罗斯前辈作家作品的影子;莫言、阎连科等人的小说又深受马尔克斯等采用现代方式写作作家的影响。这样的例子,可以说贯穿了大半个中国文学史。

伟人、作家尚且如此,办公室同志们想要写出好文章,怎么能不注意借鉴!?尤其是现在,各个单位社会交往频繁,活动林林总总花样频出。比如石头,昨天可能还在写"国学论坛"上的致辞,今天就在写在"马克思主义学科发展大会"的发言,明天又要写在开学典礼上的讲话,在诸多领域、专业之间腾挪切换,没有自己的资料库,没有比较深厚的材料储备,肯定会抓耳挠腮、疲于应付。

人的脑子容量有限,看过的东西不可能都能装得下、记得住,要是漫不经心、看过就丢,肯定是毫无增益。司马迁之所以能写出《史记》,一个重要因素,石头觉得是司马迁的祖上好几辈都担任史官,司马迁的父亲也是史官,司马迁自己还是史官,这使他比别人有更多的机会、更好的条件阅读、积累史料。司马迁还当过汉武帝的侍从官,有机会跟随皇帝巡行各地,他还奉命到巴、蜀、昆明一带视察过,这又给他提供了实地考察收集史料的机会。于是,他把从传说中的黄帝时代开始,一直到汉武帝太始二年为止的这段历史,编写成52万字的伟大著作——《史记》。办公室同志也是一样,写东西的关键并不在妙笔生花,更在于要处处留心、注意积累。

那么,如何建立自己的资料库,让自己精准的"抄","抄"到好东西？石头在此为大家推荐几种方法。

大杂烩法

这也是石头这种懒人最喜欢的办法，不用去管什么主题、类别、领域，也不用管是句子还是词语，观点还是语言，甚至都不用多想能派上什么用场，建好一个文档，看到中意的文字，直接粘贴进去就行了。

在人民网上看到今天的"人民论坛"标题不错，复制粘贴进去；手一动又翻到"任仲平"有几个句子很美，复制粘贴进去；逛新华网的时候看到有一组今年高等教育的数据很全面，复制粘贴进去；还有各种名人名言、文言古语、精辟论述、形象比喻、新鲜提法，凡是觉得值得留下来的，都复制粘贴进去，以备不时之需。大杂烩法看着乱，用起来并不复杂，需要用时循着印象一搜，或者写文章之前翻看一下找找灵感，都会给你很大的启发。

分类法

其实说白了就是大杂烩的精细版。你的资料库可以按主题分：农业的、工业的、经济的、教育的、社会的、医疗的、就业的、科技的、环保的、民生的，等等；也可按类型分：习主席讲话、成语、排比句、名言、古语、比喻、俚语俗话、政策，等等。每一类用一个文档，这样查找起来更容易，那当然，之前建库的时候也要烦琐很多。如果你是锱铢必较的处女座，那么分类法很适合你。

拍照法

对于杂志上看到的、报纸上读到的、文件上学到的，甚至大街上瞥到的好词好句，怎么办，难道还一字一句地输入计算机里去？不必，拿起手机拍下就行了，隔段时间往库里集中上传一次，需要的时候再随时翻阅即可。

怀旧法

石头不赞成再去拿剪子剪，糨糊粘，这样太麻烦。对于纸媒上的小文章、短句子，拍照就行了。但是对于一些篇幅长的经典文章，可以直接撕下来，或者复印下来，统一放到一个文件夹里，待到日后需要时再学习。如果条件优越，办公室或者家里配了扫描仪，也可以把文章扫下来，作为电子文档添加到素材库里。

2. 公文写作资料库里应当积累哪些内容

写作资料库建起来了，哪些东西值得往里面放呢？复制粘贴固然简单，但各种信息汗牛充栋，什么材料才是真正有价值的呢？依石头的经验，资料库里的资料应当集中在三个方面。

最重要的是思想、观点

石头觉得思想、观点主要包括两种，一种是你所在领域最为宏观、最为提纲挈领的一些标准提法，一些放之四海皆准但又不能不说的话，好比"文化大革命"期间，所有人只要写信，哪怕是情书，都要在信的正文上端，先写上一段毛主席语录。

石头长期耕耘在高等教育领域，那么：中共十八大报告明确把"创新人才培养水平明显提高"作为全面建成小康社会的重要目标，把"立德树人"作为教育的根本任务，十八届三中全会通过的《中共中央关于全面深化改革若干重大问题的决定》，对在新的历史起点上全面深化教育改革作出了战略部署。

还有，习近平总书记多次强调立德树人的重要性，他将青少年时期的价值观养成比喻成"扣好人生的扣子"。他指出："如果第一粒扣子扣错了，剩余的扣子都会扣错；人生的扣子从一开始就要扣好。"这种宏观话语，是常常要用的，早晚要用的，肯定要用的，一定早点摘下来放到库里，以供随时引用。

另一种是对各种问题的精辟认识或精妙观点。比如前几天《人民日报》刊发了一篇关于大学生创业的评论文章，文中提道："一流大学创业教育的目标，绝非缓解就业压力这么简单、直接、短期，也不是简单地帮助学生开办公司，而是为学生创造未来发展的平台和机会，着力于培养具有开创能力的人，培养首创精神、冒险精神、独立意识、创业能力以及挑战现状并创造性地解决问题、满足需求的本领。"

这一观点与时下流行的对大学生创业的狂热鼓吹相比就冷静了许多，深刻了许多，也被石头收进资料库，以后假如给领导写关于大学生创业的讲话，是不是很可能就用的上呢？

其次是各种素材、实例

素材主要是指对可以用来写入文章的各种各样的社会生活现象的积累，包括可以用于公文写作的典型人物和典型事例。石头前几天帮领导起草一篇在学校入党积极分子培训班上的讲话，其中有一段是关于端正入党动机的论述，说到正确的入党动机应当是"具有远大理想，具有坚定的共产主义信仰，有为共产主义事业奋斗的远大志向和决心"，写完这段之后石头心里并不踏实，总觉得写得太理论，也太单薄，就又到资料库里翻了翻，想看看有没有可供援引的素材。

结果找到，2013年的时候，石头曾在自己的资料库里记下了学校一个优秀学生的事迹：××大学校友，曾经荣获北京市优秀共产党员称号的王××，在校期间他通过捐献造血干细胞成功救助了一名白血病患者，先后被中华骨髓库、北京市红十字会授予"捐献造血干细胞荣誉证书""红十字会博爱奖",研究生毕业之际,他又做出了一个令周围人都惊讶的决定:放弃在北京的工作机会和优厚的薪资待遇,投身新疆,扎根西部建设。

这段素材让石头大喜过望,王同学不就是典型的具有坚定理想信念的共产党员的代表嘛。于是石头把这位王同学的事迹加到了讲话稿里,后来听领导说,在场同学都竖着耳朵听,反响很好。

最后是语句

所谓语句,主要指对写作语言的积累。写作毕竟是用语言表现思想情感的过程,语言表达水平的高低直接影响到文章的成败,尤其对于公文,很多时候还是要讲究言辞优美、语句工整。如何提高自己语言的表现力呢?做语言的积累就是行之有效的好方法。

将自己平时读到的名人名言、格言警句、诗词歌赋、流行语句,甚至可以是一个词一个字,都记录留存起来,久而久之,你的语言一定会丰富生动起来的。所谓笔下生花,字字珠玑,不过是长期学习积累的结果罢了。

比如,讲要接地气的:下了基层浮光掠影、走马观花也不行,只有到了"深水区",才能抓到"大活鱼";讲要关注民意的:碑不自立,绩由人传;讲要有长远眼光的:若是急功近利、寅吃卯粮、杀鸡取卵、竭泽而渔,"明天"怎样就要打个问号了;讲要依靠集体的:一滴水只有放进大海里才永远不会干涸,一个人只有当他把自己和集体事业融合在一起的时候才能最有力量;讲要长期考察的:试玉要烧三日满,辨材须待七年期;讲注重倾听民声的:知屋漏者在宇下,知政失者在草野;讲不能骄奢淫逸的:忧劳兴国、逸豫亡身。

以上这些句子都是石头从自己的资料库里随便摘出来的,都是之前在不同媒体上看到感觉比较精彩,从而摘录留存的句子。这些句子的主题都很常用，假如文章涉及这些主题，用上一两句肯定为整篇增色不少。

3. 动笔前一定要做专题研究

央视有个评论员叫杨禹，经常在电视屏幕上出现。有时他在4套点评国际局势，有时他在2套分析财经政策，有时他在1套讲解大政方针，甚至有时他又在5套解说体育比赛。杨评论员的角色和文字工作者很像，万事通，就是什么都能讲，什么都得讲，什么都敢讲。

石头前面讲文字工作者必须有自己的资料库时提到过，文字任务的分配从来都不是按照你的专业和特长来进行的。学法律的，可能要写大力发展养猪事业的文章；学兽医的，可能要写完善执法体系建设的文章。一方面，我们可以依靠资料库提前在单位业务相关的领域做一些收集和准备；但是，万一遇上特别偏门的、比较冷门的，尤其艰深的，仅有资料库是远远不能满足文稿写作需要的。

如果在动笔之前不做专门研究，不懂得借助外脑、智库，肯定会是力所不逮，硬着头皮写出来的东西泛泛而谈、隔靴搔痒也就罢了，要是错用数据，概念跑偏，那就更是贻笑大方，说不定还要犯下政治错误了。

石头不久前就曾出过这样的大错：领导要石头帮忙起草一个在扶贫座谈会上的发言。石头本科学工研究生学法，也算是个复合型人才，但对扶贫，那真是"臣妾做不到啊"！于是在网上查了不少材料，研究了不少文章，跌跌撞撞才拼凑出一份发言稿来。领导拿到后一看第一段，就发现了问题。石头在稿子里提到，"我国尚有8000多万贫困人口"，领导说，这个数字不对，你去查查最新数据。

石头上网一搜，冷汗下来了。习近平总书记2015年下半年刚在联合国讲过,"未来5年,我们将使中国现有标准下7000多万贫困人口全部脱贫",好家伙,我这一下子就给国家贫困人口增加了1000万,这些年扶贫成果都哪去了!?

这充分说明,写公文必须要善于研究、认真研究,只有充分借鉴、整合别人的智慧,才能补齐自己的短板。所以石头强调,平时注意积累是一方面,临阵磨枪、不快也光同样重要。写作前具体怎么做研究?石头推荐几种办法。

文献研究

名字听起来似乎高深莫测,其实说白了就是动笔前先拿百度也好、百科也好、知网也好,做一个深入的资料检索,收集大量与写作主题相关的文章、材料,把不清楚的东西搞明白,把不懂的东西了解个大概,研究的逻辑无非还是围绕着结构、观点、语言几个方面来进行。

先说研究结构。例如,石头接到任务,要给领导起草一个在述职述廉会议上的报告,述职述廉是《中国共产党党内监督条例》规定的组织行为,是一项规定动作。长期以来,这一文体基本形成了固定的体例和结构,一般都是先讲履职尽责的情况,接着谈廉洁自律的情况。

石头没有写过这类报告,所以就要先找到以前领导用过,或是互联网上公开发表的述职述廉报告学习一番,了解这类报告的体例结构。否则,假如述职述廉报告通篇只写如何呕心沥血、鞠躬尽瘁就不符合要求,通篇只写如何拒腐防变、高风亮节那也明显不行,首先从结构上就谬失了。

观点正确同样重要,尤其要避免常识性错误。比如,领导要出席徐悲鸿先生诞辰120周年座谈会,石头一个学法律的,对徐悲鸿先生的认识也只能说是知道徐先生爱画马了。要写出内行的文章，一定需要先找点介绍徐先生的资料、书籍，了解一下徐先生到底艺术成就在哪，现实意义在哪。

详细研究了徐悲鸿先生的生平资料、权威评价，你才会知道，徐悲鸿先生是20世纪中国美术的先驱，是功垂后世、影响深远的艺术巨匠和一代宗师；他满怀诚挚的报国志向和坚定的艺术理想，把中国美术传统精华和西方美术优长融会贯通，创作了大批思想性艺术性俱佳的美术作品，形成了"中西融合"的艺术风格。这种美术艺术圈的内行话，靠你自己闭门造句能写出来吗？肯定不能，只能依靠研究和学习去获取。

还有语言。平常的书面语我们对付起来当然没问题，但在一些特定的场合，人家语言自成体系，有自己的讲究，你还是"同志们来同志们去"的就给领导丢人了。

最有代表性的就是佛教界的活动。最近单位搞了一个佛教哲学论坛，领导需要去讲两句，让你给准备准备。你得提前研究佛教界的语言特点，大师们不食人间烟火，哪能像凡夫俗子一样直来直去？致辞讲到最后了，你不能按官方话语说，"祝大家工作愉快，身体健康"，而要说："祈愿三宝加被、佛光普照，祝愿各位领导、各位代表、各位朋友六时吉祥，身心安乐！"格调是不是马上高了？这种功夫绝对不在平时，你难道还提前去寺院体验生活不成？只能在研究之中得来。

背景摸底

在特定场合、特定活动上使用的文稿，要特别注意对活动的背景资料、历史材料研究摸底，文章才能写得实在、扎实。某位曾经在石头单位工作过的老领导出书了，石头单位准备搞一个出版座谈会，石头的领导作为单位代表需要致辞，不用说，这个致辞主要目的是对老领导的书和人给予高度评价。要写好这个发言，第一步是什么？当然不是慌慌张张地动笔，而应该是做好背景的摸底。

首先，你要先把老领导要出的书找到，至少粗略翻阅一遍，看看大致的内容，有无闪光的语言和观点，然后在发言稿里引用一些，不然你的马屁怎么拍得到点子上！其次，还得梳理一下老领导以前在单位的作为和功绩，查一查单位的年鉴、报纸，盖楼也好、改革也好、涨工资也好，总会有那么一两件，找出来、写出来，这稿子不就成了！

热线求助

最近一段时间"智库"这个词很火，中央不久前还召开了国家高端智库建设试点工作会。办公室人摇笔杆子，也要注意借力打力，借助外脑、智库的智慧。现在社会分工精细化，隔行如隔山，有时候光搞文献研究，看来看去也把不准脉；还有些时候，时间紧迫，没有时间去做深入研究，这时就要跟专业人士热线求助，别人在相关领域深耕多年，有时一两句话就能点醒你。

我们经常看到记者撰写新闻报道，总会引用几句专家的话，某某专家表示、某某教授认为、某某学者分析，办公室人也需借鉴这种方法。石头前面提到的扶贫座谈会发言，后来就找到一位公共政策专家帮忙提修改意见，果然又发现了几处不当表述。

调查调研

小讲话往往还比较好对付，遇上总结、汇报、规划这类所谓的大稿子、综合性材料，是最让写手们挠头的。大稿子写多了，石头发现，如果你觉得综合性材料难写，绝对只有一个原因，你占有的材料还不够多。

各下属单位的做法、数据你是否掌握？上级最新的指示、要求你是否清楚？单位工作中的思路、亮点你是否明晰？干部群众的想法、看法你是否了解？如果没有前期这些材料的积累，写出的东西肯定是飘在空中的，也是让人昏昏欲睡的。所以，找相关方"要"材料也好，实地考察观察也好，召开座谈会、听取大家的意见建议也好，都比一碗泡面一杯茶的爬格子要重要。

总体来说，写公文，第一步永远不能是写，关键的也不是写，而是查、看、问、学、想，是对主题做研究，时间充裕就深入一点，时间紧张就笼统一点。

石头曾经看过一篇讲述路遥如何为创作《平凡的世界》做准备的文章，其中说道："路遥首先静下心来阅读，他列了一个近百部长篇小说的阅读书目。这些书，有的是重读，有的是新读。有的要细读，有的仅粗读。"

"之后，路遥按计划转入'基础工程'——准备作品的背景材料。于是，新一轮的阅读又开始了。为了更清晰、准确地把握1975年到1985年这十年间的时代背景，路遥找来十年的《人民日报》《光明日报》以及一种省报、一种地区报和《参考消息》的全部合订本。"

"提着一个装满书籍资料的大箱子，路遥开始在陕北各地奔波。方方面面的生活都能令他感兴趣。乡村城镇、工矿企业、学校机关、集贸市场；国营、集体、个体；上至省委书记，下至普通老百姓；只要能触及的，就竭力去触及。"

"路遥赶赴陕西铜川，先在铜川矿务局鸭口煤矿体验生活，作为挂职的铜川矿务局宣传部副部长，路遥没有在吃住方面提任何要求，而是一来到矿上，就要求下矿井。他要和矿工们一起劳动，与矿工交朋友。"

哦，原来，好文章是这样来的。

4. 公文搬运工必上的四类网站你都知道吗

研究既然是写作的第一步，那么，作为文字的搬运工，一般而言到哪儿去收集材料，然后再砸碎揉开，为我所用呢？石头为诸位办公室人推荐以下这些个网站。

本单位新闻网

本单位的新闻网其实是一座公文素材的富矿，但往往被人忽视。新闻网如果更新及时、信息全面，可以说就是单位的一部详尽的编年史、年鉴和档案库。如何把文章写实？很重要的一个方法就是从实际出发，而最基础和直接的实际就是本单位的工作动态。无论是讲话、汇报还是总结，都要有一定篇幅的实例、数据，这样才能有说服力，才能活泼生动。

石头所在单位智库工作开展得不错，被上级单位看成是一个典型，受到邀请去座谈会上介绍经验，石头负责起草汇报稿件。这是单位长脸的好机会，怎么才能在一众兄弟单位面前露脸，凸显出自己单位智库工作一骑绝尘、遥遥领先呢，石头奋笔疾书，加强领导讲了，制度创新讲了，资源倾斜讲了，写到最后，却总觉得少了点什么，不够味儿似的。仔细一琢磨，还是例证少了，有点虚。

石头忽然想起不久前似乎有篇新闻稿在单位新闻网上闪现过，说的好像是单位某个智库在一个什么评比中成绩不错。上新闻网一搜，在不久前公布的国新办的智库排名中，本单位排到了前十，这真是再合适不过的素材，放在文章里就像涮羊肉配麻酱一样完美。石头闲得没事顺着历史文章往前翻了几页，结果发现更早前还有一篇消息，说的是在上海社科院的智库排名中，本单位挤进了前三。新闻网雄辩地证明，我们作为先进典型发言确实是应当应分的事儿。

搜索引擎

这个基本已经普及，不用多说，写文章连这个都不用，说明你完全还处在刀耕火种的原始社会，没时间谈恋爱、陪孩子、累到吐血、头发稀疏那都是活该。相信大多数办公室人都有忐忑的在搜索框里敲下"总结""讲话""对照检查"等字眼的时刻。

搜索引擎最大的弊端在于信息过于海量，搜索结果鱼龙混杂、良莠不齐。如何甄别结果？石头觉得有一条很关键，那些来自专业的文秘网、公文写作网站的结果完全没有必要点开看，基本毫无参考价值，上面无非是些陈词滥调。

凭石头的经验，一般而言，搜索结果中来自政府网站、新闻网站、正规单位网站的价值比较高，都是新鲜发生的、实实在在的报告、讲话，可以花时间品读研学。

专业数据库

中国知网、万方这类数据库，其实也是公文写作的宝库。你可能要疑惑，写公文又不是搞学术研究，犯得上杀鸡用牛刀，还拿数据库整吗？

石头前面也说了，写公文本就该树立研究的心态，专业的数据库和搜索引擎相较而言，有四大好处：

一是主题集中。比如我们想找几篇讲调研的方式和技巧的文章，就可以把搜索的来源限定在《秘书工作》《秘书之友》等办公室工作期刊上，比用百度大海捞针集中多了。

二是门槛高。能发表在杂志上的文章，即使是掏了版面费、请编辑吃饭走后门上去的，一般而言也是花了大心思，整体质量水平较高，多少还是有可取的地方，不容易出现狗屁不通胡编乱诌的情况。

三是更完整。网上很多文章几经转手，早就变得鸡零狗碎，有的第一段没了，有的总结段少了，有的把科学发展观和"四个全面"拼凑到一起去了，得下气力甄别，相比之下，专业数据库上的文章来源封闭，要完整得多。

四是论述深入。互联网上的文章往往浅尝辄止，没有什么深度，你要是写一些专业性比较强的文章，还一定得用数据库，比如让你起草某市农业发展的"十三五"规划，假如你能花一些时间找一些分析追踪农业前沿趋势的论文看一看，站位和视野一定会有跃升。

人民日报重要言论库、人民网领导人活动报道专页

这两个数据库必须单独拿出来提醒大家，绝对是公文写作神器，为你提供从语言到观点到素材的全方位辅助。

人民日报重要言论库，把人民日报系发表过的所有评论性文章全部收纳其中。社论、任仲平、评论员、人民时评、人民观点、人民论坛、宣言、仲祖文、钟新文、今日谈、来论、望海楼、七日谈、国际论坛、经济时评一个不少。

具体怎么用？还用石头我教吗？涉及大政方针的，翻翻人民日报社论；谈论具体问题的，找找人民时评；聚焦党建和干部问题的，看看人民观点和仲祖文；需要宏大叙事和精美语言的，任仲平必不可少。

人民网领导人活动报道专页是什么？就是领导人言行库，上面搜罗了所有政治局委员的讲话全文和活动报道。

写公文怎么才能体现高瞻远瞩？怎么才能体现时效性和新鲜感？

怎么才能表现和中央高度一致？就得靠引用领导的最新讲话，××同志曾经说，××同志反复强调啥问题的极端重要性，××同志语重心长地告诫大家，××同志明确指出，××同志最近强调，等等。

而这个"人民网领导人活动报道专页"，就是石头目前发现的收集领导人讲话最全面的数据库，每每在单位写稿子的时候，总要时不时上去看看某某领导同志又有啥关于教育的最新讲话，最新指示，最新提法，不知道的同志们抓紧上去看看。

六、不再因错别字挨骂，还得靠这几条

辛辛苦苦写出的公文出现了错别字，实在是很恼人的一件事。明明已经用尽"洪荒之力"，立意相当高远，标题也很亮眼，内容比较实在，语言非常讲究，离好稿子只有一步之遥。

结果一个不小心，出现了好几个错别字，于是被领导劈头盖脸一顿批评：什么玩意儿，错别字问题都还没解决，有没有认真写？！有没有认真写！？回去好好反思。于是乎前功尽弃，好几个晚上挑灯夜战的努力被几个错别字打了水漂。

错别字是文章公害之首，这点几乎毋庸置疑。之前有个略带颜色的笑话，说两会修改新《婚姻法》，打字员一疏忽，把一夫一妻打成了一天一妻。说明，错别字能使文意谬之千里，假如把一篇雄文比作一座大坝，那错别字可能就是让其溃败的蚁穴。

如何把好质量控制的关口，力争让"出厂"的公文零瑕疵，石头有几个小办法与大家商榷。

一是念一念

所谓念一念，即大声朗读或逐字逐句默读。这是一位在报社校稿多年的老前辈总对石头提起的办法。大多数人在检查文稿时，习惯扫视，用目光一行一行地在文字上扫过去，这样速度虽快，其实很难发现错别字，因为目光具有跳跃性，一不注意就从第二行扫到了第五

行,直接跳过去两行。

如果把文章大声读出来效果完全不同,一方面一字一句不可能有遗漏;另一方面调动了嘴巴,注意力会更加集中,更关键的是,朗读还能把书面文字放到口语的框框中去调试,不少书面文字看是看不出问题的,但一读就会发现诸如不通顺、不符合语言习惯等问题,这样一来不但能发现错别字,还能顺便矫正语病。

比如,石头这两天改了一个讲话稿,稿子原文最后一段为"祝画展圆满成功!祝同学们更上层楼!",粗看没看出问题,待到读审的时候感觉不对,"更上层楼"书面上看得懂是要同学们艺术创作水准更上一层楼的意思,但念出来总感觉是让人爬到二楼去的感觉,而且也没说哪方面更上层楼,总不会是体重更上层楼吧,句子有歧义。于是改成"祝同学们在艺术道路上更攀高峰!",明显更加符合口语习惯,也更为有力。

二是帮一帮

石头刚到办公室的时候,同屋有位女同事,每次写完稿子都会草打两份,一份自己审;另一份递给石头,说,石头,这个稿子帮我看一遍吧。搞得石头心情久久不能平静。后来才发现大可不必脸红心跳,人家其实完完全全是从工作角度出发考虑的。

自己写的稿子,看多了总会有审美疲劳,哪哪看着都顺眼,不忍心增删一句,更别提发现错别字啥的了。这也是为什么办公室常常发生一类灵异事件:自己的稿子即使反复翻看多遍,直至纸页翻出毛边,都发现不了错误,到了领导那却被一眼识破,让人懊恼不已。多一个人看稿子,就相当于多了一道关卡,出错的概率就会大幅下降。

石头从同事那取经之后,也学着每次写完文章多打几份,分给办公室的同事甚至实习生,请他们帮忙看一看,到目前为止,石头请的这些帮手还从没有放过空枪，每次都能挑出错别字、语法错误甚至事实错误的硬伤。有了大家的襄助把关，石头再把稿子拿给领导时，心里踏实了不少。

三是放一放

稿子写完了，早日交差的迫切心情可以理解，但石头建议，自己念过了，别人也看过了，还是再放一放，假如时间允许，第二天一早到办公室后再检查一遍，之后提交成果，这样可能更有把握。

之所以要放一放，是考虑到前期写稿核稿，已经耗费了大量精力，往往头昏脑涨、力所不逮，同时，反复校看同一篇稿件，基本已经沉浸到文章的语言和逻辑中去了，在这种情况下发现错字的难度极高。好比同一个小孩，自家人天天见往往没觉得长高了胖了，抱回老家一看，亲戚们却异口同声地惊叹："啊呀，长高了这么多！"

给文章"挑虫"是个耐心活，也是个耗气力的活，所以千万别在心急火燎或是昏昏欲睡的时候干。写完之后好好睡一觉，待到隔天神清气爽的时候再认真校稿，才能最大限度保证收到实效。

四是查一查

检查检查，有检更要有查。前面说的三种挑错方式，都是检索这一层面的工作，但是，就算检索得再详细，你压根就不知道某个字是个错别字，不知道正确的词语和成语是什么，那即使念一百遍也发现不了错字。

比如有许多易用错易混淆的词，"宣泄"和"渲泄"，"部署"和"布署"，"坐镇"和"坐阵"，"和谐"和"合谐"。还有一些成语来自典故，用字特别，如"山清水秀、青山绿水、直截了当、再接再厉"，等等。

遇到这些词句，一旦有疑虑就要马上确认，随手备一本现代汉语词典翻查，或者直接百度一下，都可以，一定要确认写在纸上的就是标准、规范的用法。

一直觉得办公室人和错别字的战争就像是压弹簧，你认真了、细致了、严肃了，错别字就被压得紧紧的，你一旦松一点，它就弹得老高。同志们，千万别松劲！

第五章

礼多人不怪
——如何安排好宴请

chapter 5
<<<

一、排排坐吃果果：坐好位置再吃饭

1. 别管主陪副陪那套，先把大领导安排好吧

职场之上，宴请的礼仪一定要会，很多时候，业务也好、合作也好，还是得在酒桌上谈才能谈成，这也是办公室工作的基本功之一。

吃饭喝酒为什么重要？石头曾私下总结酒精的三个神奇之处，即三个拉近，拉近男女之间的距离，拉近上下级之间的距离，拉近陌生和熟悉之间的距离。很难想象，如果不喝点酒，怎么敢和平时不苟言笑的上级称兄道弟、推心置腹，怎么在很短的时间里就能拉着手、搭着肩说亲热话。所以说，石头判断，宴请并没有也不会退出历史舞台。那么，如何让宴请活动进行得顺畅且热烈，这座次安排就是头等重要的一件大事。

刚接触办公室工作时，石头经常为座次安排感到困扰，因为按照标准中式宴请礼仪的教导，安排座次应该是这样的：以通常的圆桌为例，桌上一般冲门口的位置是主人或者东家的（就是买单请客的人），又称主陪。在他对面的位置是陪主人一起来招待客人的，叫"副陪"。主人（主陪）坐在圆桌的正面中央，面向门；副主人（副陪）与主人对面。客人先右后左，依次在主人、副主人两边。即1号主客在主人的右上方，2号主客在副主人的右上方，3号客人在主人的左上方、

4号客人在副主人的左上方，依次落座。

但实际上，以石头驰骋各色饭桌的经验，在国内大部分地方落座时并未遵循这种复杂的方案，因为很多时候很难把参与宴请的人员分为泾渭分明的主客两方，而是各自代表不同身份，人员杂处的居多；同时，如果按这种方案交错入座，可能会把也很重要的客人安排在靠门或者上菜的位置，很不礼貌。

据石头考证，主陪副陪主宾副宾的办法可能在山东、安徽等地确实还有采用，但随着"约饭"向多元、随意的方向发展，已经很难说是一种主流的礼仪，更多的时候，你只需把最重要、职务最高的"大领导"安排在主席上，剩下的人按照顺序依次围绕着他坐下就行了。

总的来讲，座次是"尚右尊东""面朝大门为尊""以近为上，以远为下"，有些时候甚至都不用你安排，主席坐定，大家互相谦让一番，自觉按地位尊卑入座即可。

比如，若是圆桌，则正对大门的为主客，主客左右手边的位置，则以离主客的距离来看，越靠近主客位置越尊，距离该桌主人相同的座次，讲究以右为尊，即以该桌主人自身面向为准，右为尊，左为次，右边依次2、4、6席，左边为3、5、7席，根据主客身份、地位、亲疏分坐。至于工作人员，你就找个离领导最远、离上菜位置最近的座位坐下就好了，是不是很简单呢？石头把这种排座方法叫作"顺流而下"法。

而且，我想说的是，这种坐法不但简单，而且其实是最符合中国传统礼仪文化的，过去吃饭圆桌少，八仙桌多，八仙桌每桌8人，位尊者坐在餐桌的正面，面向门；其他人左为上，右为下，依次坐定，很像我前面说的这种"顺流而下"法。

2. 不懂就要勤问服务员

酒店包间的环境千差万别，很多时候大门可能会开在侧边或哪个犄角旮旯，不一定就能对着主席，这个时候又怎么办呢？

先教大家一个小窍门，只要看桌子上杯中餐巾的叠法就可以分辨出来。一般来说，较为大型的酒店比较讲究，主席的餐巾的叠法是与众不同的。

主人的餐巾一般是折叠成圆筒形状，插在杯子里面的，或者是叠成扇面状竖立在桌上，显得花枝招展。而其他普通位置的餐巾则是一般的三折呈花瓣状，显得普普通通。整个桌面餐巾的布局有点像是展翅的凤凰，很容易一眼就找到主位。

如果酒店比较简陋或者服务员没有经过此类培训，餐巾的叠法毫不讲究，或者根本就没有餐巾，那怎么办？你也大可不必急得团团转，服务员不是就在旁边嘛，她可是看多了这间包房里的嬉笑怒骂、推杯换盏，你问问她哪个是主位，那得到的一定就是标准答案。

3. 未尽的问题

基本的原则搞清楚了，你差不多已经能安排好一桌酒席的位次，还有几个细节问题提出来请大家注意。

分座的问题

石头总是说，宴请不是为了吃饭，而很显然实为社交场合，因此席位最好采用分座原则，即主宾分座、男女分座、夫妇、父女、母子、兄妹等一般必须分开，大家已经很熟了，在一起聊天能有啥意思？如有外宾在座，则华人与外宾杂坐。

灵活处理的问题

在具体安排席位时，还要考虑其他一些因素，如客人之间的关系是否融洽、客人身份大小是否相当、语言沟通是否有障碍等，都要根据当时的情况灵活处理。所谓灵活，总的出发点是方便大家交流沟通，比如可以把求人的和被求的安排在一起，把卖货的和买货的安排在一起，诸如此类。

老先生问题

石头在高校工作，时常会碰到一种情况，有时宴请活动会邀请一些老先生参加，老先生不见得职位有多高，很可能一辈子就是一名普通教员，但兢兢业业、传道解惑，教出了不少好学生，桃李满天下，在这种时候，就不应按职位高低排序，而应遵守社会伦理，长幼有序，师生有别。如某君已为部级高官，而某教授为其恩师，在这种场合就不能将某教授排在该部长之下，而应把老先生请到上席就座，以示尊师重道。

二、敬酒时说话的七个法宝

1. 敬酒不说话，你的身体就白伤了

敬酒是宴请活动的关键一环，关系到宴请的氛围，更关系到能否在酒桌上达成主人的愿望。敬酒有很多规矩，诸如"先整后零，先长后幼，先主后次"之类，但石头想把那些复杂的规矩和讲求放到稍微靠后的位置说。

因为在石头看来，只有懂得"会说话比能喝酒更重要"这个道理，才算是理解了敬酒的精髓，办公室同志们写文章不都要先"提高认识"才能"狠抓落实"嘛。

石头注意到，在宴请活动中，很多时候办公室小白们存在这样一种情况：有些人给人敬酒时态度很端正、酒风很豪爽、个性很直率，端着酒杯冲到被敬人面前，一饮而尽，旋即返回座位，一句话也不说。

有些人强那么一点点，知道开口讲话，但也只不过是冷不丁突然冒出一句"我敬你！"，把人吓一大跳。这种人一般生性耿直善良，值得尊敬，但类似的"只管喝酒不管说话"的敬酒方式多少存在瑕疵，常常令石头感到惋惜，这好酒量啊，白瞎了，很有可以改进的空间。

还有些人平时伶牙俐齿，在宴请时却容易嘴拙，特别是刚出校门

没多久的年轻人，面对一桌前辈或领导，常常支吾半天也说不出几个字，只能干啊干啊，搞得酒桌上一圈人相顾无言，很冷清，不能不让人有点扫兴，甚至怀疑你的表达能力。

从怎么看到怎么办，要确定怎么样的方式敬酒最好，我们先来研究一下热火朝天的敬酒到底是为了什么。

首先，敬酒并非为了喝酒。美酒固然让人向往，但在公务活动的餐桌上，敬酒绝不是只为了喝下那一杯一杯的液体。此时，酒不是饮料，酒是兴奋剂，能让少言寡语变成口若悬河，谈兴更浓；是润滑剂，能让矜持和羞涩变得神采飞扬，情感更近；是催化剂，能让受缚的思维变成脱缰的野马，灵感更强。

放到历史的纵深下去看，历史的变迁，朝政的更迭，官商的盛典，民间的喜庆都与饮酒息息相关，有以酒谋事的，杯酒可以起反意，杯酒亦可释兵权；有以酒息事的，杯酒可以化干戈为玉帛；有以酒论事的，煮杯青酒论英雄，天下英雄唯汝与君矣！你看，敬酒难道是为了喝酒吗？

石头总结，宴请中敬酒的目的无非有二：

第一是求人：本来人家职务地位在你之上，之前又素无交情，凭什么你一张嘴就要帮你呢？只有喝了你敬的酒，吃了你请的饭之后，毕竟是吃人嘴软拿人手短，不敢说把他拉到了和你平起平坐的位置，但至少得认真听你说话，拿正眼瞧你了。

第二是交心：生人初见、好友重逢、兄弟情深，两个小菜一吃，二两小酒一喝，粗茶淡饭，浊酒一壶也能够酒酣耳热，说不尽、道不完的惺惺相惜、兄弟情深。

无论哪种情况，若是喝酒不说话，别人就接收不到你的心意，领悟不到你的想法和目的，能行吗？

既然人人都心知肚明，知道喝酒有目的，喝了酒，就不必拘束，该说就说，否则喝得面红耳赤甚至瘫倒在地，钻了桌底，别人还是不知所以、莫名其妙，留不下印象、完不成任务、做不了工作，酒岂不是白喝了，身体岂不是白伤了！

而且石头始终认为，喝酒要说话，并不是一种功利主义和利己主义，也没什么不好意思、面红耳赤的，毕竟公务活动宴请不同于私谊，不是为了满足口腹之欲，也不是为了谈天说地闲扯吹牛，喝了酒就要为单位做贡献。因此，大可不必有什么道德压力。

但要注意，喝酒说话，不是让你在酒桌上一本正经地拿出方案或者合同去谈工作，而是要多说增进双方了解、融洽双方感情的话，喝酒的时候，拉近的是距离，培养的是感情。

要以闲话为主，正事为辅，无论是抱有怎样的目的，酒喝到位了，感情就到位了，事情自然而然也就到位了，别人既然能放心跟你喝酒，也就没有什么防备了。

2. 不落俗套的敬酒话术

网上或者一些畅销书经常会总结一些敬酒时常用的客套话和敬酒词，还有人曾经出版了《祝酒词大全》，厚厚一本，拥簇者也不少，上面总结出一些所谓的敬酒"金句"，诸如"激动的心，颤抖的手，我给领导倒杯酒，领导不喝嫌我丑"，又或者"路见不平一声吼，你不喝酒谁喝酒"，那么，按照书里这样教的敬酒行不行？

石头觉得不行。原因有两条，一是说这种话很容易显得油嘴滑舌，听上去更像是村野匹夫之间的喝酒划拳，不够真诚，档次不高；二是没有信息含量，说来说去还只是为了多喝几杯酒，或者多灌别人几杯酒，空洞无趣，话里既没有你自己，也没有你要敬的人，更没有要说的事情，哪能有多大效果呢。

石头很不提倡、自己也不擅长这种俚语式的敬酒方式，不可否认，它对活跃酒桌气氛有一定的效果，或许能博得对方一笑，但这样的话不走心、不过脑，效果堪忧。石头提倡的敬酒语，应当是真诚的、具体的、实际的，总体来说，大概有以下几种说话方法。

自我介绍法

你想啊，敬酒时，如果别人都不认识你，根本不知道你是哪根葱，凭什么喝你的酒。所以说，端起酒杯走到别人面前，先别着急把酒灌进喉咙，而是应当先介绍自己，叫什么名字，在什么单位，怎么会出现在这，是以什么身份参加活动，等等，至少让别人先对你有个基本的了解和认识，留下一点印象。比如，你可以这样说：您好啊，幸会，我是办公室石头，主要负责对外联络工作，欢迎您到我们单位来，有什么需要请您随时吩咐，我敬您一杯酒之类。

回顾渊源法

如果双方不太熟悉，可以根据你掌握的情况回顾一下双方单位之间、你和对方之间、你和对方单位之间、你和对方家乡之间、你的家乡和对方家乡之间林林总总千丝万缕的渊源，也就是联系，缩小双方之间的距离感。比如，对方单位在武汉，你可以说：武汉是个好地方，我大学就是在武汉读的，至今怀念啊，我们大学在武昌，你们单位是在汉口还是武昌？这样很容易就与对方攀谈起来。

表扬赞美法

爱听好话是一种基本的人性，在酒桌上这种气氛热烈的欢乐场合，说点好话当然是应该的，也是不能少的。"感谢各位领导来到我们单位，为我们增辉添彩，您好像大海，您好像泰山，我给各位领导端起这杯酒，祝各位领导乘风破浪去追求更幸福，烟消云散走向最高峰。"这样奉承的话行不行？正如前面说的，这样的话还是少说慎说，实在是太空、太虚、太赤裸裸，你应该结合实际情况对对方的人品、工作、能力等实际情况予以赞扬。比如，您今天上午在座谈会上的发言确实很精彩，站位高、逻辑清、言辞美、容量大，让我受益匪浅，真是值得认真学习好好品味呢。这样结合实际来赞美，句句戳在别人心窝上，又显得诚恳真实，比一味奉承不知道要高明到哪去了。

感谢预祝法

懂得感恩的人谁都喜欢，酒桌又是表达这种感情的绝佳场合。可以感谢对方对自己工作的支持、对个人的帮助，祝愿对方工作顺利、生活顺心，也可以祝愿双方单位合作愉快、开花结果。比如，您给了我很多关心和帮助，敬您一杯酒表示感谢。或者，干脆、直接地祝福领导工作顺利、万事如意也是一种办法。

直抒胸臆法

前面做了些铺垫，双方逐步熟络起来之后，就可以适时地说一些与工作有关的话题了。如果是谈帮助，就说：我们在××问题上遇到了一些问题，还得仰仗您的帮助，还请您支持我们；如果是谈合作，就说：今天的活动是个好的开端，我们今后还要进一步加强联系，后续的一些细节问题，过段时间我去拜访您，咱们继续沟通！如果是谈问题和困难，就说：这个项目在分工上还有些不完善，还需要我们继续沟通，通力合作，克服困难。

旁敲侧击法

有时候现场比较混乱，不适合直切正题，也可以先只管喝酒，先暗示对方：关于这个事情有几个具体的情况找机会还想跟您单独汇报一次，您看您什么时候比较方便？初步敲定时间，到时候再登门继续沟通。

窃窃私语法

石头发现，敬酒时说话有个小窍门，窃窃私语比声如洪钟管用，一来窃窃私语不会喧宾夺主，不会引人侧目；二来窃窃私语时，两人之间显得更加亲近熟悉，有些"大能人"一边跟人窃窃私语一边拉住对方的手，好像酒桌上就属他俩关系最好了，这样一来效果更是杠杠的。

3. 展现你的有规有矩和得体大气

说完了敬酒词这一敬酒的核心问题，再来聊聊其他规矩。在酒桌上，只有遵循这些规矩，才能展现你的有规有矩和得体大气。

代酒问题

有些人自以为忠心耿耿、长袖善舞，在酒桌上喜欢擅做主张帮领导代酒。别人刚站起来要敬领导一杯，他就噌地一下从位置上蹿了出来，要帮领导代酒。喝完之后还沾沾自喜，认为是牺牲了自己保全了领导，忠心耿耿日月可鉴。

不能否认，帮领导代酒，出发点可能是好的，毕竟你是为领导身体着想。但一旦把握不好，也很容易事与愿违。首先，你帮领导代酒，对方可能会不开心，这很好理解，我敬领导的，你个毛头兵瞎掺和什么；其次，甚至领导自己也不一定高兴，毕竟沦落到需要下属代酒的地步，不就是认输了吗？石头曾经见识过一个小领导想给一位喝得差不多的大领导代酒，大领导毫不领情，当面呵斥。

所以石头建议，一般如果没有领导的暗示，不要轻易代酒。自己职位卑微，记得多给领导添酒，不要瞎给领导代酒，就是要代，也要确认领导确实想找人代，还要装作自己是因为想喝酒而不是为了给领导代酒而喝酒。

比如领导不胜酒力，可以通过旁敲侧击把准备敬领导的人拦下。谁敬你的领导，他们喝完以后，你马上回敬他，而且要多。总之，你用比对方更多的量，去敬对方的领导，而不是傻愣愣地要帮领导喝酒，这才能在不失体面的情况下，达到保护领导的目的。

礼仪问题

宴请时喝酒有一些约定俗成的规矩，如果你显得门清，别人会觉得你"会来事""大气"，如若违反，会让人觉得你有些"愣""呆"。

比如，领导相互喝完才轮到自己敬酒；敬酒一定要站起来，双手举杯；可以多人敬一人，决不可一人敬多人；自己敬别人，如果不碰杯，自己喝多少可视乎情况而定，比如对方酒量，对方喝酒态度，切不可比对方喝得少，要知道是自己敬人；端起酒杯右手扼杯，左手垫杯底，自己的杯子永远低于别人；如果没有特殊人物在场，碰杯最好按时针顺序，不要厚此薄彼。

三、成为点菜高手，看这一篇就够了

1. 请人吃饭，你还在搞击鼓传花式的点菜吗

大家一起点菜是一种常见的点菜方式，即菜单像击鼓传花里的"花"一样围着桌子传阅一圈，每人点一个或几个喜欢吃的菜，最后再由一个专业点的同志增增减减、统领全局。

假如是同事聚餐或朋友聚会，这种点菜方式未尝不可，可以充分照顾大家的口味和喜好，萝卜青菜皆大欢喜，饭吃得既民主又团结。

但要是谁把这种点菜方式带到办公室的工作中，在单位宴请时也这样做，那石头必须得重重敲醒你，下次千万别再干这么跌份的事情了！

石头参加过这种饭局。有人请吃饭了！石头兴致勃勃地赶去赴宴。好家伙，到点了桌上一个凉菜也没有，人也稀稀拉拉。耐着性子把人都等齐了，一大桌子人上座就位，已经饥肠辘辘的石头迫不及待招呼服务员上菜，服务员态度一如既往的温婉：先生，还没点菜呢！您看现在点吗？石头差点没昏过去。

请客的大爷倒好，不急不缓地说，服务员，把菜单拿来吧，我们开始点菜。

石头长舒口气：还好，马上点完就能吃饭了。然而事实证明石头还是太乐观。

请客的大爷压根儿没有以迅雷不及掩耳之势点好菜赶紧上桌的意思，而是本着充分发扬民主、充分尊重大家意见、充分照顾大家口味的崇高精神，接过菜单，递给旁边的哥们，说：你们传着看一看，一人点一个菜吧。

旁边的哥们各个高风亮节，谦虚谨慎，推脱了好一阵子，甲说，我不点我不点！乙说，我随便我随便！终于，在长达五六分钟的拉拉扯扯之后，勉为其难地点了一个非常经典的酸辣土豆丝。真真的是硬菜啊！

当菜单传到石头手中的时候，服务员的小本子上已经记了不少菜，都是土豆丝、麻婆豆腐、醋熘小白菜这类经久不息的名菜，一道鱼香肉丝或许算得上最奢侈的。

试问，如果一个饭局有这样诡异的开局，氛围怎么可能不走向冷清和失败！

转桌点菜，看似是一种尊重别人的点菜方式，提前听取别人的意见、了解别人口味嘛，有什么错！没错，自己人吃饭这样点菜非常好，温馨、适当、节约，但要是请人吃饭，或是放到宴请中，放到办公室的工作场景中，就万分尴尬了。

其一，中国人都含蓄，你让别人点，别人哪能好意思呢，点贵了好像是宰你似的，只好点些清汤寡水的豆腐白菜。请人吃这些，主人的诚意往哪里放？

其二，你请人家吃饭，人家就是来吃饭的，是来被服务的，来享受的，点菜这种跑堂干的事，小芝麻粒的事，哪能让客人干呢？

其三，宴请也要讲求效率，推来搡去搞半天，客人就位半天了菜上不了桌面，一桌人饥肠辘辘，那才是对客人最大的怠慢啊！

有些人对石头的看法不服气，表示，你的意思就是自己先点好菜喽？就是独断喽？那你怎么能照顾到别人的口味呢？

还有人表示，就算自己请吃饭先点好菜是对的，假如是单位宴请，你是替领导安排饭局呢，也是先点好菜吗？你把菜都点好了，不合乎领导的口味怎么办？不称领导的心意怎么办？不是领导想要的标准怎么办？

石头觉得，无论是自己吃饭，还是替单位和领导安排宴请，最好都先点好菜。点菜只是一项烦琐的基础性工作，而绝对不是什么了不得的权力。

自己请吃饭，那就提前了解下大家的大致口味，提早按照宴请的规矩点个大概，然后请服务员当场给大家报下菜名，看看有没有什么忌口的或需要调整的。

替单位安排宴请，就更要提前做好功课，了解主要宴请对象的口味和喜好，据此安排好菜单；假如领导把控的比较细致，那就把初步安排好的菜单呈请领导审阅，看是否需要调整即可。

点菜很重要，但只是宴请的前奏，是基础工作，是水面下的工作，应该由工作人员妥帖地预先完成。客人来了，还在纠结点菜的事，对人很不尊重，就好比马上开大会了，话筒音响都还没插上电，难道还让讲话的领导自己插上不成？这属于准备不到位、不充分。

我们点菜其实和汇报工作一样，汇报时你知道带着方案和办法去，点菜的时候怎么忘了呢？规规矩矩、思虑周到的点菜单，就是你在宴请这个战场上提前预备的工作方案啊！

2. 做一个懂行的客人

好的餐厅一般都有专门的点菜经理提供介绍和建议，能在宴请中帮你的大忙，但是，点菜的规矩和菜单的讲究，你要懂。为什么？因为我们掏了这么大的价钱做客情，必须得让领导客户知道，你有多周到、多有诚意，这和敬酒时要说话传递信息是一个道理。

提前把餐厅和菜品摸透，当一道道的菜上来之后，这时候轮到你发挥作用了，你要熟悉每个特色菜的名字和原料，甚至于渊源和功效，在重要的菜上来的时候，你要向桌子上最重要的那个人介绍，这道菜是什么，有什么特色，你为什么点，让他觉得是你特别为他点。

举个例子，有一次石头单位在一家甘肃特色的餐厅宴请一位西北籍的客人，那家餐厅的拉面非常正宗，石头提前到餐厅研究菜单时发现，菜单的拉面竟然有七八种，喜食圆面条的，可以选择粗、二细、三细、细、毛细5种款式；喜食扁面的，可以选择大宽、宽、韭叶3种款式；想吃出个棱角分明的，拉面师傅会为你拉一碗特别的"荞麦棱"。

以前石头并没有这种知识储备，于是我认真请教了服务员各种拉面款式的意思和特点，惊叹于拉面文化真是博大精深，长了不少知识。当天宴请酒足菜饱，要上主食了，石头清清嗓子，非常专业地请教主宾：主食要不来碗拉面吧？您是吃宽吃细？韭叶还是荞麦棱？

在座的其他人都是一头雾水，主宾非常惊讶地问我，这些你也知道？于是我就现学现卖，给大家介绍了拉面的不同款式，引得在座嘉宾啧啧称奇，主宾则更感亲切，一方面感动于我对他家乡美食的了解，一方面也为自己家乡美食文化的博深而自豪。

所以说，做一个懂行的吃货，不但能帮你点好菜，更能帮你"讲"好菜，在场的客人会惊异于你对饭局文化的见解以及对吃这一事业的精专，树立这种形象的好处是，一方面展示了你的用心和智慧；另一方面，既然身边有这么一个"美食家"，以后这个领导有他自己的重要饭局很可能会邀请你做陪。

3. 点菜之前问自己四个问题

除了对菜品的了解，在正式点菜之前，石头建议大家再花一点时间把以下四个问题仔细捋一捋：

第一，要问问这顿饭为何而吃。目的不同，点菜的标准和依据也不同，宴请吃的是环境标准档次和接待标准，单位内部聚会吃的是气氛和实在。

第二，要问问这顿饭的预算。不同的公务活动有不同的接待标准，上级什么价，平级什么价，下级什么价，价价不同。这个很重要，搞清楚预算才能知道是要点一桌家常小菜还是一桌珍馐美味。

第三，要问问来宾口味和禁忌。点菜要照顾所有人，决不能按照点菜人自己口味的喜好点菜，而应当着重了解客人口味喜好，有没有人不吃辣或者很会吃辣，有没有人有什么饮食禁忌，有没有人有特殊的宗教信仰，这都很关键。尤其要尽量搞清楚主宾的口味和喜好，如果是老外初来乍到就不要点凤爪龙凤汤之类的东西吓他了，穆斯林不要点猪肉，印度人不要点牛肉。

第四个问题是这家酒楼特色是什么，哪些菜做得好、点得多、有特色，有什么特价，有什么活动，包厢是否有最低消费，等等，去广东菜馆点"川椒"，去湘菜馆点"清蒸"，那就是自讨没趣，去清真饭店点"红烧肉"是会被棍子打出来的。

4. 手把手教你点菜

接下来石头说说具体怎么点菜。长期以来，国内的点菜活动根据实际需要和宴请礼仪形成了一些约定俗成的规矩，比如，菜量要略大于够吃的量，都"光盘"了不太好看；汤、红白肉、鱼或者海鲜、凉菜、小点都要有，最好还有五谷杂粮、当地特色小食等。有经验的点菜高手甚至会判断每个菜盘子的形状，根据包厢桌子大小确定摆盘之后的整体形状，看起来丰盛又体面。石头按照宴请的时间轴线依次说明。

果盘和点心

这道程序很容易被忽视，自己人吃饭时点菜往往不需要这道程序，但宴请时一般人多且杂，有些人到得很早，有些人姗姗来迟，这时应该上些果盘和点心，以备先到的客人等待开席闲谈时随便吃一点。而且这样成本也不算高，开席前上的果盘吃不完，还可以待餐后分给每个人当作餐后甜点。点心装点瓜子、萝卜条、花生之类清新爽口的小零食就行，不要大油大荤。

冷盘

冷盘在客人进包间之前就要摆到桌子上，你可以自己提前去点，也可以打电话让餐厅经理安排几个菜先摆上。你想想，假如客人一进门，就一张空桌子杵在那，桌面上啥也没有岂不尴尬，点些五颜六色的小菜往那一摆，说着话还能爽个口岂不舒服；而且主菜一般都是炖、炸、蒸，上菜比较慢，可能要等上半小时 40 分的，这时候如果没有冷盘大家就尴尬了，饥肠辘辘哪有心情多说话，有几个冷盘先吃着可以有个衔接。

至于冷盘的数量，一般为宴请人数的 1／2 差不多就够吃，比如 8 人点 4 个凉菜，5 人点 2 个凉菜，最好是偶数。下酒菜和普通冷食都需要，荤菜和素菜都需要，有女士在场就加一份偏酸甜或有趣的冷菜，她们会很开心。

热盘

热盘数量和宴请人数大致相当即可，多一个少一个也无所谓，比如10个人吃饭一般需要10道热菜。

热菜里要考虑至少有一两道撑门面的高档菜，俗称"硬菜"，甲鱼啦、羊腿啦、海鲜啦；热盘中头盘一般是个比较清爽的菜，如苏杭菜第一个一般是虾仁、刺身开局比较高大上也相对稳妥。

饭店的特色菜得有1个到2个，越往后可以越咸越重口一些，如果重口味的放在最前面，酒把口舌已经麻醉了，可能无法尝到正确的味道，比如头盘是刺身，第二个就得清淡点。

要有鱼，但也不要多于2道，最佳搭配是1道鱼+1道其他海鲜，例如蟹、龙虾什么的，但是不能重复。

肉类除非特别有特色，一般不点猪肉，猪肉过于家常，上不了台面，以牛羊肉为宜。

蔬菜主要放在后半段，一两道爽口绿叶菜很受欢迎，最好是时令菜，非时令菜都是大棚菜，口味和营养都不够好。

要有一个清淡素爽的汤放最后，前面的汤可以是比较浓郁的。

石头见过一个讲点菜的顺口溜说得挺好，"有菜有肉有水产，烹饪方式各不同，清炒、清蒸多两盘，煎炸、干锅、铁板、炖焖煲烤不重样，相似食材躲着走"。记住这个顺口溜，热菜的品种和花式上问题就不大了。

位菜

位菜不是一定需要，视客户重要程度和领导给你的预算而定。海参鲍翅燕窝雪蛤自己看着点吧，讲究点的宴席男士女士吃的还不一样，比如男士一人一份海参或海马，女士一人一份燕窝或木瓜雪蛤之类。

如果预算不够又想显点档次，也有办法，可以点汤，选那种一小盅装着的每人一盅，或者请服务员把大份的菜在端上来之前就给大家分一下，也能撑撑场面。

主食和甜点

主食一般不用提前点，毕竟菜品里面有大把填肚子的。喝酒到 8 分的时候再现场请示，要不要上点主食？来点面条？

石头建议主食最好上面食，一道干一道稀，也可以考虑粗粮拼盘或者是饼类，或者有意思的小点心。不建议米饭尤其是白米饭，太显平淡，如果有人提出要吃米饭另说，炒饭倒可根据客人情况适当选择。点心的话，如果人多的话可以一道咸一道甜，咸的包括包子、饺子、锅贴这种，甜的就是榴梿酥啊、香芋卷这些，注意询问大家口味，照顾周全。

酒水饮料

酒店餐厅的茶叶和酒水都很贵，况且，茶叶的品质难以保证，酒水也难分真假，所以最好还是自己带吧。

需要注意的是，茶叶在开饭前就请服务员泡好，大家可以一边品茶一边聊天；红酒也是开饭前就打开，倒在醒酒器里醒着，开饭后再分给个人，这样风味更佳；白酒每人一个分酒器一个小酒杯，自己喝自己倒。

如果有女士在场的话最好准备饮料，现成的酸奶，或是现打的果汁、玉米汁、山药汁随意，如果有凉有热尽量选择热的，中国人尤其年龄大的人还是不太爱喝冷饮，然后让饭店上冰块，大家根据需求自己添加。

打包

看似不起眼的一个环节，却是能够体现你服务水平的时候。建议临走的时候多上点主食点心，假意吃不完让人打包走，每人回家都有夜宵和早点。真正温暖人心细致入微的是，能让客人带着食盒回去，老婆孩子热炕头一边看着电视一边感受你的心意。石头见识过一个销售天才，自从有一次看见某重要客户在酒桌上多夹了几块羊肉，之后每年都定期在该酒店买羊肉熟食礼盒送过去，这就是人才啊。

埋单

埋单还有讲究？当然！埋单不仅是扔下一摞钱那么简单。埋单的时候千万别大呼小叫招呼服务员，或者当着客人的面掏钱刷卡，跟土财主似的，那不是显摆而是跌份。石头见过不少在埋单时大呼小叫当面数钱甚至和服务员发生争执的，本来氛围很好的局，最后弄得大家面面相觑、尴尬万分。酒足饭饱，饭局进行的差不多的时候自己悄悄地溜出去结账就完了。

还有很重要的一点，最后结账的时候千万千万记得确认小票，有些无良的饭店会耍花样趁客人喝多了打上几道根本没上的菜。开发票，确认发票抬头。打电话给领导或者客人司机告知饭局结束，或者将客人、领导送上出租车。

四、宴请如何选餐厅？不光看"好吃"

1."好吃"并非宴请选择餐厅的主要标准

宴请时选择餐厅，往往依据的并不是"好吃"这一标准，这不是说石头要大家去找菜做的一塌糊涂的餐厅，而是说对宴请来说，"好吃"只是一个基础条件，宴请对象的身份、籍贯、喜好、个性不同，活动的性质不同，对餐厅都有不同的要求，必须根据你的宴请对象类型分类匹配餐厅。

一个城市，大大小小的餐厅数以万计甚至十万计，这就要求你建立自己的餐厅储备库，并进行分类，随时都可以快速与宴请对象进行匹配。石头把餐厅分为以下这几个类别。

隐居餐厅

如果你的客人级别特别高或者名气特别大，那么请你相信我，这类人最为注重的是合乎政策和场地隐私性，忌讳奢华，所以，隐居餐厅比较适合他们。

隐居餐厅大概有两种，一种是私房菜，有的藏身四合院等民居，有的远在郊区，有的隐匿山林名胜，神龙见首不见尾，每天或许只承揽一桌饭菜；还有一种是会员制的会所，非会员不能入内，连多看几眼都马上有保安前来驱赶，门脸看起来似乎跟餐饮无关，不知道的人还以为是什么机要重地。这种隐居餐厅最符合这类高端客人的要求，能让他们安安心心吃饭。

著名餐厅

说白了就是你所在城市最好的大型餐厅，比如北京的仿膳、上海的小南国、武汉的湘鄂情之类。这类餐厅是你所在城市普通人都能叫的出来名字，被公认为最好的餐厅，里面要有市面上能够点得出来的所有高档菜品，如生猛海鲜、燕窝鱼翅、山珍海味，等等。

这类餐厅适合非常重要但级别又没有那么高的客人，在这些餐厅吃饭能够充分体现你的诚意，对方也会感到很有面子，同时，服务和菜品往往也很有精致的保障。

菜系餐厅

顾名思义，这类餐厅以主理某一菜系或某地的菜肴而闻名，一般具有基本的水准，规模、环境尚可。以北京为例，直隶会馆专攻河北菜，红番茄号称楚珍舫，万吉大丰和连服务员都是湖南人。

如果遇到宴请对象在这些省份出生成长，连方言都还没改正过来，大可以安排到这类餐厅，一方面会让他备感亲切，同时一定会有那么几个菜或主食特别合他的胃口。

特色餐厅

特色餐厅各有特色各有所长，一般会在菜品或者就餐环境上出彩。以菜品见长的，食材、烹法比较奇特专一，或者有本地特色，比如到了北京终究还是要去全聚德吃顿烤鸭，湖北的青莲酒家就专烧乌龟，北京有几个餐厅专研驴肉，如果对方有此类爱好，这类餐厅就能派上用场。

以环境见长的，可能是坐落于本地比较有名的地点、景区、古迹，等等，环境清幽，比如北京有家白家大院就坐落在四合院里，服务人员也都是一副清朝打扮，吃饭的同时参观了特色民居，体验了京城风情，岂不是一件美事？

2. 好的餐厅应当是办公室人的左膀右臂

石头认为，餐厅提供的不仅是菜品，好的餐厅能为你摆平一次宴请活动中的绝大部分边角工作，他们的表现有时甚至会比一位娴熟的办公室人士还要好。

当你接到宴请活动任务并确定适当的餐厅之后，首先要做的是提前联系这些饭馆，根据人数和规格确定包厢，定位置，同时，明确要求让他们给你推荐一个点菜经理。请注意，一定要经理级别，普通的服务员见识和经验都可能欠缺，会无形中增加你的工作量。

然后，如果你也是第一次去的话，请至少提前半个小时到餐厅，这个时间用来干吗？跟点菜经理沟通好嘛！就算你完全不懂点菜规则，你也可以直接告诉经理饭局人数、你的预算、特殊要求，最关键的是你希望饭局所体现出来的品质，请她帮忙安排。

如果这次饭局点完餐之后完全达到了你的要求甚至超出了你的预期，留这个经理的电话，并把你的电话给她。从此她就会成为你在这一家餐厅最直接的点菜顾问。

点菜经理一般都是女性，挑一个机灵、形象气质好的，之后你会发现，她不仅能帮你体面的点菜，甚至还能帮你活跃饭局气氛，催茶、加菜、催菜、倒酒这类烦琐的工作更是再也不用你辛勤地跑出跑进。只要你给她表现的空间，甚至给她介绍客户，她就会从最大利益的角度为你着想。

如果你长期固定在一家餐厅吃饭，你会惊喜地发现，好的点菜经理会帮你记住常去客人的个人喜好和禁忌。你只需要告诉她今天是宴请哪位贵宾，她就会根据客人的喜好安排好相关的菜品，甚至知趣地在宴请临近结束时贴心地端上一份主宾爱吃的榴梿酥，并称这是特意为主宾赠送的，别的客人都没有，显得既贴心又隆重。

3. 互联网也能帮上忙

寻找合适的餐厅在过去往往是一项依靠积累和经验的工作。石头刚到办公室工作时，每次到陌生的餐厅吃饭都会主动向餐厅索要名片或订餐卡，甚至用手机拍下菜单，用来充实自己的餐厅库。

但自从大众点评、口碑网、饭桶网类的网站出现后，大量餐饮经验和信息得以公开展示，收集餐厅名片的工作就显得不那么必要了，到了掌上智能时代，这项工作就可以寿终正寝了。我们以大众点评APP为例，说说在宴请中它都能做些什么。

了解餐厅

在手机里输入餐厅名称，餐厅的基本情况，地点、菜系、特色、价位、营业时间、环境、服务、客户评价等信息立马呈现，你可以从容地看看餐厅是不是符合你的要求。

预订座位

除了通过拨打电话预定，大众点评还开通了手机预定，你只要填写人数、时间、是否包房、联系方式等信息，软件就会把你的预订信息发给餐厅，餐厅在确认之后预订成功的短信就会发到你的手机上。

熟悉菜品

目前似乎大部分餐厅还不能通过手机点菜，但你可以看看网友推荐的菜品，一般都是餐厅评价最好和最有特色的菜品。除了推荐，很多网友还上传了大量的菜品以及环境的图片，非常直观。

路线和停车

对于没有去过的餐厅，可以通过大众点评详细了解行车路线和附近停车场。这一点在你陪同客人或领导前去就餐时非常重要，毕竟迷路和找不到停车场兜兜转转都是很不礼貌的。

实景地图

这里石头想单独把很多地图类网站都有的实景地图功能单独拿出来说说，这个功能其实对办公室人安排宴请等各项活动非常实用。找不到饭店位置了，尤其是以前没去过的，七绕八拐比较隐蔽的，还是事先用这个查查，看看那个口出环路，附近有啥明显的标志性建筑，就不容易找错地方！

有几次石头开车陪领导参加活动，活动安排在之前从未涉足的餐厅。当石头娴熟地开着车左绕右拐，最后钻进一个不起眼的门脸时，领导惊讶地问石头：石头，你之前来过？路怎么这么熟？石头含笑不语。其实石头根本没来过，只不过动身前用实景地图模拟了一下路线而已。

第六章

胜利的大会
——如何组织好会议

chapter 6
<<<

一、通知会议：一个都不能少

1. 先别着急发通知

想开好会，人先得到齐，人要到齐，通知这个环节就很重要。要想做到通知会议不遗漏，开好一个团结的大会、胜利的大会，重点并非迫不及待地把通知洒向五湖四海。石头建议，充分酝酿，提出参会名单，分毫不差地确定参会范围才是第一步。

会议的类型是很多的，可以数上几十种。主要的有例行工作会议、专题性会议、联席性会议、部署工作性会议、总结性会议、座谈会、代表大会、代表会、表彰会、动员会、现场办公会、经验交流会、电话会、电视会、广播大会、报告会、研讨会、招待会、碰头会、常委会、全委会、恳谈会、团拜会、听证会、小组会，等等。

会议类型不同，参会范围也是大相径庭。会议应该由什么人员来参加，有时候有明确规定，比如常委会就是党委常委，常委扩大会议就要纳入政府、人大、政协主要领导，党委全委会就是全体党委委员；

有时有约定俗成的惯例，比如全体干部大会就是全市处以上领导干部，春节团拜会就是需要邀请各民主党派中央、工商联负责人和无党派人士代表，离退休老同志代表等；

有时范围由领导具体点定，比如专题研究办公用房问题，领导指示请资产部门、后勤部门负责人参加会议；

有时领导仅提个框框，比如近期上级教育部门要来我校检查专项资金使用情况，领导对参会人员语焉不详，只是笼统地说，把相关部门找过来议一议做好迎接检查的各项工作。

如果是会议范围有明确规定，什么人应当参加会议，会议的规模及其性质也有明确限定，这种比较好办，比如领导讲"明天开个中层干部会"，办公室同志只管把下属部门的所有中层以上干部通知到即可。问题是，有些会议的参加人员常常不明确，不好限定，比如前文提到的后几种会议，不可能让领导一个一个报出参会名单，这就要求办公室同志会前对参加会议人员提出建议，拟出名单，供领导审定。

尤其是有些会虽然以前有约定俗成的惯例，似乎清晰明了，但有可能这次开会时形势起了变化，或者领导又有了新的想法，如果不把名单拿给领导审定，就会出现纰漏。

石头所在的单位每年年末都会召开新年报告会，向全校师生员工通报学校事业发展情况。过去十几年参会人员都是以教职工代表为主，兼有少量的学生代表。到了2015年，学校领导提出以学生为本的办学新思路，要求新年报告会参会人员应该以学生为主，教职工为辅，这样一来需要通知的参会人员就转了个大弯，惯例失效了，这时就要重新跟领导认真确定参会范围。

除此之外，确定参会人员还可能有其他特殊情况，比如对应到会的缺额人员由谁来补替？需要哪些人员列席？需要哪些部门在会上发言汇报？专题会的所谓的相关部门是哪些？

办公室人员应根据领导的原则指示和要求，经过通盘考虑后提出与会人员名单。一般要考虑这些因素：

一是工作的实际需要，研讨议题涉及的工作具体是哪些单位负责？哪些单位参与？需要哪些单位辅助？

二是惯例，以前有没有开过类似的会？类似的会议请了哪些单位和人员参加？都发挥了什么作用？

三是领导意见，领导有没有说过请某某单位也参加一下？请某某人也来提提建议？请哪些人听听会？

总之，别一听要开会就迫不及待地发通知，注意先提出名单，请领导审定后再发通知。

2. 会议通知容易遗漏的几类人群

在办公室工作，下发会议通知时，遗漏相关人员和单位的情况并不鲜见。会议通知漏人，在办公室算得上重大事故。轻则会给有关单位和领导留下粗心大意、办事不力的坏印象；重则贻误重要工作的开展。石头在工作中发现，有几类参会人员特别容易被通知遗漏，在这里提出请大家重点关注。

一类是老领导。在职领导一般大家都不敢忘怀，但老领导退出领导岗位了，不参与工作了，有时办公室关注的就不够。比如传达上级相关精神时，时常要召开某某级别以上干部会议，这时一般是把达到某一级别的退休老领导也包括在内的。毕竟，听取上级指示精神也是老领导一项重要的政治待遇，漏通知就是在政治上犯错误，万万马虎不得。

二是本单位新闻部门。开会是为了推动工作，开了会，会议精神的风就得吹出去，否则就成了自娱自乐。新闻单位虽然往往不在正式的参会范围里，却又必不可少，但往往容易搞漏。尤其是出去调研，到外单位开会，不在自己眼皮子底下，就更容易遗漏通知新闻单位。

石头刚工作时，有一次召开领导班子工作务虚会议，领导走过来问我："这么重要的会议，怎么没有宣传部门的记者来报道？"石头顿时蒙了，因为觉得务虚会是内部会议，好像不需要宣传报道，石头就把主要精力放在了安排会务上，却忘了请示领导是否需要新闻报道。

三是外地的分支机构。不少单位在外地都有分支机构，这些机构往往自成体系，又与总部相距遥远，平时与办公室来往并不多，颇有些山高皇帝远的意味。有时会议召开的急迫，上午12点通知下午14点开会，分支机构即使再快马加鞭也难赶得上，有些办公室同志就自作主张，通知会议时把这些机构跳了过去——反正你也赶不上，我何苦浪费这一通电话呢。

这万万使不得，外地分支可能确实赶不上会议，但知晓会议的召开，了解会议的内容和精神也是他们作为单位管理体系中的成员不可侵犯的权利，忽略他们，不但对分支机构不够尊重，也是办公室自身的严重失误。

四是新组建部门。一次，石头得到任务，通知全单位部门主要负责人会议。石头凭借一以贯之的严谨认真的工作态度，按照电话本一一打去电话通知并确认，之后又反复核对确认，没问题了，23个部门都通知到位并得到反馈，会议不可能不圆满成功。不曾想会议刚开始，领导就怒气冲冲打来电话质问：××部怎么没来人？我一拍脑袋，坏了，××部是上个月单位刚刚新成立的部门，我手头的通信录还是去年的，并没有这个部门的踪迹，于是石头把这茬忘了个干净。

对于新组建的部门，一定要在第一时间纳入办公室的协调管理视野，尽快更新通信录、部门列表等资料，才能避免遗漏这些部门。

3. 内容、方式和时间是会议通知的三要素

发会议通知是办公室人员的基本功，想要稳妥地发好会议通知，无非是把握住内容、方式、时间三个要素。

内容

明确会议的名称、开会的时间、地点，要求参加会议者会前办什么事情、提交什么材料等。如有着装、携带材料、发言等特殊要求，一定要说明；地点最好具体到会议室，有时石头接到通知要去北京会议中心开会，北京会议中心有大大小小几十个会议室，如果不说清楚，参会者要么需要电话咨询，要么需要到现场打听，非常不便。

方式

大型会议，要以文件的形式下发会议通知或者在办公系统、网站上挂出通知；一些小型的会议，用电话、短信甚至微信通知有关部门或人员即可。现在有很多技术可以帮助你便捷、快速的通知到具体人。例如短信系统，可以事先建立起本单位各类联系人的分组数据库，组成部门组、直属单位组、附属单位组、主要负责人组、办公室联络员组、专题工作组等，需要大量发送通知时，直接勾选需要通知的组别即可。再如微信群，可以建立各单位联络员的微信群，一些非正式的会议通过微信群发送通知更省事。

时间

要注意适时发送，既不能过早又不能过迟。如果通知的过早，可能会造成遗忘，大家本来就忙得团团转，谁能记住一个月前通知的会呢？比如今年12月通知明年3月开的会，过完一个欢乐祥和的春节很多单位可能早就不记得去年曾经接到过一个会议通知。也不能通知过晚，特别是对那些离会议地点较远的单位，交通不便的单位，分散的单位，外出执行任务的单位，都要提前发送通知。不要等会议快开完了，某些与会人员才接到通知，或者人家在千里之外，你非要晚上通知明早的会，打一个措手不及，可想而知，即使接到了通知也难以买到车票、机票。

4."一个都不能少"的关键在确认

过去发会议通知，往往依靠纸质通知、打电话，通知人和被通知人一般有直接联系，比较靠谱。现在信息手段多了，发短信甚至微信用得越来越多。结果种种因通知产生的扯皮和纠纷也出现了。

某次会议开始半天了，一个下属单位的负责人还没到会。石头火急火燎地打去电话，您怎么还不来开会？这个会议很重要，都开始半天了！结果负责人一脸无辜，什么会？石头急了：就是前天发到您手机上的会，今天上午九点在第一会议室的！负责人掏出手机左翻右翻，竟然没有收到短信。这下轮到石头傻眼了。

这次疏漏，看似是短信系统出了技术问题，但板子毫无疑问要打到办公室同志的屁股上，通知不是网上挂挂、发发短信就大功告成，对每一个通知都要与相关部门或人员进行"确认"，而不是自己想当然地"自说自话、自做自事"，要通过对发出通知的节节跟踪和时时"确认"，确保工作无一遗漏。

发传真要有回执

传真会议通知时要附有回执单，请对方确认参会后及时把参会人员、职务、联系方式、交通信息等反馈回来，以便我们自己掌握是否收到传真以及参会人员相关情况。

发短信要有回复

发短信通知会议，要写明"收到请回复""期待您的回复"，没有及时回复的单位和人员就要打去电话催问。如果技术条件允许，可以在短信发送系统中集成确认的功能。例如，短信发送后，系统自动显示接受、阅读和回复情况；如果在限定时间内没有反馈，系统自动对其进行再通知甚至催告，等等。

参会信息要有反馈

相关单位和人员确认收到通知，这只是"浅"确认，掌握能不能来、谁来、什么时候来、来不了换了谁等信息这才是"深"确认。要及时统计参会人员的各种基本信息，并呈送领导，一方面方便领导掌握会议筹备情况；另一方面也为会议下一步的组织和正常进行创造条件。

二、如何才能提高效率，避免在会海里淹死

1. 开没有议题的会是浪费生命

你可能要笑话石头了，开会怎么可能没有议题？虽然很多时候会议过多过滥，但哪有人闲得没事开会玩儿？

确实，很少有人开会时会直截了当地说，我们今天啥也不研究，就在一起坐坐，聊聊天。但很多时候，虽然会议看似有一个议题，这个议题实际上却含糊、跑题、无价值甚至无权限，造成会议"不开白不开、开了也白开"，跟没有议题差不多，不信，你看看下面这几个会。

含糊的会

这是会议议题中最普遍的问题，会的议题啰啰唆唆、含含糊糊、大而化之，材料一大堆，却不知道要讨论什么，也不知道难点和问题在哪，更不知道要决策什么。

比如，开会研究某学院办学经费问题，这经费是多了还是少了？是要增加还是减少？学院面临了什么新情况？经费要用到哪去、又从哪里来？有没有依据？这都得事先明确，否则开会半天了，只知道是个经费问题，却不知到底是什么问题，不成了打哑谜了。

跑题的会

明明是研究2016年各单位财务预算编制情况的专题会，却非要生生挤进来一个关于变更职工报销手续的议题，虽然都跟财务有关，但主要内容、争议焦点、依据和参与决策主体都千差万别，加入这样的议题，会议非跑偏不可。

无价值的会

开会不是过家家，一开就要通知拉拉杂杂一大堆人，占用大批人大量的时间，成本可不低。要研究的，应该都是有重要价值的议题。比如学校开领导班子会议，讨论的都是事关改革发展、教学、科研、党的建设、国际合作等大局方面的问题，如果说把是否继续与现在的教学楼保洁公司签约的问题拿到领导班子会上来讨论，这就是无价值的会，保洁问题后勤一班人议一议就好了嘛。

不合权限的会

对于行政决策类的会议而言，凡是提交会议讨论的问题，必须是在会议的职权范围以内的，是会议有权做出决定的事情，不能研究和决定本会议职权范围以外的问题。足协开会非要研究北京交通的治理和缓解问题，可不就贻笑大方了。

明确、合理、清晰的会议议题是开会的前提，是会议所要协商讨论和决定处理的具体问题。会前务必要明确会议的议题，并及时将议题通知到参会人员，以便保障与会者获得知情权，也便于参加会议和筹备会议的人员做好相应的准备工作。合理而有序的议题是提高会议效率的基础工作，有利于会议目标的实现。

2. 想按时吃饭就提前排好议程

有些会从早上 8 点开到中午 1 点，大家都已经饥肠辘辘，却都跟着了魔一样仍然争论不休，你说这是充分发扬民主的表现，石头却要说这是会议议程失序的混战。

大型会议大家往往注意提前拟定议程，会议要进行哪几项，每项多长时间，谁先说谁后讲，通过什么方式达成决定等等往往提前就拟定好，有时甚至反复推敲。

但一到专题会、碰头会这样的小会，大家就容易放松了心情，泛泛而谈，海阔天空起来，甚至互相关心起感情问题来。其实，想要提高效率，什么会都要有议程，这样会议才能适度、有序。

事项不能多

一次会议涉及事项的数量必须有一定的限度，不能为会议罗列过多议题。按照习惯，一般要求"一事一会"，或者至少是"一类事一会"。要使参加会议的人员把精力集中到会议中心议题上，防止会议议题过多，造成久议不决，难求其效。

时间别太长

在做议程的时候，每项议题最好能分配一个时间限度，比如 20 分钟，并在议程里明白地标示出来。会议中，如果某个议题超时过多，会议主持者还要及时提醒。这样既确保大家不会超过规定的时间，又可以留出足够的时间，以保证所有被列入的重要议项都能得到充分的讨论，完成预定目标，得到正确的决策，按时吃饭。

人员别太杂

"陪会"是很多办公室同志最深恶痛绝又常常碰到的。明明需要我参与的议题在第五个，却非通知我 8 点一开始开会就得到会，结果在会场坐了两个小时才轮到跟我相关的议题。参会人员杂乱导致的"陪会"本质上就是议程安排不妥当的问题。

所以，尽量不要在一次会议上同时安排几个风马牛不相及的议题；如果确有需要，那也把议程做得精细些，议题的衔接紧凑些，明确哪个阶段需要哪些人员参会，哪些人员可以在哪个时间到会，都提前做好规划，这样既有利于避免"陪会"现象，也有利于减少会场内的参与人员，确保相关部门的共同协商和议题内容的保密。

3. 为每个上会事项准备一个 Memo（备忘录）

为了让与会者更全面地了解需要上会讨论的事项，讨论时有的放矢，办公室同志们都会提前准备会议材料。一般来讲，大家都会把大部分精力放在搜集准备材料的"全"上面，恨不得把事项相关的各种请示、报告、背景材料、专家意见、解决方案都一网打尽，装订在一起。

准备详尽的材料当然没错，这有利于参会者提前研究材料并做好参会准备，同时在会上如果就某一问题产生疑问或争论，也可以及时翻查相关资料。

但材料过多又会导致文字冗长、内容繁杂、主次不分，厚厚一本翻来翻去，使人抓不住要领。而且领导都是公务繁忙、行色匆匆，常常没有时间仔细看材料，甚至有时只能夹了材料就上会场。

这就要求我们在准备详尽的议题背景材料的同时，抽出时间和精力制作一个 Memo，即"备忘录"，以便与会人员快速掌握事项的基本情况，了解需要讨论和研究的"争论点""发力点"在哪里。

Memo 篇幅千万不能长，最多一页纸，一般应当有以下内容。

事项来源

事项名称、事项呈报部门。是上级领导提出的,还是下级部门请示的;是群众反映的,还是办公室收集的。

争议焦点

相关部门的不同意见是什么,分歧各方的观点及各自依据是什么。

请示事项

需要会议拍板解决的问题有几个,到底是哪些。

决策建议

相关部门经调查研究提出的工作建议,即主管的职能部门觉得怎样办才好,以及之前的会签意见及相关领导的批示意见。

三、开一个团结胜利的大会，千万别忽视这几个细节

1. 安排贵宾室才体面

工作一年多之后，领导第一次让石头独立筹办一个会议，会议开始前，领导问我，石头，都安排好了吧？都没问题了吧？我自信心爆棚，拍着胸脯保证，一切就绪，您放心吧。

会议开始的时间快到了，有几个客人已经提前来到会议室门口，我满脸笑容地迎上去，想把客人往会议室引导。这时领导却高声对我说：石头，把客人带到贵宾室先休息一下！我顿时傻掉，贵宾室根本就没有准备！

于是石头火急火燎地去找服务员把贵宾室的门打开并沏上茶水，仔细琢磨，心里愈发忐忑不安：自己太自信，考虑得还是不够周全，要真是按照以前的计划，不设贵宾室，直接把客人引到空无一人的会议室坐下可不就尴尬了！

在会议服务时，我们大多把注意力放在会场这一"主战场"上，对贵宾室则往往不太花心思。其实，在召开较高级别的会议时，贵宾室作用很大，一般应当在会场旁边安排贵宾室，并安排专门的服务员，备鲜花、茶水等，供来宾和我方领导在会议前后进行短暂休息和交流。贵宾室一般用于三种场景，石头刚才提到的事例就是第一种：

会议双方或多方抵达会场的时间不同，主会场还比较空旷时。这时不宜直接把宾客安排到会场，你想想，孤零零的一个人或者几个人坐在偌大的会场，是不是只能左顾右盼、看看手机之类，十分孤独寂寞冷，不如把客人引到贵宾室，奉上一杯热茶，陪客人坐会儿，介绍下本单位的情况或者活动信息，显得更加尊重和妥帖。

第二种情况就是举办大型活动，参加人数众多，正式开始时间还没到，主会场就已经人声鼎沸，闹闹哄哄，这时如果让嘉宾提前进入会场，一方面不利于嘉宾休息交流；另一方面也有可能造成会场骚动，先把嘉宾带到贵宾室休息，会议开始前再请嘉宾到主会场入座就更合适。

第三种场景则是会议活动正式开始前，我方领导小范围会见与会嘉宾，以示重视，尽地主之谊。这时双方应该有一个安静私密的会谈环境，说点悄悄话，主会场显然不是个好地方，贵宾室就又有了用武之地。

2. 不要在现场当甩手掌柜

现在会议服务专业化程度越来越高，分工越来越细。中大型会议一般都有数量不少的专业服务人员，比如音响设备有专业的音响师调试维护，引导入位有专门的礼仪人员，端茶倒水有专门的服务员。

有了这些专业人员襄助，办公室工作人员在会议现场似乎就只用做些统筹和管理的工作，吆喝吆喝就行，大部分时间都无所事事了，反正音响有人调，嘉宾有人领，茶水有人倒。

石头在这里要奉劝各位同人一句，甩手掌柜千万当不得。

管理好现场服务人员，督促他们做好相关工作固然重要，摆正位置、俯下身子，在会场时把自己放在普通服务人员的位置上，亲手去做、亲自去试也很重要。

过去有一句流传甚广的俚语，叫"领导没来我先来，看看谁坐主席台；领导没讲我先讲，拍拍话筒响不响"，虽然有戏谑的意味，但也不无道理。

刚参加工作不久，领导让石头安排一场电视电话会议。这不是什么难事，石头在电话里对服务人员的有关工作进行简单安排后即赶赴会场。会议进行得十分顺利，现场大屏幕同步播放的上级领导讲话图像非常清晰，效果十分理想。一切似乎都在按着自己预先设想的流程有条不紊地进行。

但让石头万万没想到的是，会议结束后领导没有像往常一样直接离开，而是让参会代表留下来，临时开了一个讨论会。此时大屏幕上正在播放着其他会场的散会离场画面，一位领导吩咐我赶紧关掉电视画面，我先是愣了一下，突然意识到自己竟然不会操作，赶快跑到设备室请工作人员过来帮忙。

请来工作人员关掉设备来去虽不到两分钟，却也让台上的领导们"熬"过了一段尴尬的等待时间。这就是关键时刻因对技术人员过度依赖而使自己工作陷入被动。

会场有音响调试人员，你也别站着，去拍拍话筒，试试音量，确保不出纰漏；

门口有迎宾员，你也别坐着，笑脸迎上去，打个招呼问声好，毕竟迎宾员肯定叫不出嘉宾的名字；

场子里有服务员倒水，你也注意盯着看着，看看有没有嘉宾水没及时加，有没有嘉宾不喝茶只喝水，给服务员打个招呼，让他们过来照看。

有事没事在会场各处转转，看看坐签顺序对不对，看看桌上摆的材料全不全，看看各个小组的工作人员有没有到位，总之，别闲着，甩手掌柜在会场上当不得。

3. 考虑好出入和停车问题

现在开会不同往时,"一双草鞋一把伞"赶来开会的人已经不多了,一般都会开车赴会,有时甚至一个单位就开来好几辆车。尤其是大会,会场一下子涌进来好几百辆车也不稀奇,这样的会不提前研究准备停车问题那肯定是一场灾难。

开大会前,就要提前估算会场可能要应对的机动车流量,如果会场完全不具备停车条件,那就提前通知到参会单位,会场无法停车,请他们乘坐公共交通工具;

如果会场停不下,但不远的地方有空地,那就把空地划为停车区域,安排好停车场和会场之间的摆渡车;

如果会场场子大,停车条件不错,那就请保卫部门安排人手,规划好车位,确保停车秩序。

至于如何管理好出入会场的车辆,一般有三种方式:

一是提前请各单位报车号,这种方式适用于小型的会议,最好不超过10辆车,否则保卫部门辨识起来就有困难。

二是请参会单位自己打印车证摆放在车窗前,比如8月22日开会就打印"8.22",或者开什么会就打印会议名称,这种方式比较省事,只要在会议通知里说明即可,适用于参会车辆多,停车场也够用的情形。

三是随着会议通知寄发停车证,这种会议一般规格高,很正式,车证也是专门设计过,一方面有一定的宣传意义、纪念价值;另一方面也方便把参会人员的车辆分类,比如"一类车证、二类车证、普通车证"对应不同的停车区域等,方便管理。

4. 不错的会议背景板，你值得拥有

虽然现在有规定，讲究节俭办会，不提倡开会时搞得花团锦簇、红旗招展、锣鼓喧天的，但大型活动的会议难免会遇上需要竖背景板的情况。当然，大多数时候背景板的设计是交给设计公司的，用不着你去描描画画。

但是，首先，背景板设计什么思路什么内容还得咱们办公室人给公司提要求；其次，你要是不具备基本的背景板审美素质，肯定要被人家忽悠，最后假如活动现场效果惨不忍睹，板子还是要打在你身上。

背景板起到的作用是突出活动的主题，展现活动的主要内容和精神，一块好的背景板能够带给观众强烈的视觉冲击，让人们对本次活动留下强烈而且深刻的印象，从而主动地提高单位形象，展现单位的实力与品牌。

活动档次与背景板复杂程度成反比

在关注了几十个大大小小会议活动的背景板设计之后，石头悟出了背景板设计的基本原则，那就是，越是高端大气上档次的活动会议，背景板就越是简洁；越是土豪且土气的活动，背景板就越是花哨。在现场，我们把注意力都放在了领导身上，但事后一看照片才惊呼，怎么这么丑，像是刚去城乡接合部参加完一场展销会回来。

好的背景板各有各的妙处，但有一条是共同的，元素越少越好，装饰越少越好，留白越多越好。千万别觉得背景板设计的太简单呀，刻意加些什么书法字、祥云底纹、阴影等繁复的效果。你心里要有数，实际喷绘效果跟电脑上看的可能会有严重偏差，假如元素太多，现场强光一打就会显得整个画面非常脏，乱糟糟的一片。

还有不少人会选择个性化字体，让观者分辨半天也不认识，这也是犯忌讳的。会议主题是否突出与字体变化关系不是很大，关键是设计师要进行合理布局，常规的楷体、雅黑、宋体照样能达到惊艳的效果。

视觉盲区一定要注意留白

一般来说，会议中背景板的高度通常大约是 2 米到 5 米，宽度则视场地情况和上台的人数而定。背景板的尺寸大小没有什么诀窍只能凭经验，大了显得傻，小了又不大气。办公室同志要科学设计背景板的尺寸，根据尺寸考虑怎样设计整个版式，需要统筹考虑的因素其实很多，比如主席台是否坐人？演讲嘉宾的位置在哪儿？等等。务必要根据实际情况设计，保证主席台或演讲者背后出现会议 Logo 和主题标识，因为主席台或演讲者背后才是曝光率最高的点。对于这种拍摄高发区，要着重凸显主题和 Logo，并处理好彼此间的主次关系和比例大小，以不使人感到突兀为原则。

另外，背景板前一般都要为活动预留站位、演讲台、主席台、沙发等的位置，那么意味着从地面往上约 80 厘米是属于"无效面积"。中国成年男性的平均身高为 169.7 厘米，所以这个区域会因为嘉宾遮挡而形成"视觉盲区"，应该把主题、Logo、时间、地点等核心元素尽量往上移，盲区部分的留白可用相对抽象或写意的元素作为底纹来装饰。

背景板的颜色自然首选单位标准色，一般来说，没有特别要求的情况下红色和蓝色永远百看不厌。红色透着中国传统和喜庆氛围，蓝色嘛，看看两会和国务院的新闻发布会就知道了。

因为红色代表着吉祥、喜气、热烈、奔放、激情、斗志。蓝色则表现出一种美丽、文静、理智、安详与洁净。忌混混沌沌的土黄色画面，中国传统的红绿色系搭配，花哨和眼花缭乱的背景色选取只会与会议现场格格不入。如果想追求更高的格调，可以尝试白色和黑色。

身体要紧，背景板安置好之后千万要记得散味

有一次单位临时接到上级领导视察的任务，活动开始前的头一天晚上石头才带领一班人马匆匆忙忙搭建好背景板。晚上石头的领导到现场踩点，查看会场布置情况，一进会场就皱起了眉头，连声说味道太大没法进。

我们仔细闻了闻，确实太刺鼻，整个会场弥漫着一种化学涂料的气味，几分钟就熏得人头晕目眩，严重威胁到大家的身体健康。我们只好连夜调集几台鼓风机，整宿在会场鼓风通风，又放置了大量活性炭，喷洒了空气清新剂，好在第二天早上味道就不那么浓烈了。

气味难闻是背景板搭建中最容易引起与会者不快的问题，背景板喷绘用的墨水是由各种化学色料调配出来的，含有挥发性化学物质，有着强烈的气味。一般背景板面积又大，在封闭的空间里会造成室内空气严重污染。一些会议前期准备不足，在开始前两三个小时或者更短时间才把背景板悬挂上去，距离稍近就明显感觉有刺鼻气味。所以建议背景板还是早些搭建完成比较好，同时在会场用空调等设备通风换气。

如果时间实在来不及，或者对现场环境舒适度要求十分高，建议使用绿色环保无味喷绘，制作完成5分钟以内，一切化学药剂的味道很快挥发完毕，现场搭建时已没有任何气味的困扰，只是这种喷涂技术价格会比普通背景板要高。

四、开会只信烂笔头，不靠好记性

1. 记录就是效力

写会议记录或会议纪要是很多办公室新人的第一课，会开了、事定了不就行了，为什么还要费劲记下来？这个办会中看似约定俗成、必不可少的环节，到底有什么用处？

事实上，不光你们开会要做好记录，即使中共中央开会，天天有记者跟着，有摄像机照着，开会也得做好记录。比如，2013 年 11 月 12 日中共十八届三中全会闭幕当天，中央就发布了《中国共产党第十八届中央委员会第三次全体会议公报》，向全国人民发布了会议的情况和决定。这也是一种记录，发挥的是会议记录的一个重要功能——让没有机会参会的人知晓会议精神。

知晓这个功能很好理解，会议容量有限，有时只能代表参加，有时只能部分单位参加，有时只能负责人参加，总之在会场的总是一小部分人，其他人要了解会议的内容，就只能通过记录，把会议主要内容记下来，让他人知晓。

除了这个用途以外，会议记录还具有更重要的功能。例如，一年前，政府职能会上明明已经达成一致，今年夏天城里看海的地方太多，城建局要负起责任，明年夏天之前要完成多少多少米的地下排水管道建设。今年夏天到了，结果我市还是照样看海，追究到城建局，城建局推脱说，不能光赖我，水利局、城管局难道不要负责任？

好了，把当时召开的"解决看海问题专题会"会议记录找出来，白字黑字写着城建局你要负主责，再一查建设目标，没完成，还有什么话说？也就是说，会议记录更重要的功能是用来告知和提醒与会者和相关单位和人员，在会议中讨论了哪些事项，做了哪些决定、部署或分工。

会议记录是一个落实讨论结果、推进工作进程、追究相关责任的有效工具，它是有行政效力的！如果光开会不做记录，或者记录做得不完整不正确的话，那无论会上提了多少方案、做了多少决定都是白扯。

有很多会上本已经讨论决定的事情，比如部门内部的工作事务、各部门的跨部门合作，或者甲乙双方的业务磋商，如果大家总是谈来谈去忙来忙去，事情却老是进展缓慢甚至停滞不前，那就要检查会议记录的督查这个环节有没有出问题，大家有没有按照当时商量好的来，是不是存在有的事没人管、有的事几个人重复做的情况，该督促的督促，该问责的问责。

2. 开会前就要进入角色

石头见识过几个真正会做会议记录的人，懂得从开会前就进入角色。他会尽可能多地了解会议信息，比如会议目的、会议时间、谁主持、谁出席、上一次会议的资料等。做足准备功夫才能充分地理解会议内容、准确地抓住会议重点。

受这些高手启发，石头每次做会议记录前，都会在纸上预先写下记录框架，以便做记录时有的放矢，不会顾此失彼一片忙乱。一般来说，框架可以包括这些内容：

- 开会的日期、时间和形式？
- 有什么人参与，谁是主持？
- 开这个会是要探讨什么问题？
- 问题的形式和现状是怎样的？
- 提出什么解决方法或观点？
- 达成什么共识？
- 还存在什么问题？
- 后续工作如何开展？
- 谁负责什么事，需在何时完成？
- 下次的开会时间？

总之，无论是开什么样的会，会前一定要仔细阅读会议资料，了解开会的意图和要达到的目的。即使会议讨论的内容是你所不熟悉的领域，比如是很专业或技术性很强的会议，明白了会议要解决的问题，你都不用担心。

3. 别只把自己当成速记员

刚工作的时候，一接到做会议记录的任务，石头就有些担心。你想，会上个个侃侃而谈，滔滔不绝，会议结束大家一哄而散，我则要加班加点整理会议纪要。而且开始的时候做记录没经验，会上无论谁发言，我都匆匆忙忙埋头记录，不敢漏掉每一句话。石头没有学过专业的速记，这样高强度的记录难度可想而知，有时会后整理的时候连自己都无法辨认写的是什么，写的会议纪要更不分轻重主次，突出不了重点。

会开得多了，渐渐悟出了窍门，虽然你的角色是记录人，但事实上只顾埋头记录绝对是最蠢笨的办法。要抓住会议精神和发言要领，反而应该多抬头聆听，首先听明白发言的人在说些什么，然后用最简洁的话把要点记下来。

听明白要远比记下来更重要，否则，你记下来的只是只言片语，整理的时候很难派上用场。不要试图逐字逐句记下人们在会上说过的话，根本没这个必要，会议记录的作用是摘录会议中商讨的梗概和作出的决定，不是如实反映什么人说了什么话的口供笔录。

及时在之前拟好框架的那张纸上记录下相关内容，不要等到会议结束后再去回忆。这个框架的作用就在于提醒你记录的重点，避免遗漏关键信息。就记录一次会议来说，要围绕会议议题、会议主持人和主要领导同志发言的中心思想，与会者的不同意见或有争议的问题、结论性意见、决定或决议等作记录。就记录一个人的发言来说，要记其发言要点、主要论据和结论，论证过程可以不记。就记一句话来说，要记这句话的中心词，修饰语一般可以不记。要注意上下句子的连贯性、可讯性，一篇好的记录应当独立成篇。

还有一个提高记录效率的方法就是多用省略法。如使用简称、简化词语和统称，省略词语和句子中的附加成分，比如"但是"只记"但"，省略较长的成语、俗语、熟悉的词组，把句子的后半部分画一曲线代替，省略引文，记下起止句或起止词即可，会后查补。

4. 趁热打铁整理记录

会后写记录或纪要应趁热打铁，趁着印象深刻，写起来要容易得多，有什么没弄清楚的地方也可以赶紧找相关人等问个究竟；动手之前要先翻看整篇记录，回顾整个会议的内容，对记录的材料进行分类、归纳，确定从哪几个方面整理。总之，对众多零散的材料分类之后，再动手写作。

需注意，会议记录和会议纪要不同，会议记录是讨论发言的实录，属事务文书，更加完整详细，篇幅较长。会议纪要只记要点，是法定行政公文。会议记录一般不公开，无须传达或传阅，只作资料存档；会议纪要通常要在一定范围内传达或传阅，要求贯彻执行。写会议纪要难于单纯的记录，会议纪要是在会议记录的基础上，对会议的主要内容及议定的事项，经过摘要整理的、需要贯彻执行或公布于报刊的具有纪实性和指导性的文件。

会议纪要应该只写要点和结论，讨论的过程一笔带过，用概括、总结性的语言汇总相似或共同的观点，列成1、2、3条，看起来一目了然，必要的时候可用表格的形式。尽量不提具体发言者的姓名，谁参加了会议在与会者名单中列出即可。尽量简短，说明问题就可以，写得太多没人愿意看。

纪要的内容一方面要进行适当的取舍，会议上各参会人员的意见可能不一致，但一次成功的会议其宗旨和意见具有统一性。对于符合会议宗旨最终形成的统一意见，以及会议主持人的总结意见，在会议纪要中要集中、重点体现。

另一方面要反映会议的精神要点，既要详尽又要提炼概括，可以根据议题的内容范围和复杂程度进行篇幅上的安排，做到简洁明快、详略得当。

拿石头前不久写的一个会议纪要举例，本身会议开得时间很长，大家也七嘴八舌，但这些你都没有必要写到纪要中去，你只要写，"会议对我校承办××培训项目相关事宜进行了深入研究，形成如下决议"，然后把若干条例上。例如：

一、尽快推动我校承办××培训项目实施，培训对象为××省58个贫困县的教育局长、副局长及其他干部，培训周期为3年到5

年，每年举办1次培训，2016年7月中旬启动首轮培训。

还要把职责分工和各部门的任务说清楚。例如：

二、培训费用由××企业商会承担，参训学员往返路费由××省教育厅承担，我校提供必要的协助和便利。

三、由培训学院牵头，根据××省教育厅需求和参训学员实际，广泛征求专家意见，聚焦教育扶贫关键问题，拟定科学周密的培训方案，并具体负责培训方案组织、实施等工作。

四、××附中负责对培训方案设计提出意见建议，提供部分师资以及接待参训学员到校考察。

五、学校办公室负责相关协调、联系工作。

记录或纪要整理完毕，先不要急着群发出去，要先交给会议主持人或领导过目。如果要产生行政效力，纪要还要经正式公文程序流转。确定没有遗漏或错误之后，再把记录或纪要印发给与会者和其他相关人士。

最后，把会议记录存入档案，并建立或者修改相关索引，以便日后查找调用。当你完成上面的步骤之后，人们花在这个会议上的时间和精力才不会白白浪费。

第七章

欲善其事先利其器
——如何高效办公

chapter 7
<<<

一、你根本不懂文件命名

1. 文件命名越详细越好

办公系统里每个文件都会有个名字，为什么要给文件命名？你有没有想过这个问题？当你点击鼠标右键给文件命名的时候，你到底是在干什么？

石头觉得，事实上，任何人给文件命名，都是出于三个目的：一是和别的文件相区别；二是方便这个文件以后能被迅速地从庞杂的电脑里找到；三是方便自己和别人了解文件的大致内容。

基于这三个目的，要求我们给文件命名的时候越详细越好。举个例子，假如你随随便便把一篇前几天才起草的，校长在毕业典礼上的讲话命名为"a.doc"，一方面，几天之后你可能再也找不到它；另一方面，如果不打开文档，你也很难记起这到底是怎么样一篇文档。

如果你把它命名为"毕业典礼讲话.doc"，那么你就知道它的大致内容了；如果你把它命名为"在2015年中关村走读大学毕业典礼上的讲话.doc"，那么你就知道是哪一年在哪的讲话了；如果你把它命名为"20150620喜羊羊校长在2015年中关村走读大学毕业典礼上的讲话.doc"，那么你就知道这是谁的讲话，并且知道这是6月20日写就的版本。

试想一下，当一年之后你再次起草2016年中关村走读大学毕业典礼讲话的时候，无论是搜索"喜羊羊校长"，或是"毕业典礼"，或是"2015年"，或是"讲话"，你都能以任意的姿势找到这篇文档，懂了吗？

一句话，好的命名＝详细的命名，详细的命名会覆盖最多的关键词，好找，好记，好看。石头强烈建议，宁愿保存文件时花点时间在命名上，宁愿多打几个字，之后给你带来的便利，超出你的想象。

尤其是文件要发给上级单位或外单位的时候，详细的文件命名更应是一项基本要求，也是一种最起码的礼貌。要知道，石头收到别人发来的邮件，附件名称只有寥寥两字，"讲话""发言""报告""议程"的时候，内心是极其崩溃的，一种小动物万马奔腾，我哪知道你这是什么鬼"讲话"。

有些更令人发指的，连"讲话"两个字都懒得敲，直接默认命名为"文档""复件"，懒到这种程度还能干成啥？还要别人一一打开重新命名，太讨厌、太业余。

2. 用"3W"命名法给文件命名

详细是个基本原则，那么文件名里应该尽量包含哪些信息呢？哪些元素对于一个文件名来说必不可少呢？

石头认为，详细的文件名应该包括"3W"要素，When，Who，What。

When，时间，文件的最后操作时间是一项重要的信息，方便你掌握文件的创建修改时间，强烈建议把时间命名规则按照年月日的顺序统一为8位或者6位数字，如20150724或150724，而不要有时是7月24日，有时是7\24，可以完全覆盖日期时间，假如一天中同一内容文档出现多个版本，可以在时间之后加入字母"abcd"加以区分。

至于为什么要把时间信息放在最前，聪明的你一定领悟到了，把时间信息放在文件名的最前面，系统可以自动将文件按命名时间顺序排列，找起来更便捷。

Who，谁，喜羊羊校长也好，懒羊羊也好，美羊羊也好，文件所涉主体的名称是文件名里一定要有的，主体和内容紧密相关，比如陈奕迅一般不会在毕业典礼上讲话。主体也是检索的重要线索，毕竟我们的工作大部分是依据主体区分的；要注意的是名称尽量用"全名+职务"，喜羊羊校长就很好，不要一会儿喜校长，一会儿羊羊校长，你会记不清自己当初是怎么命名的。

What，内容，什么场合、什么活动、什么主题，是讲话还是贺信，是总结还是规划，都要在这一部分体现出来。

3. 遵循习惯，给自己定制一套命名规则

"3W"命名基本涵盖了文档命名的全部内容，但假如你对自己有更高要求，一定要冲击一下命名之王的桂冠，石头对你表示崇拜，你当然也可以遵循自己的习惯给自己的文件命名制定一套规则。

比如一些互联网极客很会玩，会使用身份证号式的文件命名规则。身份证号是如何命名的？公民身份号码是特征组合码，由十七位数字本体码和一位数字校验码组成。排列顺序从左至右依次为：六位数字地址码，八位数字出生日期码，三位数字顺序码和一位数字校验码。一共18位，它囊括了你的出生地点、出生时间，第几个出生，到底是男是女等。最后一位校验码是根据特殊算法对前17位运算得出，它可以判断这个身份证号码是真是假。

将此方法应用到文件起名中，我们可以为文件起名添加很多规则。比如我们为某类文件设定一套规则：前六位为创建时间；第七位

为 1 或 2，代表已完成或未完成；第八位为 1—5，代表这个文件的重要程度；第九、十、十一位为两到三位大写字母，代表这份文件是由某个人创作的……那么，15062211XYY，就代表 15 年 6 月 22 日喜羊羊校长一份非常重要的已经完成的稿件，是不是很酷炫？

当然，你还可以根据自己的需要继续增加编号位数，反映更多的信息。

石头也知道，这种自定义规则对大批文科生来说并不好理解，另外，也有些自嗨的孤僻，不方便别人理解，还是少用慎用为好。

4. 对于重要文件，可以加上前缀

经常上论坛的朋友可能会对前缀比较熟悉，很多论坛在发表帖子时会让你选择分类前缀，如【公告】、【新闻】、【美图】、【视频】等，这个方式我们可以在文件命名中借鉴。

加前缀至少有两个好处。首先，当文件按照名称排列时，带有前缀的文件排名会靠前，这样就变得醒目，便于突出重点文件。其次，按类别添加前缀后相同类别的文件会聚在一起，你很容易找到带有相同前缀的各类文件。比如我们给校长在各个场合的讲话都添加【校长讲话】的前缀，以后再搜集校长的相关发言致辞就容易得多了。

二、你的办公桌为什么永远收拾不干净

1. 改变你的心态和习惯

几年前，当几乎所有文档都已经电子化的时候，石头还在孜孜不倦地保存纸质文档，以至于自己经常被埋进文件堆里，或是重要的会议通知不知道混进了哪堆纸里再也不出现了。

后来，石头开始定期整理纸质文档，把它们按月归档，放进箱子封好，很快办公桌虽然清净了，大大小小的纸箱又堆满了办公室的角落。直到有一天石头发现，虽然费尽心思保存了浩繁的纸质材料，却似乎从来没有打开过这些箱子，箱子们不过是暗自在角落里发黄，这才导致我对自己的归档习惯产生了怀疑。

"我连一张纸都不会丢！"这是石头以前常常挂在嘴边的一句话，我把保存所有的纸质材料当成是一种美德。是啊，当然得留下，"万一"哪天需要用上了呢。

事实上，这样的"万一"也并非没有发生过，但是当我动了要去找到一张纸的念头的时候，又在堆积如山的文件前退缩了，最终我也没有找到我需要的那张纸。我发现保存纸质文件的习惯，往往并非基于实际需要，而是基于一种有一天，某一份纸质文件必然会被用上的执念。

于是石头下决心改变这种非理性的执念，克服"万一"心态。

我做了认真的分析：因为零散的纸质文件不太占地方，如果抱着一种"多留一张纸没什么大不了"的心态，很容易就堆积起来，造成"不需要时很碍眼，需要时找不到"的后果。

既然找不到，还不如不留着。自己只留存最少的纸质文件，才能保证有用的文件能够被迅速定位，起到相应的作用，方便自己、方便同事。除了一些"必须"类、"证明"类文件需要原件，大部分情况下我们需要的不是那一张纸，而是纸上的信息。

这时候可以考虑：我还可以从别的地方取得这些信息吗？当然可以——大部分的纸质文件都是由电子文档打印而来，只要保存好电子文档，纸质文件可以随时重新打印；假如手头只有纸质文档，也可以和材料提供方取得联系，请教能否分享一下文档，大多数情况下他们会乐意提供电子文档；又如，很多资料信息，如果完全可以从网上取得，也没有保存的必要，像电器的使用手册啦、各种说明书啦、法规制度汇编啦，平时是不需要的，只有在出现问题时，可能会需要看一眼。这种情况下，无须保留纸质文件，实在要用时，去网上找生产商、数据库下载电子版即可。

想通了，事情就好办了。于是石头下决心克服"万一有用"这类的心态，改信"纸质资料一定要毫不留情的丢弃"。每次活动后，我都会在确认有电子文档备份之后毫不犹豫地把议程、会议手册、讲稿等毫不犹豫地扔进文件销毁袋。

自那之后，我发现我很快乐，除了收获奋力一掷的那份快感，我还有了更整洁干净的桌面，更一目了然的存档，甚至更高的工作效率。

2. 该留下的也千万别扔掉

"毫不留情的丢弃"是一剂猛药，为的是打通你的经脉，矫正你的顽疾，即所谓的矫枉务必要过正。如果你接受了，做到了，我们可以再来一些辩证法，说说哪些纸质文件你最好还是留着，需要你在丢弃前加以思考和判断。

原件类：各类正式文件、证书、证明、直接签署的协议，等等，这些纸质文件具有正式的效力，不但不能丢，还要好好收起来。

批示类：领导亲笔批示、在稿件上的改动、随手写就的便签等，一方面具有管理效力，有时甚至是办事的"尚方宝剑"，也是开展工作的一种参考，需要认真保存。

资料类：一些上级单位或兄弟单位提供的数据材料、统计资料、材料汇编、通讯录等，往往没有电子版，在今后的工作中又会频繁使用，就需要妥存。

借鉴类：一些设计新颖精美的会议手册、邀请函、议程、接待手册、年报、单位简介，等等，如果非常精美、极具特色，对你今后的工作或开展类似的活动有一些参考借鉴的意义，就留下它们吧。

需要特别强调的是，留下一定只能是例外，原则仍应当是"丢弃"。

3. 收到名片应全部进行扫描

相信有不少办公室人都和石头一样做过这样的工作，每隔一段时间，将瘫倒在桌上的数百张名片分门别类一一塞进名片夹中，再用一张 EXCEL 表把信息登记上去。

这项工作十分繁复，完成它靠的是坚强的毅力，石头早已摆脱这种苦刑，但大概还有很多人还是乐此不疲。

事实上，真正重要的联系人早已被我们存入手机通讯录，所以剩余名片的地位显得非常尴尬，很少有人承认上面印的名字都是相对不那么重要的联系人。那么，丢掉？似乎也不合适，万一哪天机缘巧合，又需求到别人门上，不就抓瞎了？

大部分时候，名片属于那种让人无处安放又弃之不舍的东西，它不像邮票一样有欣赏价值和升值空间，因此也没有太大的必要专门准备一个像集邮册一样的名片夹。其实对于名片，你大可不必如此纠结，只要有智能手机，你可以轻松把它们转化为文字并储存起来。

在苹果 App Store 和 Android 应用商店中，宣称专门提供名片识别和管理功能的 App 不下 10 款。其实功能都大同小异，你可以自己去 App Store 搜索试试，假如你懒到非要石头推荐一款，那我觉得经纬名片通可能是最适合办公室人的。

因为经过石头对六款相关软件的实际测试，它有着显著的优点：可以连拍，经纬名片通可以进行连拍，而且用户在连拍的同时可以直接添加名片背面信息；识别率高，本地识别后，该软件会自动在云端进行校准，可以近 100% 的准确识别各式各样的名片；自动生成电子名片，该软件可以将名片正反面的信息进行整合，快速准确地上传到手机当中，最关键的是我们无须排版，软件就为我们自动生成电子名片，可以立即添加到通讯录中；完全免费，这个不用多说，我实在不想为了扫个名片还要在在线商店上付费。

对待接到的名片，你应当养成习惯，拿到别人的名片后立即用手机软件进行扫描储存，转化为电子名片后存储在通讯录中，至于纸质名片，就偷偷地丢掉吧，但注意千万别被别人看见，要知道，不论谁看见自己的名片被丢进销毁袋都不会好受。

4. 在废纸堆中效率更高纯粹是不靠谱的话

石头是独生子，从小就习惯于把家里折腾得乱七八糟，反正有父母跟在后边收拾。工作后到了办公室，也不知收敛。

文件堆成小山，纸张四处散落，私人物品塞满了抽屉，桌上喝剩下的半杯茶水、过期的报纸与杂志都不稀罕，领回一盒中性笔，用不了一个月就得沦落到问人借笔的地步，很多材料到用的时候，不是拿出来的，而常常是扒出来的，领导同事见了石头的桌子都皱眉头。

石头振振有词，这不是有研究人员通过一系列的相关研究发现，员工在身处凌乱的环境中时，在试图简化手头的任务时，其实思维更清晰，视觉和心理的杂乱会迫使人们集中精力，而且更能厘清思路。爱因斯坦和罗尔德等著名科学家、思想家和作家都以桌子的凌乱而"著称"。

石头的名言是："凌乱的办公桌也许并没有看起来的那么不利，它们所激发起的解决问题的方式可以提高工作效率，或者增强办公室人处理问题时的创造力。"可惜的是，激发创造力的好处还没看得见摸得着，石头自己先崩溃了。

一是因为时常翻腾一晚上也找不到曾经见过的一张会议通知，或是同事来找我要份上上个月的资料，然后我吭哧吭哧地在文件栏里找……在抽屉里找……在那几堆文件中找……最后……还没有找到……面对同事"找到了吗，急着用啊"的问询，真的好惭愧啊。

二是只要有同事到办公室，都会围到石头的办公桌前参观评论一番，嘴里还啧啧称奇，"不整洁"的名声眼看就要流传开来。

事实上，杂乱的办公桌是否能够激发创造力姑且不论，不整洁的办公桌对办公室人的危害是致命的。

浪费时间和精力

工作无序，没有条理，总是在一切都是乱糟糟的环境中东翻西找，这无疑意味着你的精力和时间都毫无价值地浪费了。你以为随手一丢非常随意和放松，然而在大多数情况下，资料的堆砌只会让你在寻找文件时忙得满头大汗，最后才能发现你的目标。这样，你的工作时间就浪费在查找丢失的东西上了。

更糟糕的是，随意放置的凌乱的东西会随时分散你的注意力。一个小纪念品、一张画片、一份邀请函都有可能突然出现在你的视线里，把你的注意力转移掉。

影响高效精干稳妥的形象

有位领导跟石头说过，他最欣赏部下做事的方式是这样的：向他询问某件事情时，他立刻会从井井有条的文件箱中找出相关文件。当交给他一份报告或计划方案时，他会插入适当的卷宗内，或放入某一档案柜。

为什么领导这么想？其实很好理解啊，办公室最重要的素质从来都不是创造力，而是高效、精干、稳妥，整洁的桌面、有条不紊的行动，恰恰说明办公室人具备这种素质，领导当然看在眼里。

换位思考，你想想，如果你走进一个单位的某间办公室，发现他被一大堆卷宗文件所"淹没"，你一定会怀疑他的专业性，也会质疑单位的管理和状态。

其实，整理办公桌是一门大学问，怎样把杂乱无章的东西分类整理归位，怎样对无用的东西断舍离都是收纳这门学问的核心内容。擅长收纳，同时意味着有条理、会组织，生活中如此，工作学习更是如此。

5. 做好办公区的规划是一种"顶层设计"

要想保持办公环境的整洁，且一以贯之，一定有一个前提，那就是办公区有规划。没有规划，东西就没法及时归位，今天在桌面上，明天塞到抽屉里，后天放到边柜里，换来转去，用不了多久就再也记不起东西到底塞到哪个旮旯去了。

一般来说，整个个人办公区，无非是办公桌和抽屉两大块，你要是某大企业董事长，办公室面积几百平，问石头办公室该怎么放下一张双人床，那石头实在回答不了。

先说说办公桌的规划。

总的原则是越光溜越好，东西越少越好。

想要办公桌整洁，就坚决别把纸质材料、书籍长期堆在桌面上。桌面上放什么？固定放在桌面上的有且只能是必要、常用的办公用品。包括：电话、电脑、笔筒、文具盒、当天要用的材料和参考资料等。假如你是一个追求品位的同志，也可适当摆放植物、加湿器、相框等不影响美观与办公严肃性的物品，但最好不要超过3个。

有些人习惯把自己爱看的书、杂志、报纸等放在桌面上，坚决不要这样干，最好看完之后就把它们都放入自己的办公柜中，不要让它们在你工作的时候摆在你面前，因为你的兴趣很有可能把你从工作中拉走，而且它们还会占据你本来就不大的有用空间。

有些人喜欢把茶叶、饼干之类的零食摆在桌面上，这会给人随便偷懒的感觉，还容易招惹老鼠、蟑螂或者小飞虫。

其次，把办公桌面大致分为左右两个大区。

这是石头跟国外一本讲心理学与职场的书学的，觉得很有道理。心理学中有一种NLP（神经语言编程）的理论，认为，人们在回忆过去的事情时倾向于朝左看，而构想未来的蓝图时，则倾向于朝右看。

所以，把这种理论运用于办公桌面的规划，就是把正在处理和已经处理过的材料放在左边，而把能够启发思维的，计划书、参考书等资料放在右手边。

比如，领导批阅过的文件、要丢弃的议程、看过的材料，石头一般都放在左手边；而给领导写稿子正在参考的文章、书籍，石头都放在右手边，这样感觉确实比较顺手。

再次，把常用办公用品的位置固定住。

造成桌面混乱的另一个原因就是常用办公用品在桌面神游，比如纸巾盒被扯来扯去，文具盒一会在显示器旁边一会到了桌面正中，等等。这些东西体积都挺大，一旦位置变了，整个桌面一下子就乱掉。

对这些用品，一定要争取把它固定在桌面上伸手可及的某处。比如电话，就用卡子固定在桌子的左上角，方便我们一边用左手拿听筒一边用右手记笔记；比如工作笔记本，就放在桌子正中，低头就能看到，拿起笔就能写写画画，不容易忘事，也方便我们记笔记。

比如笔筒、文具盒和纸巾盒，就拿双面胶粘在屏幕右侧、桌子边缘，订书钉、卷笔刀、回形针、便利贴之类的小文具都放到文具盒里，伸手就拿得到，又不会到处乱跑。这些容易在桌面上游走，侵蚀工作空间的东西固定住之后，我们就能长期保持桌面秩序。

最后，不要迷信文件栏和文件筐。

不少人喜欢在桌面上摆放文件栏或文件筐之类的收纳工具，然后把纸质资料放进去，似乎桌面就清爽了。

石头反对这样的做法，且不说文件栏或文件筐自己就很占地方，放桌面上，地方一下就少了不少；而且，还极易造成文件的堆积，明明下班时就该扔掉的，还依依不舍地放到文件筐里；明明早该分类整理到书柜或归档的材料，还孜孜不倦地塞到文件栏里。

处理过的或待处理的文件，没必要东塞西塞，摆在桌面上就好，一眼就能看到，也正好提醒你该办的赶紧办，该扔的赶紧扔，该归档的赶紧归档，桌面上的文件会给你前所未有的紧迫感。

至于办公桌的抽屉，你可以稍微放松点标准，毕竟不经常看到。总的原则是把常用的东西放在靠上的抽屉里，不常用的往下层放。石头就习惯把名片、名片夹、电话本等放到第一个抽屉里；也可以用专用的磁铁或塑料隔板把抽屉再隔成不同的区域，这样更有秩序；零碎物品可以先装入透明塑料袋，再放入抽屉，避免散落四处。

6. 把桌子整理好再回家

石头之前说过，对整理来说，思路再清晰，如果没有习惯支撑，也没啥用。在每天下班前，应该抽出几分钟把办公桌收拾干净，并且每天都按照以上的标准进行清理，这样你就可以结束今天的工作，迎来明天一个好的开始了。要长此坚持下去，养成习惯。

石头办公桌左侧地面上放着一个塑料废件箱，身后的书柜上则放着一排按主题分类的文件盒。每天下班前，石头都要压抑住归心似箭的心情，把需要保存的纸质文件按主题归档到身后的文件盒里。那些用过的材料，有电子版的打印材料，则毫不怜惜地丢到废件箱里。如此操作，桌面马上就清净了。

按照以上的建议，认真地整理你的办公桌。第二天再来上班时，你会发现办公室的空气仿佛都更清新了，心情为之一振，工作效率也随之增强。同时，你的桌子也不会再因为堆积如山而令人望而止步了。

开工前，先把桌子整理利索吧。

三、一个懒人的计算机文件夹整理懒办法

1. 别把时间浪费在整理上

有人提出让石头说说电脑里的文件夹该怎么整理比较好，石头觉得，整理电脑里的文件夹，其实和家里装修或收拾家务一样，是一件挺私人的事情。一千个人有一千零一种对文件夹分类整理的方法，对于任何一种分类法来说，适合你的才是最好的。

但是，也正如同有些人家里婉约整洁、让人心旷神怡，而有些人家里无处下脚、勉强算得上一个"窝"一样，文件整理的思路和习惯也是有高下之分的。那么，评判的标准是什么？

石头觉得，任何分类法的原则必须且只能是：①为了更快地处理手头的文件。②为了更快找到保存过的文件。一切与此原则相悖的分类方法都应舍弃。

石头发现，分类和整理文件各种千奇百怪才华横溢的方法，无非可以概括为两种路径：一种是边处理边整理；一种是先处理再整理。

边处理边整理的人是石头的偶像，石头对他们充满了敬仰之情。这群人有着宗教信仰般的"文件洁癖"和高度自律。

比如，下载文件前，他们会找准拟存放的文件位置，精准地把文件投入到文件夹中；新建文件前，他们会在已经建立的文件分类体系的各个文件夹之间反复流连，犹豫到底要把新建文件放在哪个文件夹

里才合适。

边处理边整理似乎有助于保持电脑的整洁状况，似乎逻辑清楚明晰，但其实有致命的问题。

首先，非常非常耽误时间。比如你从邮箱下载一个文档，如果想一次到位的保存，可能要点四五次鼠标才能达到你预设的文件夹位置，还不包括你犹豫的时间，效率实在太低，有时事情火烧眉毛了，还要在文件夹里选来选去，实在是一件讨人嫌的事情，并不适合石头这种懒人。

其次，即使你是个耐心超凡的人，无法忍受一丝不洁，提前建好了一个又一个整齐的文件夹，但会存在这样的情况：一项工作没有完成之前，各种文件总是在不停地改动变化、增加减少，你如果要保持文件系统的完整，就要不停地整理你的文件系统，修改调整文件夹，假如你因为偷懒或者太急而一次两次或一小段时间不整理东西，或者把同一项工作的文档一不小心整理到了几个不同的文件夹里去，那么之前和之后做得再好也失去意义了，你会有一堆东西"不知道放哪儿去了"，于是整个系统就彻底崩溃了，要再恢复到原来的秩序就需要花很长时间弥补错误。

所以石头提倡的文件处理方式是：永远不要尝试一次性把所有文件归位，永远不要尝试让文件系统随时保持完整和清洁。你要做的是先处理、再整理，先收纳、再整理。

石头处理文件的第一步，也是核心思想，是建立一个"收纳区"，把你所有类型、所有格式、所有项目正在处理的文件都先一股脑丢到这个分区，在这里决不再细分文件夹，直到闲得无聊或者文件太多以至于目不暇接的情况下再去整理。

这个"收纳区"可以直接是计算机桌面，也可以在桌面上开辟一个"近期文档"文件夹。这么做的好处在于：

（1）减少你保存整理文件的时间以及可能造成的投放错误，提高了效率。

（2）你不会丢东西了，起码你知道，最近从各种渠道得到的工作文档肯定在"收纳区"里，不会在第二个地方，东西总是在的。反过来说，如果没找到，不是真的删了就是真的没下载过。这能极大排遣了你找不到东西的恐慌感。

（3）易于整理，需要整理的时候，抓着这一个"收纳区"猛攻一番下功夫即可。

这样一来，你就可以摆脱"总是在整理"的巨大工作量和心理压力，不用在"处理"和"整理"两种状态间反复切换，文件来了，随手一丢，然后专心处理，而不考虑整理的问题；有空闲时间了，再专门整理。无论是处理还是整理都能集中精力、专心致志，效率当然会提升。

2. 把未完成事项、库存文档和参考资料三类文档分开

石头之前建议过，最好设置一个文档暂存区、收纳区，把最近正在用的文件都丢进去，先别着急整理。

暂存是为了给整理赢得时间，一段时间之后，暂存区或者说收纳区满了，文件都快漫出桌面的边界了，这时候怎么办？应该如何规划自己的文件系统？

石头为大家介绍一种办法，你只需随意动动手，就可以快速清理管理电脑文件。

首先，大家应当把待整理的文件分为三个大类：待处理文件、库存文档和参考资料。

待处理文件

就是最近工作涉及的文件，可能随时会修改变更，也可能随时会有新的议程、讲话、名单等文档进来。这些文件就让它们老实待在"收纳区"好了，晚点再去管它。石头一般就把这类文件直接扔在桌面上，讲究一点的，可以在桌面上建一个"近期文档"的文件夹。

文件放在桌面，这样可以随时警告自己，要尽快地处理，留给自己一个清洁的桌面，而且经常会脑子里已经把一个事忘了，看到待处理的文件，一个激灵马上又想起来了。

如果你和石头一样把桌面当成收纳区，从实用性和美观程度考虑，桌面尽可能不要放太多快捷方式，同时建议你将最常浏览的一些文件夹的快捷方式发送到桌面。假如你安装了很多软件，那么软件的快捷方式则应使用桌面整理工具管理，比如"Executor""小Q书桌""牛牛桌面""HDshortcutter"，最最常用的软件应固定到任务栏，比如浏览器。

库存文档

这里放的是一段时间以来，已经结项工作的相关文件。开完的会、定稿的文件等，一般来讲这些文件不会再更新了，但又有保存的必要，这些文件就可以集中整理到库存文件库中去。

参考资料

其实也是已经处理完的文件，但是和库存文件不同的是，库存文档打开的概率不大了，为的是不怕一万就怕万一。而参考资料可能还要频繁调用，最好放在专门的文件夹里，免得在库存资料里翻来翻去耽误时间。

比如什么介绍信的模板啦、证明的模板啦、议程的模板啦、通讯录啦、领导基本信息啦、本单位的重要数据统计啦，等等，三五天时不时就要打开，那就放到专门的参考资料库里，要用了就径直奔去。

接下来，三类文件怎么分心里大致有谱了，怎么建文件夹呢？

待处理的好说，前面已经提到，让它们躺在桌面上好了；参考资料也好说，单建个参考资料文件夹，按"基本信息""数据""文件模版"等丢进去就好；关键是这个库存文档，占了大头，里面细分要花些心思。石头提供几种横向纵向划分思路。

按部门分

比较适合联系工作面比较广的同志。比如某领导在市里分管农业、畜牧、乡镇企业、水利等工作，那么协助这位领导开展工作的办公室同志，电脑里的库存文件也应该按照领导的分管部门划分，农业局相关文件、水利局相关文件，等等，一目了然、互不干扰。

按时间分

比较适合做专项工作的同志。比如某位同志在办公室管文字工作，主要任务就是写稿改稿，那么把稿子按类别分其实意义不大，不如就按照时间线来捋，1月、2月、3月，等等，逻辑也算清楚。

按工作内容分

比较适合工作事项杂，或者是做综合工作的同志。石头在综合部门的时候，常常要联络全单位80多个部门，文件夹按部门分那绝对是不可能完成的任务；按月份，也不现实，文件类型杂七杂八，有议程、有讲话、有通讯录，有调研、有大会、有会见，放到一起相当于没整理。这时最好就根据自身分工的实际，按工作的条块来规划文件系统，分为对外联络、大型活动、重要会议、调研活动、来访接待，等等。

3. 层级太多是在给自己挖坑

很显然，文件系统建立起来后，其实总是处在动态的变化中的。每过一段时间，总会有大量原本在"收纳区"的文件排队被分配到各个文件夹。

当一个子目录中的文件过多时，你就应该继续往下建立子目录，因为，一个文件夹中如果文件超过 100 个的话，查找会比较费劲，还是得依靠文件检索工具，这样就有违分类的初衷，必须得往下分类。

但分类的细化就意味着层级增多。层级越多，浏览的效率就会越低，所以整个结构最好控制在三级以内。应对的办法就是脑子里应该有根弦，宁愿多增加一些横向的文件夹，也要尽量控制纵向的层级数。

还需注意，越常用的类别文件，对应的文件层级就应该越高，原因很明显，层级高意味着可以更快地访问，你可以选择将目录的层级上调，或者发送这个目录的快捷方式到桌面。

正如设立"收纳区"的原理一样，分类整理是必需的，但分得太细太多绝对不是一件好事，所以石头建议任何大目录下建议都建立一个名为"其他"的文件夹，这个文件夹存放两类文件：一是实在不好分类的文件；二是只有一两个文件。不值得再建立新的子目录保存，暂时存放在"其他"里。

4. 习惯才是最重要的

石头上面说的都是"想"这个层面的事，但每个人内心都知道，整理的关键其实不在于怎么安排规划，而在于是否能够持之以恒地落实和执行之前设计的规划，想得再好，即使用"中图法"去分类文件夹，做不到也是没用。

石头小时候是这方面的典型负面案例。小石头有一个很大的书柜，石头爸很爱给石头买书，书柜里很快都塞满了石头自己的书，各种童话大王、各种漫画、各种百科，很快这个书柜就成了家里的卫生死角。

石头怀着对图书档案学的朦胧好感，饱含雄心壮志打算把书柜整理成环境优美、秩序井然、分类科学、取用便捷的家中典范。

第一步，先把所有书籍统统推到地上，把书架空出来；

第二步，对已有书籍进行分类，文学、科学、教材、工具等十几个门类；

第三步，粗略统计每一门类书籍的大致数量；

第四步，根据书籍门类和数量对书柜进行分区，确定每个格子书籍类别；

第五步，制作一批小纸条，认认真真地在上面写上文学、科学、教材等字眼；

第六步，把小纸条贴在相应的书柜格子上；

第七步，把地上的书按类别上架。

经过这一系列对六七岁的石头来说绝对算得上浩大的工程之后，果然一个环境优美、秩序井然、分类科学、取用便捷的书柜诞生了。

故事并没有完，现实的残酷在于，大概没过半年，书柜又一次成为家中的卫生死角，这样的浩大工程只能重新来过。很快，小石头对这样没有尽头的工作就失去了耐心，书柜的环境从此一蹶不振。

小石头的问题在哪？当然不在于文件系统的谋划和分类，他已经做到了他所能达到的最高境界。问题在于，图书存放系统建立后，他没有定期整理的习惯和意识，指望毕其功于一役，那肯定是行不通的，文件系统只能定期走向崩溃。

所以石头的建议是，一定要形成自己固定整理文件的周期，这个周期最好不要超过一个月。

比如办公室经常会值夜班,石头所在单位大概两周一次夜班,这个夜班就是石头自己的整理时间。利用夜深人静的时候,把积攒了两周文件的"收纳区"来一个大扫除,该处理的尽快处理,该删除的果断删除,该归档的按类别归档,目标是恢复一个空空荡荡的"归纳区"。

要强调的是,和纸质文件一样,电子文档也需遵循"断舍离"的原则。对于资料来说,最重要的是了解你存储的资料对你是否有用。如若不能吸收转化为知识能力,资料再多也不能体现其价值,而且会让你的文件过于繁杂,因此定期清理无用文件尤为重要。

比如,石头觉得,以下文件果断删除,毫不可惜:已过期,无任何保留价值的文件;重复的文件、模式化的文件;可以从网络上轻易下载到的文件等。

另外,郑重说明,整理并非石头的强项,这里介绍的说到底还是石头的懒人懒办法,如果你有更为科学、更加独到的文件整理方法或心得,一定要留言告诉大家哈!

四、跟上云时代的步伐吧

1. 如何更加"任性"的办公

马上就要到下班时间了,你手头有个稿子却还没有写完,于是你拿出 U 盘,把没写完的稿子拷贝进去,拔出 U 盘,急匆匆地奔向回家的班车。到家吃完饭,你端坐于电脑前,拿出 U 盘把未完成的文档拷进自家电脑,一番舞刀弄枪之后终于大功告成,于是把完成稿拷进 U 盘,装进了衣兜里。

第二天一到单位,领导就找上门来,稿子到底弄完没有?当然弄完了!你言之凿凿,双手一摸衣兜,坏了,换衣服了,人已经到了海淀的单位,U 盘却还在十几公里之外的大兴家里,这可如何是好。

在过去,靠 U 盘或者自己给自己发电子邮件,是实现多场景多地点办公通行的做法,但现在?早就是云时代了好不,早就可以忘掉 U 盘了,跑步进入办公云时代吧。

听上去很高大上的样子,别怕,我在这里说的云办公,并非基于那些复杂且收费的云办公软件,如和畅 ERM、iwork 等,那些白富美固然很好,但离普通办公室人的世界太远。云办公,其实靠百度云盘、360 云盘等大容量免费网盘就可以实现。

一般来说,云盘分为两种类型,备份型和同步型。备份型云盘就像在你的电脑里多了一块大容量的硬盘,文件拷过去即是上传,上传完成后本地就可以删除了。可以理解成是一个网上"U盘"。你可以把自己的各种电子资料（照片、文档、音像资料等）存在上面。所以，备份型云盘是一个免费的、大容量的"U盘"。云盘的好处，在于"无须携带、久不丢失"。有了云盘，就不用再带U盘或移动硬盘了。再无"忘了带U盘"或"移动硬盘摔坏"之忧。

同步型，顾名思义就是做同步本地文件及文件夹用的，同步会保持本地指定的文件夹和云端保持一致，即本地删除文件，会导致云端网盘同步删除，本地更新一个文件，云端网盘也会同步进行更新，而且是实时同步，本地文件夹文件与云端文件完全一致同步删除或增加，这一功能用于解决这样一个问题：在日常工作中，我们常会在不同的终端，比如单位电脑（A）、家中电脑（B）对某文档反复修改、接续修改。之前，你一定要记着用U盘把文档拷过来，拷过去，注明不同的版本。万一遗忘或错标版本，输入的重要信息就会丢失，哪个版本是最终版本再也闹不清楚。

现在，如果你在A、B两台电脑都安装上同步型云盘，那么，两台电脑就实时"同步"了。你无论在哪台计算机修订，这个修订都会被同步到所有终端上，再无错版之虞，用户可以在多个电脑之间办公，非常方便。

石头一直使用的是360云盘的同步版，它可以实现多个文件夹的同步，好处在于你只要设定好同步文件夹，在本地对文件夹内文件的任何操作都会同时自动反映到云端，同样，在云端的任何操作也会自动同步到本地，完全不用专门上传或拖来拽去。而且它是多线程云端自动更新，而不是像百度云盘一样一个一个文件手动上传，"多线程云端自动更新"，听起来很高大上的样子，简单了说吧，用起来就像打开电脑里的一个普通文件夹一样流畅。

发现同步云盘的妙处之后，我在办公室的计算机、家中台式机和出差用的笔记本上安装了360云盘Windows版，在我的iPhone和iPad上安装了360云盘iOS/iPad版。于是我的工作变成了这个样子：

把桌面上的"近期工作"文件夹设为云同步文件夹，当领导布置让我写一篇讲话稿的时候，我会在办公室电脑的"近期工作"文件夹新建一个文档。

快下班了，稿子还没写完，晚上还有应酬呢，我直接保存文件，关了计算机，赶往聚会地点；桌上觥筹交错，我心里却还想着稿子，拿出手机打开云盘的APP，对着已经上传到云端的文档修修改改、继续构思。

回到家，打开家里计算机云盘的"近期工作"文档，没写完的文档已经自动同步到本地了，绿色的小钩代表更新完毕；加班加点完成稿子，保存，上床休息。

第二天一早来到办公室，打开办公室的计算机，同步文件夹销魂的绿色小钩又出现了，打开一看，跟昨晚的最终稿一样，直接把文档拖进Fox-mail，发送给领导，工作完成！无须刻意上传更新，就可以任性地在不同终端对同一文档进行连续操作，不用烦恼到底哪个才是最终版本，这就是云同步的妙处。

2. 搭建云库，实现资料共享

对办公室工作来说，如何保存浩繁的文件资料，同时实现资料共享是个大问题。不同活动往往由不同的人员负责，所以活动的相关材料就散布在个人自己的计算机里，今年毕业典礼是甲负责，明年甲调走了，改成乙负责，所有材料又要另起炉灶；文稿也是如此，经常是初稿在甲处，二稿在乙处，终稿在丙处，毫无章法，不知不觉资料就流失掉了。

以往，如果要实现办公室内部资料的共享，只能靠搭建局域网的方式，这种方式一方面只能在办公室内部使用，到了外边就再也看不到资料；另一方面还得设置专门的服务器，技术和成本的门槛都比较高。

云盘出现之后，搭建共享数据库的门槛大降，石头就申请了办公室公用账号，为大家安装了云盘客户端，决心建一个自己的云库。云库主要划分为两个区域，一个是资料共享区，一个是工作共享区。

资料共享区事先建立好分类目录，比如校长讲话、书记讲话、贺信、主持词、重要报告、活动方案、照片、视频、其他等，请大家把自己电脑里的相关材料按规划统一上传到资料共享区，很快就形成了一个包含数万文件的庞大资料库，大家随时可以在电脑、手机上对资料库进行搜索调用，沉睡在硬盘深处的很多文件资源一下子活了过来。

想想以前，在接到写作任务的时候，常常要打N个电话找材料：小李，你那有没有以前的类似稿件？小王，你写过这个主题没有？都发给我！搞得单位里鸡飞狗跳，自己也疲惫不堪，还没动笔，激情已消减大半。云库建成后，只消自己用关键词搜索几下，之前的相关文档就都蹦出来了，很多都可以直接套用。

工作共享区主要是供办公室内部共享手头的工作。比如，石头负责起草某次校长讲话的初稿，以往起草完毕后只能通过邮件发给科长，科长改完后再发给副主任，副主任改完才是终稿，有时候稿子一多，发来发去自己也糊涂了。现在我起草完就会放到云盘的工作共享区，科长直接通过云盘就能查看修改稿件，科长改完在文件名中标注一下，再通知副主任修改，这样一来就不用稿子满天飞，一个文档就进行到底，而且留在工作共享区的都是最终版本的文件，用计算机专业的话来讲，大概就是极大减少了数据冗余。

3. 用云笔记记录点滴

过去，要想保存点信息可不容易，有的人做小卡片，有的人剪报，总之，效率低下、费时费力。

云笔记的出现让知识保存不再是一件困难的事。在网络上浏览过有价值的信息，我们可以轻松地把它保存下来，然后同步到云端，以后需要的时候就不再需要网络搜索然后筛选了；并且，现在大多数云笔记本产品都支持多终端登录，通过智能手机、平板电脑就可以查看这些信息，同时也可以随时随地地记录我们的所见所想。

在众多云笔记产品中，Evernote 和有道云笔记出现较早，也比较受欢迎，其他还有 Google Keep、微软的 oneNote、盛大的麦库记事，以及新点科技的 FIT 云笔记等。石头一直用印象笔记 Evernote，我们可以使用 Evernote 很方便地创建一条笔记。

点击 Evernote 主窗口的顶部"新建笔记"按钮就可以创建一条笔记，这时候给笔记取一个能够显示笔记内容的标题方便以后搜索。然后点击笔记的正文部分并开始输入文本，用户可以改变文本的字体、字号或者颜色，或者也可以将文本调整成粗体、斜体或者下划线体。一旦完成了笔记的输入，不再需要做任何事情，Evernote 会自动保存并同步你的新笔记到 Evernote 服务器。

并且，Evernote 支持多平台访问，用户通过智能手机也可以随时随地新建和浏览笔记。Evernote 可以存储许多不同类型的内容，不仅仅是文本，还可以存储图像和音频消息。另外，做笔记时如果有附件，Evernote 可以方便地添加文件，用户可以轻易地把文件放进印象笔记本里，并配合其他操作、任务和工作项目使用它们。Evernote 还可以保存微信文章、聊天记录、网页，微信上看到好的文章、和爱人之间甜蜜的呓语，都不必再担心丢失或占用空间，保存到云笔记里就能随时看到了。

4. 是时候有一张二维码名片了

二维码现在铺天盖地，已经成了很多场合交换信息的标配。二维码是能够将大量信息图形化传播的一种工具，借助手持终端，别人就能快速读取二维码的相关信息。以手机为例，只要你安装了二维码识别类软件，启动软件，对准二维码图片扫描，就能够获取并存储二维码上面的信息。现在越来越多的人都会使用手机扫描二维码了，大家慢慢养成了习惯，看到二维码就习惯性地去扫一下，好像通过二维码真可以做到"手机扫一扫、便知天下事"似的。

以前在办公室工作，要留下联络方式，无非见面后打招呼，交换名片，现在将你的名片信息生成二维码，印制在名片上，或者直接通过手机发送二维码，已经成为一种潮流。对方拿到你的名片，不再需要敲击那令人手疼的手机键盘，打开扫码，将摄像头对准名片上的二维码，只需要3秒，即可将你的名片信息录入到手机通讯录。名片的信息展示不再局限于一张卡片的大小，也不再局限于面对面的距离。

二维码是一种开放标准，所以国内二维码名片市场目前处于混沌状态，尚未统一。有些二维码生成工具可以直接把信息写到二维码里，有些则其实只是个网址，扫描后会链接到你个人信息的页面。石头觉得大家可以根据自己的实际情况选择。如果想包含尽可能多的信息甚至图片、视频，还是链接到网页吧，如果只有姓名、联系方式、地址等信息，直接写在二维码里也未尝不可。

首先，百度一下"二维码"，找一个靠谱的二维码网站，就选排第一位的在线二维码生成器好了，比如石头一般用号称国内最大的草料网。进入网站后找到名片功能点击进入，在对话框侧输入想要展现的信息：包括基本信息、联系方式和其他信息。草料网生成二维码还可以添加头像，这似乎是该网站独有的功能，石头试过，这些信息可以在手机上非常完美地展现，且同步保存到手机通讯录，效果棒棒哒。

点击生成按钮即可生成名片二维码，拿手机扫一扫看下名片在手机上显示的效果如何。如果有信息错了，就修改下，然后点更新二维码名片按钮。最终生成满意的二维码名片后，下载二维码图案。

这个图案可以印到纸质名片上或者保存在手机上，见面时发给别人或者请别人扫描，也可以直接以图片的格式网络传播，比如通过微信或彩信发送，附在电子邮件的签名栏里，等等，十分方便。

五、细节决定命运：办公室邮件六原则

1. 切忌空白主题

纳尼！我怎么会写空白主题！你当我二啊！然而，虽然这个要求看上去很小白，为人所不屑，但事实上很多人做得并不好。在发邮件求办事或提要求的时候，大部分人还能记得给邮件加上标题，但一到转发邮件和通过附件发送材料的时候，就很容易出现转发邮件不更改系统默认的转发主题，发送附件不写主题的情况。

石头就经常收到层层转发的邮件，到我这的时候主题往往已经面目模糊，只剩下一排"fw"，让人如坠云雾之中。千万不要把转了N层的邮件直接发给别人，一方面显得非常业余；另一方面也不利于别人知晓邮件内容。石头的一般做法是在转发邮件前标注【转自×××】，后边再写上邮件主题。

另一种容易出现的毛病是，有时你跟别人要一些参考材料：老赵，上次你给我们讲公文写作时用得PPT挺好的，发我看看呗；好的，马上发你邮箱。没一会儿，收到一封空白主题的邮件，正纳闷这是什么呢，打开一看，就是刚才索要的PPT。

要知道，对办公室人来说，邮箱远不只是一种通信工具，某种程度上也起着资料库和工作记录的作用。经常需要快速检索邮件、筛选垃圾邮件，你发没有主题的邮件给别人，别人通常不会打开，

这样一来你发给别人的材料就很容易被遗漏，就算别人好奇心强，不打开看看心里不舒服，十分幸运地打开来看了，事后再想查找这封邮件时，也会因为空白的主题很难被发现，只能在邮箱里一个个去翻阅、打开。

对你来说，写上主题是举手之劳，也是基本的礼貌，何不给别人行个方便？

邮件主题要简短明确，能够突出内容的重要性，切忌冗长复杂。如果主题中有关键词想突出，可以添加适当的符号加以着重，例如【】；如果确实很紧急，在邮件开头注明【紧急】或【特急】。

如果你实在很懒，觉得给邮件添加主题是一种酷刑，那么先别绝望，一些邮件客户端很适合你，比如 Fox-mail，当你写邮件时，它可以自动把上传的第一个附件名称添加为邮件主题，它还可以直接复制附件名称，你只需要粘贴到主题栏就行了，值得深度"懒癌"患者拥有。

2. 关于正文的三个原则

说完主题，石头再来说说邮件正文务必遵循的三个原则。

原则一：礼多人不怪

礼多人不怪，礼貌性称呼是公务邮件不可或缺的内容。正文开始一定要说"××您好"，如果不熟悉的话，可以称呼别人的职务，例如"刘处长你好"，哪怕搞不清楚对方职位，叫声"唐老师你好！"总是不会错的，毕竟"苍老师""赵本山老师"也都是老师。结尾的时候不要偷懒，加几句祝福的话显得非常周到，比如"顺颂×祺"。

原则二：短句为上、简短为上

正文写的水平如何体现的是个人基本表达能力，石头可能帮不到你，但简明扼要、多用短句总是没错的，毕竟大家都习惯了快阅读、短阅读，句子太长，内容太多，别人可能根本没耐心看完，也容易遗漏文中的重要信息。

原则三：比平常说话更委婉、更恭谦

电子邮件交流时，不像面对面交流那样带有表情、表达感情，也无法像电话交流中能听出语气，更不像书信可以慢慢推敲华丽辞藻。如果你不注意文字语气的话，是很容易显得冰冷、无情，易被误解的。

邮件里的一句话可以用很多语气表达出来，我们应该尽量选择委婉、恭谦的方式。举个例子，若你不同意对方的意见，那么在反对时请多用"我们"而不是"你"，比如"我们觉得这个稿子还可以再进一步修改"相比"你这个稿子还可以再进一步修改"，是不是感觉后一句的手指头都快戳到别人眼睛里了，而前一句则柔和得多呢？

3. 请认真对待附件

很多时候办公室同志们写完正文觉得就万事大吉了，附件随便上传一下。但正如前面提到的，有些时候，传送附件才是写这封邮件的主要目的，对待附件也不应随心所欲。

千万不要忘记贴附件

石头自己也发生过好多次这种情况，写着写着见附件，最后发送时忘记贴上附件，很明显，别人看到这样的邮件，眼里一个大号的马大哈就诞生了。

正文里一定要对附件有说明

附件自己不会说话，只能靠正文替它举牌。所以如果有附件，正文一定要用一定篇幅说明附件的内容，如果添加多个附件，更要一一说明附件一是什么，附件二是什么；如果附件是特殊格式的文件，必须说明一下附件用什么工具能打开。

附件一定要有编号和名称

石头有时收到下级单位草拟的领导讲话，邮件附件的名字就简明扼要的两个字——"讲话"。麻烦请换位思考一下，这个叫"讲话"的文档在你电脑上可能是独一无二的，但在石头的电脑上就没有任何意义；如果有多个附件，一定编好号，写清楚每个文档的名称，并对应在正文说明，否则有时六七个附件，收件人怎么分得清东南西北。

较短的文档附件，内容要在正文重现

以前石头给一些报纸期刊投稿时，常常被要求将附件内容粘贴在正文里，石头只好照做，但始终不明就里。一次别人也给石头发了一封这样把附件内容也粘贴在正文里的邮件，终于体会到妙处。

原来，如果将文档里的正文用纯文本复制粘贴在邮件结尾，对方在使用电脑处理邮件尤其是智能掌上设备的时候，便无须等待下载打开附件，可以直接快速浏览正文。对于不长的文档附件，石头建议你这样做，毕竟下载后浏览还是要浪费别人一些时间。

4. 必须要用邮件收发工具

办公室里收发邮件的量通常不小，碰上大活动大材料，需要反复沟通，每天少则十来封，多则上百封邮件也是稀松平常。

石头发现有些办公室同志耐心可嘉，邮件再多，也坚持有条不紊的重复在网页上登录邮箱的步骤，一遍又一遍地输入用户名、密码，不厌其烦地上传附件。

假如有时候需要同时使用好几个邮箱，单位的、处里的、科室的，还要打开网页分别一一登陆。这真是不胜其烦，为什么不用邮件客户端呢？其实，邮件客户端好处很明显：

有及时的来信提醒，别人发来邮件，你第一时间就能得到提示并处理。

不用频繁的登录验证，设置好账号之后，哪怕同时处理几个邮箱的邮件，也只需打开客户端软件处理，不用反复输入密码。

更方便的分类管理，客户端可以更方便的保存附件、分类邮件，提供更强大的检索工具。

可以离线保存文件，有时候单位邮箱容量小，放不了太多邮件，有时候出差在外总不能时刻保持网络畅通，客户端把邮件保存在本地，这时候客户端就派上了用场。

更强的编解码能力，提高对邮件格式的兼容性，不容易出现乱码，格式看着舒服。

此外，不少邮件客户端还提供更丰富的功能，比如自动输入邮件地址、随意拖拽上传附件、自动填写主题、通讯录导入等。

至于哪款客户端好用，石头觉得都还行，大致不差，Outlook、Fox-mail、网易邮箱大师、WPS邮箱、YoMail 都行。

需要特别指出，如果你用智能手机，手机上也应该装个邮件客户端，便于随时处理邮件，原因同上。

5. 别浪费电子邮件签名栏

石头经常收到一些陌生人的邮件，除了正文后面就没了，光秃秃的一片。

有时针对邮件内容着急和发件人沟通，却怎么也找不到对方的联系方式，只好又通过发邮件联系，往往要等到一两天后才得到回复。之所以出现这种联系上的错位，进而拖累办公效率，其实就是对方没有重视和用好电子邮件的签名栏。

先科普一下，电子邮件签名是指可添加到传出电子邮件末尾的文本，说白了就是自动添加到每封发出的邮件末尾的信息。作为一个追风少年，你当然可以在签名栏里写上"一切皆有可能"或者"求偶"等个性化的内容，但作为一个办公室人，我还是建议你的邮件签名栏尽量遵循以下原则。

简明扼要地写上基本信息

如姓名、单位名称、联系方式、个人职责范围等。注意，当你有多个电话、邮箱、网站和社交网络账号时，不要列出所有联系方式，这种做法大错特错，因为这会让收件人困惑甚至绝望。实际上，你只需要列出一两个联系方式，然后加上一句话，告诉对方怎样才能最快联系上你，比方说"微信是联系我的最快方式""如有问题请您直接拨打我手机"等结束邮件，然后附上你的微信号、手机号。签名档最好不要超过 5 行。

千万不要添加图片艺术字体等过于花哨的内容

石头个人非常讨厌把花哨的图片作为签名档，这总让人感觉这个 E-mail 头重脚轻快要摔倒，或者发邮件的人想给邮件套上貂皮大衣，签名栏太花哨会导致邮件接收人注意到签名胜过邮件内容本身，这恐怕是着急办正事的你不愿意看到的。另外，为了阻止垃圾邮件，一些电邮供应商有专门拦截邮件图像的默认设置，这样的结果就是如果你的签名含有名字、头衔和商标的图像，你要做好收件人可能什么也看不见的准备。

可以捎带不越界的个性

适当的个性也未尝不可。邮件签名栏里的个性化内容既可以是单位宗旨和愿景，比如"石头专业代写公文，包您满意！"，也可以引用一个短语，比如"石头爱岗敬业奉献"。另外，石头前面也提到了，现在个人信息数字化方兴未艾，省略一切文字内容，在签名栏添加一个二维码名片也是让别人记住你的好办法。

还有一点提出来和大家探讨，签名栏中除了电话、手机、地址以外，该不该包含自己的邮件地址？应该。起初石头觉得这完全是脱裤子放屁——多此一举，别人收到我的邮件自然可以从发件人里看到我的邮件地址，我还用得着狗尾续貂在签名栏里也把邮箱地址写上吗？

后来石头发现一些大单位各有各的统一签名格式，但都会包含邮件地址。经过多方求教打探，原来，之所以要求签名栏里也注明邮箱地址，是因为你的邮件可能会被转发或回复给其他人，如果签名栏不写地址，几道转手之后别人就看不到你的邮箱信息了，这会给别人带来不便。

6. 发完邮件保持沟通

必须承认，一个普遍存在的现象是，许多单位使用邮箱的频率赶不上高度市场化的大企业，很多人也没有经常查收邮箱、及时回复邮件的习惯。

不少大企业的运行条线基本建立在电子邮件的基础上，比如石头曾经看过一篇讲腾讯怎么用邮件办公的文章，说道："一位程序员对我讲述过这样的经历：有一次，他做了一个PPT，后半夜两点钟就发给了马化腾，本想洗洗睡了，没料到过了20多分钟，马化腾就发回了修改建议；曾主管QQ会员业务的顾建斌回忆说，马化腾对页面的字体、字节、大小、色彩等都非常敏感，有一次，他收到一份邮件，马化腾指出两个字之间的间距好像有问题。"

这样的场景在一些机关和事业单位几乎难以想象，办事主要还是靠公义往来，很多人好几天也不看邮箱，甚至看到了也装作没看到不予理睬，你拿他还真没办法。

这样一来，对办公室的同志来说，发完邮件后的继续沟通就变得极为重要，必须通过邮件以外的方式提醒别人及时查看邮件，同时确认对方收到邮件，否则到时候对方推诿扯皮，说，哎呀，没有看到邮件啊！没有给我发过邮件啊！我好久没看邮箱了啊！你怎么不跟我说一声！你就有口难辩了。

后续的沟通一般采用两种方法：

一是请求阅读收条。石头曾经丧心病狂地把邮箱设置成对所有发出的邮件默认请求收条以及默认回复，然后领导的邮箱被我的自动回复塞满了，你当然不要学这样的做法，只对重要的邮件请求收条即可。

二是通过微信短信电话提醒对方看邮件。毕竟别人也要开会，不是每个人都时时刻刻蹲在电脑前捧着手机刷邮件的。发个短信提醒别人看邮件的好处在于可以把短信邮件通知留下做凭证，对方不能再装作没看见而不理睬。好几次石头被人诬陷，说没有收到邮件，在领导正准备劈头盖脸训斥下来的千钧一发之际，石头掏出手机，给领导看了短信提醒，雄辩地证明了石头是个办事靠谱的实诚同志。

结语

我为什么要写一本不装的职场指南

这么重要的结语，我本来应该想出一个更庄重一点的词，但很遗憾，我显然失败了。

我实在想不出比"不装"更能概括我写这些文章的动机乃至这些文章本身特质的词了。假如我用技巧、方法、感悟这类词，那就实在太low，假如我用权谋、厚黑、斗争这类词，那就又成了"装"了，况且"厚黑"之类也从不是我写作这本职场指南的本意。

所谓"不装"的职场书，在我看来，其实就是不端架子、不摆脸子，实话实说，一是一二是二，丁是丁卯是卯，说点大白话、接地气的话，实事求是地告诉你怎么干好自己的工作。

你可能要问，这也算是文章的特质？不过是说点大白话值得我掏钱买书吗？我得说，不但值，而且非常值！

确实，一直以来，职场励志类的书一直是个大热点。在书店里，它的书架摆得最长；在机场里，它被供奉在最醒目的位置；就连列车员兜售的车厢读物，把书翻到封底一看，分类建议一栏也赫然写着"职场励志"几个大字。但看了这么多年，买了这么多本，我却难以挑出一本真正"有用"的职场书，更别说"满意""好看"的。这些数以万计种类的书大都在重复着三种话。

一种是空话。满篇都是"会说话、会办事、会做人""三分做人、七分做事""用亲和力打造关系""用兴趣牵着对方走""找准对方的弱点再下手""暗中智取，让对方为你办事"这类莫名其妙的话，看上去确实很有道理。但仔细一琢磨，不对啊，"会说话、会办事、会做人"，没错，how？！"找准对方的弱点再下手"没错，how？！"暗中智取，让对方为你办事"，没错，how？！这类书往往有着引人入胜的标题，但内容实在不堪卒读，一定是在网上拼拼凑凑得来的结果，很不幸，这类编做出来的书，在职场类书籍中占据了大部分空间，这样误人子弟，于心何忍！

二种是套话。有一类书，虽说是正心诚意之作，是作者一个字一个字写出来的，但由于写作者年龄偏大，或是受限于官员等体制内的身份，或是把写公文的惯性带到了书里，说话总是带着酸腐的八股之气。其实自己颇有经历和见地，然而表达出来还是脱离不了套话官话的窠臼，喜欢把自己的观点隐藏在一些"说法""提法"之下。比如，有本书教读者写好公文，提出了几个标准，"引人看，看得懂，说服人""准确性、鲜明性、生动性""有看头、有由头、有嚼头"，我每每看到职场书是这种文风，总是相当崩溃，甚至略感绝望：天哪，我平时上班看这种套话已经够多了，好不容易自己买本书搞搞学习，你还要写这种僵硬不堪的话来荼毒我！

三种是假话。还有些书则热衷于堆砌一些正确的假话，看上去很美，做起来难受。我在正文中也提到，一些畅销书经常会总结一些敬酒时常用的客套话和敬酒词，还有人曾经出版了《祝酒词大全》，厚厚一本，拥簇者也不少，上面总结出一些所谓的敬酒"金句"，诸如"激动的心，颤抖的手，我给领导倒杯酒，领导不喝嫌我丑"，又或者"路见不平一声吼，你不喝酒谁喝酒"。假如你真的到了酒桌上对合作伙伴说这种话，怕是会被当成笑话，在实际生活中，这样的话不走心、不过脑，效果堪忧。

既然外边的饭都不好吃，那就索性自己做饭吧。当我工作了一段时间，积累了一些办公室职场经验，看过了高手们长袖善舞，自己也屡屡被领导称赞"会办事""做事靠谱""有眼力见""不愧为单位的笔杆子"之后，时常会想起初入职场时那个不断买书却又不断失望的自己。我不想看到新人们总是被或毫无营养粗制滥造、或板着面孔、或不说真话的职场书引入歧途，所以，我才写出了这本不装的，甚至显得有些赤裸裸的职场书。

不装就是说真话，告诉你职场到底是什么规矩。你不经常找领导汇报，领导就是不高兴；你写文章不懂得研究借鉴，就是写不好；你老在微信上问"在吗",别人就是讨厌你。规矩就是这样,你看清楚了,就能绕开雷区。

不装就是说人话,用口语化的、轻快活泼的字句来组织文章。坚决杜绝四六句、对仗句,坚决抛弃"一要二要三要"的俗套,怎么想的就怎么写,怎么做的就怎么写,怎么直观好懂生动就怎么写。

事实证明,大多数读者对这种风格的文章很买账,这些文章有的曾在公众号上发表,不断有粉丝告诉我,"全中!以自己切身实践证明,石头哥这番说词字字珠玑,绝对是实战出来的经验之谈。很多人就是过不了这一关而止步不前的""刚好用得上,真是及时雨!非常感谢""石头老师的干货非常受用""这才是年度良心大作!写得很实在,很有针对性!谢谢您!""石头哥的眼光,思维切中时弊,非过来人、明白人不能写出、选中如此的文字!向语重心长的作者致敬""真的是那么一回事!深有体会!""石头,春节快乐!感谢你的文章,有深刻的思考,更有实用的价值,工作中很有帮助!""谢谢石头兄,这些总结太有用了,点菜是门艺术,更是门学问,善于总结,继续学啊""感谢石头哥的微信公众号,让我学到很多并付诸日常行动中,让我期待每一次的更新""初入办公室,基本上都经历过文章中提到的一些东西。目前重点是加强自身的学习",等等。

每当看到大家的肯定与鼓励,我深深为自己写的就是大家想看到的、自己说的就是大家想知道的这样一种同理心感到熨帖。现在,我把这些文章献给你们,献给更多的人,就像我在公众号介绍里写的那样,"新潮、好用、有深度的办公室实操手册,讲讲做人、办事的办公室故事,带你领略办公室的秘密,助你在办公室混得风生水起"。

衷心愿你飞得更高,走得更远。

像玉的石头